중국의 부자

《화식열전》으로 보는 고전 경제학

중국의 부자

이수광 지음

StarRich
Books

중국의 부자

초판 인쇄 2019년 3월 1일
초판 발행 2019년 3월 5일

지은이 이수광
펴낸이 김광열
펴낸곳 (주)스타리치북스

출판총괄 이혜숙
출판책임 권대흥
책임편집 황유리
편집교정 이상희
홍보영업 강용구

등록 2013년 6월 12일 제2013-000172호
주소 서울시 강남구 강남대로62길 3 한진빌딩 3~8층
전화 02-6969-8903

스타리치북스 페이스북 www.facebook.com/starrichbooks
스타리치북스 블로그 blog.naver.com/books_han
스타리치몰 www.starrichmall.co.kr
홈페이지 www.starrichbooks.co.kr

값 16,000원
ISBN 979-11-85982-58-8 13190

13억 인구의 중국과
5천만 인구의 한국

중국과 한국의 다른 점은 무엇인가. 국토 면적이 중국은 약 960만 제곱킬로미터고 한국은 약 10만 제곱킬로미터다. 인구는 중국이 약 13억, 한국은 5천만이다. 중국이 국토는 약 96배가 더 넓고 인구는 26배가 더 많은 셈이다. 중국은 중소기업 숫자만 4천만 개가 넘는다.

중국이 이처럼 대륙이 넓고 인구가 많기 때문에 한국은 5천 년 역사 동안 침략을 받거나 속국 노릇을 해왔다.

지나간 역사는 그렇다 하더라도 앞으로 군사·경제에서는 종속적 관계가 될 위험도 다분히 있다. 중국이 어느 날 패권국가가 되어 군사·경제로 위협하게 되면 한국은 불행한 나라가 될 것이다. 그러한 위험에서 벗어나려면 중국을 잘 알아야 하며 중국을 잘 알려면 중국 문화와 경제를 살펴야 한다. 중국 5천 년 역사에 이름을 남긴 부자들과 그들을 통해 중국 역사의 한 면을 알아가는 것도 중국을 이해하는

지름길이 될 수 있다.

부를 축적하고 증식하는 것을 중국에서는 화식貨殖이라고 한다. 사마천(司馬遷, 기원전145?~86?)은 《사기史記》 〈화식열전貨殖列傳〉에서 "만약 집안이 찢어지게 가난하고 양친은 늙어서 일을 할 수 없고 처자는 병약하여 길쌈을 못하고 조상의 제사도 변변히 지내지 못할 정도로 살림이 궁색하다면 열등한 인간"이라고 가차 없이 비판했다.

이러한 인간은 다른 사람의 도움으로 생활해야 하고 의식주를 자력으로 해결하지 못하기 때문에 마땅히 비난을 받게 된다. 그래서 부모에게서 재산을 물려받지 못한 사람은 열심히 일하려 하고, 다소 재물이 있는 자는 지혜를 써서 증식하려 하며, 이미 부를 충분히 축적한 재산가는 기회를 노려서 부를 더 많이 쌓으려고 한다는 것이다.

사마천은 놀랍게 2천 년 전에 이미 우리 삶도 통찰했다. 사미천은 〈화식열전〉에서 "병사가 전쟁터에 나아가 날아오는 화살과 돌을 무릅쓰고 용맹하게 성을 공격하는 것은 공을 세워 상을 받기 위한 것이고, 거리의 젊은이들이 강도짓을 하거나 살인을 하는 것, 시체를 매장하여 간악한 협박을 하고 무덤을 도굴하며 화폐를 위조하고, 임협任俠인 척 강탈하고, 교우를 대신하여 원수를 갚고, 달리는 말처럼 사지死地로 뛰어드는 행위도 결국은 재물을 얻기 위한 것이다. 미녀들이 곱게 단장한 뒤 요염하게 눈웃음을 치고, 천 리를 나아가 호객하는 행위도 부富를 구하기 위해서다. 도박을 하는 것은 돈을 빼앗기 위한 것이며 의술이나 기술을 생업으로 삼는 사람들이 능력을 쥐어짜는 것도 사례를 중요시하기 때문이다. 관리가 뇌물을 받는 것이나 높은 관직에 오르려

하는 것도 부를 얻기 위한 것이다. 농민, 공인, 행상이 저축하여 증식하는 것은 말할 것도 없이 부를 위하고 재화를 늘리기 위해서다"라고 말했다. 사마천은 우리가 하는 일이 모두 부를 얻기 위한 것이라고 강조한 것이다.

중국의 부자는 우리와 규모가 다르다. 우리는 삼성에서 분기별 당기 영업이익을 발표할 때 1조 원이니 2조 원이니 하는 말에 실감하지 못한다. 그러한 돈이 천문학적 숫자라 도저히 감이 오지 않는다. 그러나 이러한 대기업이 중국에는 수백 개나 있다.

어떤 면에서 중국은 축복을 받은 나라다. 광활한 영토에서는 수많은 자원이 나오고 13억 인구가 있어 내수시장이 활기를 띤다. 부자나 부에 대한 관심도 우리와는 다르다. 부는 처음에 개인에서 출발해 차츰 사회로 확대된다. 화식은 개인만의 일이 아니라 사회의 일이고 국가의 일이 된다. 유능한 경제관료는 경기를 부양하고 돈의 흐름을 원활하게 하여 사회가 안정되게 할 뿐 아니라 개인이 부를 축적하고 증식하게 한다.

경제정책이 혼미하게 되면 사회는 불안정해지고 개인은 부를 축적하지 못해 파탄에 빠진다. 중국 역사 속의 부자를 살피는 것은 오늘의 중국 부자를 이해하는 데 도움이 되고 부에 대한 통찰도 할 수 있게 해줄 것이다.

중국에 "아름다운 이름은 백년을 가고 더러운 이름은 만년을 간다"라는 말이 있다. 부자가 되었을 때 어떻게 살아야 하는지 생각하게 만드는 말이다.

차례

중국 부자
16인의 이야기

부는 정당한 방법으로 취할 수도 있고

부당한 방법으로 취할 수도 있다.

정당한 방법으로 부를 취하는 것은 착한 일이고

부당한 방법으로 부를 취하는 것은 악한 일이다.

석숭, 소굉, 유근 등은 더러운 이름이 만세에 남을 것이고

범려, 복식 등은 아름다운 이름이 만세에 남을 것이다.

1

중국 최초의 성공한 사업가

제순(帝舜)

부는 크게 창업과 수성으로 나뉜다. 많은 부자가 어렵게 창업하여 성공했으나 2세와 3세의 잘못으로 기업이 도산하고 파산하는 것을 종종 보게 된다. 한국에서도 2세나 3세에 이르러 파산하는 재벌그룹이 있는가 하면 오히려 더욱 성장하여 세계적인 기업으로 도약한 경우도 볼 수 있다. 2세나 3세가 아니라 전문경영자에게 경영을 맡겨 성공한 사례도 볼 수 있다.

역사를 살피면 수많은 왕조가 흥망성쇠를 되풀이하고 영웅호걸이 부침한다. 오늘은 부자였다가 내일은 망하고, 가난한 사람이 부를 이룬다. 그러나 부를 이루었을 때 이를 지키는 것이 중요하다. 요堯임금은 자기 기업을 성공적으로 이끌었고 경륜 있는 순舜에게 물려주면서 창업과 수성의 전형을 보여주었다.

중국 역사에서 가장 성공한 경영자는 누구인가. 바로 요순堯舜의 태평성대를 일군 요임금과 순임금이라고 할 수 있다.

창업과 수성

요순시대는 전설과 신화의 시대다. 중국의 신화는 삼황오제를 시조로 여기는데 삼황三皇은 수인씨, 복희씨, 신농씨를 가리키고 오제는 요와 순을 비롯해 세 임금을 뜻한다. 수인씨燧人氏는 불을 발명하여 화식火食을 백성에게 가르쳤고, 복희씨伏羲氏는 사냥하는 법과 도구를 만들어 사용하는 법, 신농씨神農氏는 농사에 대한 것을 백성에게 가르쳤다.

삼황의 뒤를 이어 오제五帝인 황제가 중국 문명을 크게 일으킨 뒤 죽고 얼마 지나지 않아서 손자인 전욱顓頊이 제위에 오르고 그의 아들 곡嚳이 뒤이어 제위에 올랐다. 곡이 죽은 뒤 아들 방훈放勛이 제위에 오르니 이가 곧 천하의 으뜸가는 태평성대를 연 요임금이다.

오제 중 가장 주목해야 할 인물들이 요와 순이다. 이들은 성군으로 동양 역사에서 가장 추앙받는 인물이다. 역사가들은 부자에 대한 기록보다 정치와 통치에 대한 기록을 많이 남겼다. 동양의 이상형을 꼽을 때 삼황오제의 인물인 요순을 첫 번째로 꼽았고, 조선시대 성리학자들은 요순시대를 태평성대라고 하면서 요순시대로 돌아가는 것을 꿈꾸었다.

요임금은 검소하고 근면한 인물이었다. 그는 중국에서 처음으로 선정을 베푸는 군주의 모습으로 등장한다. 요임금은 천자의 지위에 있으면서도 쓰러져가는 움막에서 살았다. 음식은 백성과 같이 거친 쌀과 푸성귀만 먹었고, 여름에는 누더기 같은 옷을 걸치고 겨울에는 녹피鹿皮

요임금과 순임금의 초상. 요순시대는 중국 역사상 가장 평화롭던 태평성대의 시기로, 두 임금은 이상적인 정치를 실현한 군주의 표상으로 추앙받는다.

한 장을 입고 지냈다. 의복이 해어져 너덜너덜해질 때까지는 결코 새 옷으로 갈아입지 않았다.

　백성은 요임금 대하기를 하늘의 일월처럼 대하고, 우러러보기를 파종한 씨앗이 단비를 기다리는 것처럼 했다. 요는 부유해도 교만하지 않았으며 고귀해도 천한 사람을 업신여기지 않았다. 백성 가운데 단 한 사람이라도 굶주리면 자신도 굶었고 죄를 범한 백성이 있으면 자기 탓이라고 괴로워하였다.

요임금이 이처럼 검소하고 근면하여 나라를 덕으로 다스리자 중국은 태평성대가 계속되었다. 백성은 〈격양가擊壤歌〉를 부르며 즐거워했고 강구연월康衢煙月 곳곳에서 요임금의 덕을 칭송하고 태평성대를 노래하는 소리가 그치지 않았다.

> 해 뜨면 들에 나가 일을 하고
> 해가 지면 집에 돌아와 쉰다.
> 우물을 파서 물을 마시고
> 밭을 갈아 곡식을 먹으니
> 내가 살아가는데 임금의 힘이
> 무슨 필요가 있으리.

〈격양가〉는 세상이 태평하여 임금이 있으나마나라는 것이니 요임금 시대가 얼마나 평화롭고 백성이 풍요로운 삶을 살았는지 짐작할 수 있을 것이다.

> 우리 모두 먹을 것이 가득하여
> 배를 두드리며 잘살고 있네.

요임금의 덕치德治는 함포고복含哺鼓腹이라는 고사성어까지 나오게 만들었다. 함포고복은 먹을 것이 가득하여 배를 두드리며 산다는 뜻이다. 요순시대와 같은 세상이라면 굳이 돈을 많이 벌어 부자가 될 필요도 없었을 것이다. 이 시대에 중국은 원시시대에서 농경문화로 바뀌고 있었다. 백성은 사냥을 하거나 농사를 지었고, 드물게 장사를 하는 사람들까지 나타났다.

요임금이 태평성대를 이룬 것은 뛰어난 경제정책 덕분이었다. 그는 사치와 향락을 즐기지 않았고 백성과 고난과 즐거움을 함께했다. 그는 자기 부인들을 동원하여 백성에게 농사짓는 법을 가르쳤다.

요임금은 홍수로 황하가 넘쳐 백성이 고통받는 것은 자기 덕이 부족한 탓이라 생각하고 천하를 맡길 만한 덕이 있는 인물을 천거하라고 중신重臣들에게 지시했다. 자기 기업을 이끌 후계자를 찾기 시작한 것이다.

"천자의 적자이신 단주丹朱가 사리에 통달하고 총명하옵니다."

중신 방제放齊가 요임금의 맏아들 단주를 추천했다.

"단주는 완흉頑凶하여 천하를 다스릴 수 없다."

요임금은 한마디로 거절했다. 완頑은 덕이 없고 의롭지 못한 것을 말하고 흉凶은 송사를 좋아한다는 뜻이 있다. 송사는 단순하게 재판만을 말하는 것이 아니라 이웃과 다투는 것도 포함된다. 다른 사람에게 시비를 거는 것을 흉이라고 표현했으니 시비를 따지는 것이 그릇되었다고 경계한 것이다. 요임금은 이런 이유로 자기 아들에게조차 기업을 물려주려고 하지 않았다.

"하오면 공공共工이 인덕이 있다고 하니 그에게 천하를 맡기심이 어떠하옵니까?"

이번에는 중신 환두讙兜가 공공을 천거했다.

"공공이 말은 잘하지만 치적이 없다. 겉으로는 겸손한 것 같으나 속으로는 거만하다. 하늘을 섬기는 예절도 태만하고 불손하니 천자가 되겠는가?"

요임금은 공공도 물리쳤다. 이에 중신 사악四嶽이 곤鯀을 추천했다. 사악은 요임금 시대의 대신이지만 중국을 대표하는 네 지역 혹은 4개 종족을 말하기도 한다. 곤은 일찍이 요임금의 명을 받아 황하의 치수治水를 맡았으나 7년이 지나도 일을 끝내지 못한 적이 있었다.

"곤은 7년이 지나도 황하의 치수를 이루지 못했다. 그런 자에게 어찌 천하를 맡기겠는가?"

"곤에게 다시 한번 기회를 주시는 것이 어떻겠습니까? 그는 능력이 탁월한 인물이라 이번에는 반드시 성공할 것입니다. 이번에도 치수에 성공하지 못하면 그때 가서 쓰지 않아도 될 것입니다."

사악이 다시 곤을 추천했다.

"그렇다면 곤에게 다시 황하의 치수를 맡기라."

곤은 요임금의 명을 받고 해마다 범람하는 황하의 홍수를 막는 일을 또다시 맡았다. 인부들을 동원하여 제방을 쌓고 물길을 만들었으나 치수는 용이한 일이 아니었다. 곤은 9년이 되어도 치수에 성공하지 못했다. 요임금이 실망하여 중신들에게 영을 내렸다.

"들어라. 귀족이든 산림에 숨어사는 선비이든 신분이 귀하거나 천하거나 가리지 않고 오로지 덕이 있는 자를 천거하라."

요임금은 치자治者는 반드시 덕이 있어야 백성이 태평하게 살 수 있다고 굳게 믿는 성군이었다. 중신들이 어진 사람을 두루 찾아다니다가 시골에 숨어사는 선비인 허유許由를 발견해 요임금에게 추천했다. 이에 요임금이 그를 후계자로 삼으려고 했다.

허유는 그 소문을 듣자 펄쩍 뛰고 영수潁水 뒤의 기산箕山에 숨어버렸다. 그 후 허유는 요임금이 구주(九州, 전국)의 장長에 임명하려 한다는 말을 듣자마자 영수에 내려가서 귀를 씻었다. 그때 소부巢父가 소를 몰고 오다가 친구인 허유가 귀를 씻는 것을 발견했다.

"자네는 무엇을 하는가?"

소부가 허유에게 물었다.

"더러운 말을 들었기에 귀를 씻는 중이네."

허유가 대답했다.

"더러운 말이 무엇인가?"

"임금께서 전에는 나에게 천하를 넘겨준다고 하더니 이번에는 구주의 장으로 삼는다고 하셨네."

허유의 말을 들은 소부는 소에게 물을 먹이려다가 말고 상류로 거슬러 올라갔다. 허유가 어리둥절하여 소부에게 물었다.

"자네는 어디로 가는가? 소에게 물을 먹이러 온 것 같은데 여기면 족하지 않은가?"

"더러워진 자네의 귀를 씻은 물을 내 소에게 먹일 수 없지 않은가? 그래서 상류로 올라가서 깨끗한 물을 먹이려고 하네."

소부는 소를 몰고 상류로 올라갔다. 허유와 소부가 얼마나 권력에 욕심이 없고 깨끗한 인물인지 말해주는 일화다.

허유와 소부의 일화는 조선시대 아이들의 교육 자료가 되었다. 조

허유와 소부의 일화를 그린 중국 화가 예전(倪田)의 〈고사세이도(高士洗耳圖)〉

선의 사대부들은 영수세이도穎水洗耳圖를 그려 맑고 깨끗한 마음, 욕심이 없는 마음을 가르쳤다.

집안이 화목해야 하는 까닭

가화만사성이라는 말이 있다. 《명심보감明心寶鑑》〈치가治家〉편에 자식이 효도를 하니 양친이 즐겁고 가정이 화목하면 만사가 이루어진다고 하여 '자효쌍친락 가화만사성子孝雙親樂 家和萬事成'이라고 했다. 부자는 집안이 화목해야 될 수 있다는 말이다.

요임금이 다스리던 시대는 중국의 부족국가시대였다. 황제시대만 해도 치우蚩尤의 전쟁 등으로 백성이 전란에 휩쓸렸으나 요임금 때는 전란이 없이 평화로웠다. 이는 요임금이 백성에게 농사를 장려하여 굶주리지 않고 살게 했기 때문이다.

요임금은 이에 그치지 않고 능력이 없는 아들 대신 농사와 장사로 부를 일궈 이름이 크게 알려진 순에게 임금 자리를 물려주었다. 이는 요임금 전에도 없었던 일이고 후에도 없었던 일이다. 그는 역사상 최초로 자기 기업을 전문경영자에게 선위하여 더욱 발전하게 한 뛰어난 경영자였던 것이다.

요임금에 의해 전문경영자로 발탁된 순임금은 농사를 짓는 농업인이자 제품을 만드는 공업인이었고 장사를 하는 상업인이었다. 역사가들은 그가 농사를 짓고, 질그릇을 굽고, 장사를 한 사실을 기록했다. 그가 머무는 곳은 도회가 되었기 때문에 상당한 부를 누리고 신망을 얻었다고 볼 수 있다. 장사는 처음에 물물교환으로 이루어졌다. 필요한 물건을 서로 교환하다가 화폐를 사용하기 시작했는데 처음으로 사용된 화폐가 조개껍데기 등이었다. 봉건시대의 장사는 사람들이 많이 모이는 넓은 공터(場)에서 이루어졌다. 당시에도 여자들이 소비성이 높았던 모양으로, 여자들이 물을 긷고 빨래를 하는 우물(井)에서도 시장이 이루어져 인가 혹은 사람들이 많이 있는 곳이라는 뜻의 시(市)자와 합해져 시정(市井)이라는 말의 유래가 되었다. 사람이 많이 모이다보니 잡다한 사람들이 모여들어 시정잡배(市井雜輩)라는 고사성어까지 만들어졌다.

순의 아버지 고수는 어리석고 흉악한 자였다. 고수의 고(瞽)는 눈이 보이지 않는 자를 일컫는 말이고 수(叟)는 장자를 일컫는 말이기도 하지만 역시 눈이 없는 자를 뜻하는 말이다. 그러므로 고수는 선악(善惡)을 구별하지 못했기 때문에 붙여진 이름이었다. 고수는 순의 생모가 죽자 후처를 얻었는데, 여기서 상(象)이 태어났다.

고수와 계모는 상만 귀여워하고 온화한 순을 미워하여 기회만 있으면 죽이려고 했다. 이복동생인 상도 오만하고 눈앞의 이익만 밝히는 사람이었다. 그러나 순은 부모에게 순종하여 오로지 자식된 도리를 묵묵히 다할 뿐이었다. 순이 지극한 효성으로 고수와 계모를 받들고 아우인 상을 사랑했기 때문에 그들이 순을 죽이고 싶어도 좀처럼 기회가 오지 않았다.

상과 순의 계모는 어떻게 하든 순을 죽이려고 했다. 순의 신망이 높아지면 높아질수록 그들은 질투와 시기로 몸이 달았다. 상은 아버지 고수를 꾀어 순에게 곳간의 지붕에 올라가 비가 새는 곳을 수리하게 했다. 순이 두 아내 아황과 여영에게 말했다.

"아버지가 나에게 지붕을 수리하라고 하시는구려."

아황과 여영이 잠시 생각에 잠겼다.

"이것은 당신을 죽이려는 거예요. 당신을 불태워 죽이려는 것이니 삿갓을 미리 준비해서 올라가세요."

두 아내가 말했다.

"아버님이 지붕을 수리하라고 하는데 무엇을 합니까?"

순은 상이 재촉하자 연장을 들고 지붕으로 올라가 지붕을 수리하기 시작했다.

'흐흐… 내가 너를 죽게 만들 것이다.'

상은 기회를 엿보고 있다가 재빨리 사다리를 치우고 불을 질렀다. 불길이 순식간에 지붕으로 솟아올라 화염이 충천했다. 순은 미리 준비한 삿갓 두 개를 펴들고 새가 날듯이 가볍게 날아서 지붕에서 내려왔다.

'순이 저런 꾀를 내다니…. 하지만 내가 반드시 죽이고 말 것이다.'

상은 순이 조화를 부려 지붕에서 내려오자 얼굴에 핏기가 가셨다.

'순을 죽일 방법이 없을까?'

상은 다시 꾀를 내어 고수에게 순이 우물을 파도록 하라고 했다. 고수는 아무것도 모르고 순에게 우물을 파라고 지시했다. 순은 이 일을 또다시 두 아내와 상의했다.

"아버지가 나에게 우물을 파라고 하는구려."

"이것은 당신을 죽이려는 음모예요. 당신을 생매장하려는 것이니 옆에 통로를 하나 더 파세요."

이번에도 두 아내가 말했다.

순은 상이 흉계를 꾸미고 있다는 것을 알고 우물을 파면서 몰래 옆으로 통로를 팠다. 상은 순이 우물을 깊이 파내려 가자 기다렸다는 듯이 흙으로 우물을 메우기 시작했다.

'흐흐… 이번에야말로 너는 우물 속에서 생매장되어 죽을 것이다.'

상은 열 길이 넘는 우물에 낄낄대며 흙을 쏟아 부었다. 그러나 순은 미리 파두었던 통로를 통해 무사히 빠져나왔다.

"이제 보기 싫은 순이 틀림없이 죽었겠지. 아리따운 두 형수는 내 잠자리 시중을 들어야 하리라."

상은 의기양양해하며 집으로 돌아왔으나 순은 집에 앉아서 생황을 불고 있었다. 순의 아리따운 두 부인 아황과 여영이 순이 연주하는 생황 가락에 맞춰 노래를 부르고 춤을 추니 마치 신선이 노니는 것 같았다.

"형님을 걱정하느라고 몹시 속을 태웠습니다."

상은 한편으로 몹시 놀라고 한편으로 부끄러워 얼굴을 들지 못했다.

"나는 우리 가족이 항상 화목하게 살기를 바란다."

순이 상의 손을 잡고 담담하게 웃으며 말했다. 상은 그때서야 자기 잘못을 깨닫고 더는 악한 짓을 하지 않았다. 순의 집은 비로소 화목하게 되었다.

최선을 다했는가?

순은 계모와 상이 자신을 괴롭히지 않자 가족을 위해 역산에서 농사를 지었다. 농사를 잘 짓는 것은 때맞추어 씨를 뿌리고, 잡초를 뽑고, 거름을 주고, 가뭄이 들면 물을 뿌리고, 폭우가 내리면 물을 빼주는 것이다. 순은 가뭄이 들자 개울에서 물을 퍼다 뿌렸다. 두 아내와 상도 거들자 농사짓는 일이 재미있기까지 했다.

"날이 더운데 쉬지 않고 고생하고 있소?"

사람들이 순에게 물었다.

"물이 마르면 곡식이 자라지 않습니다."

"그렇다고 땀을 뻘뻘 흘리며 고생할 게 뭐요? 며칠 있으면 비가 올텐데."

"며칠 기다리다가 비가 오지 않으면 곡식이 죄 말라 죽습니다."

순은 농사를 잘 지어 항상 곡식을 풍성하게 수확했다. 곡식을 수확하면 먹고 남은 것은 팔아서 땅을 샀다. 기록에는 순의 인품이 훌륭해 사람들이 좋은 땅을 양보했다고 되어 있다. 그러나 이는 순의 덕을 강조하기 위한 것이고 실제로는 농사를 잘 지어 대지주가 되었다고 볼수 있다.

순은 뇌택에서 물고기를 잡았다.

"아니 농사는 안 짓고 왜 여기서 고기를 잡소?"

순이 물고기를 잡는 것을 보고 사람들이 물었다.

"물고기를 잡는 것은 팔기도 하고 먹기도 하기 위해서입니다."

순이 웃으면서 대답했다.

"물고기를 팔아? 팔아서 뭐 하게?"

"장사해서 부를 쌓으면 필요할 때 요긴하게 쓸 수 있습니다."

순은 물고기를 계속 잡아 부를 축적했다.

기록에는 이 역시 사람들이 물고기가 잘 잡히는 자리를 양보했다고 되어 있다. 그러나 순은 농사를 지어 이룬 부를 이용해 수산물을 잡고 이를 팔아 더 많은 부를 축적한 것이다. 순이 물고기를 잡았다는 것은 어업에 종사했다는 뜻이다. 순은 농사를 지을 때나 물고기를 잡을 때 항상 최선을 다했다.

착한 일을 하는 것이 최고의 즐거움

위선최락爲善最樂이라는 말이 있다. 조선 최고의 검객이라는 김체건이 숙종 때 한 말로, 착한 일을 하는 것이 최고로 즐겁다는 뜻이다. 순은 기주에서 질그릇을 구워 팔았다. 순이 질그릇을 구워 팔았다는 것은 이 시기에 토기가 널리 사용되었다는 의미다. 기주에는 질그릇을 구울 수 있는 좋은 흙이 있었다. 순은 누구보다도 좋은 질그릇을 구웠다.

"그릇이 참 예쁘군요."

사람들이 순의 그릇을 보고 감탄했다. 특히 부녀자들이 순이 구운 질그릇을 좋아했다.

"좋은 흙을 사용하기 때문입니다."

순은 질그릇을 사는 여자들에게 항상 웃는 낯으로 말했다. 부녀자들이 다투어 순이 구운 질그릇을 사갔다. 질그릇을 굽던 공인들은 순의 질그릇이 깨지지 않는 것을 보고 놀랐다.

"그릇이 하나도 깨지지 않는데 비결이 무어요?"

공인들이 순에게 물었다.

"불 조절을 잘했기 때문입니다."

"불 조절이요?"

"그렇습니다. 그릇을 반죽하여 구울 때 불의 온도와 시간이 아주 중요합니다."

사람들은 순이 질그릇 굽는 모습을 지켜봤다.

순은 흙을 반죽하기 전에 체로 쳐서 거친 흙과 작은 돌을 골라냈다. 반죽할 때도 정성스럽게 오랫동안 했다.

"우리가 여기서 질그릇을 구워도 되겠소?"

"왜 하필 여기서 굽는 거요?"

"그대가 질그릇을 잘 구워 사람들이 모두 이리로 질그릇을 사러 오고 있소. 그러니 우리도 먹고살 수 있게 여기서 질그릇을 굽게 해주시오."

"산에 주인이 있는 것이 아니니 그렇게 하십시오."

순은 사람들이 옆에 와서 질그릇을 구워도 탓하지 않았다. 그러자 많은 사람이 순의 옆에 와서 질그릇을 구웠다. 순의 토기점에는 질그릇을 사려는 사람들이 구름처럼 몰려왔다. 그들은 순의 질그릇을 칭찬하면서 사갔으나 옆에 있는 토기점에서는 질그릇을 사지 않았다.

"아니 왜 우리 것은 팔리지 않지?"

질그릇을 굽는 사람들이 모두 의아해했다.

"질그릇이 좋지 않아."

질그릇을 사러 온 사람이 말했다.

"아니 똑같은 흙으로 구웠는데 왜 좋지 않다는 거요?"

"순의 질그릇은 매끄럽고 부드러워요. 게다가 잘 깨지지도 않아요."

순의 옆에서 질그릇을 파는 사람들은 장사가 되지 않았다.

"아무래도 질그릇을 그만 구워야겠소."

순이 부인 아황과 여영에게 말했다.

"장사가 잘되는데 왜 그만 구워요? 일이 힘들면 저희가 구울게요."

아황이 웃으면서 물었다.

"질그릇을 사려는 사람들이 우리 가게만 오니 다른 사람들이 장사가 되지 않소. 내가 계속 질그릇을 구우면 저 사람들은 굶주리게 될 것이오."

"그럼 어찌합니까?"

"내가 질그릇을 굽지 않으면 사람들이 다른 사람들의 질그릇을 살 것이오."

순은 질그릇을 더는 굽지 않았다. 그러자 질그릇을 사러 온 사람들이 다른 사람들의 질그릇을 사갔다.

질그릇은 오늘날의 옹기를 말한다. 요순시대는 전설의 시대 혹은 신화의 시대로 불린다. 이때는 질그릇을 흔히 사용할 수 있는 시대는 아니었다. 그러나 순은 깨지는 질그릇 하나 없이 좋은 제품을 만들어 팔았다.

순은 부하에서 장사를 했다. 중국 역사에 맨 처음 등장하는 상인이다. 순은 30세가 되기 전에 이미 농사를 짓고, 물고기를 잡고, 질그릇을 굽는 등 다양한 인생을 체험했다. 순은 부하에서 무슨 장사를 했고 역사가들은 왜 이런 사실을 기록했을까. 이 시기에는 특별한 학문이 없었다. 사가들은 사농공상士農工商을 순이 몸으로 체득했다는 사실을 얘기하고 싶었을 것이다. 농사를 짓고 물고기를 잡는 것은 농農에 해당하고, 질그릇을 굽는 것은 공工, 장사를 하는 것은 상商에 해당한다. 물론 순은 장사를 해서도 돈을 벌었다.

소상공인이 경영자로

이때 요임금이 순을 발탁했다. 순은 30세에 등용되었고 50세에 섭정이 되었으며 61세 때에 제위에 올랐다. 순은 제위에 오르자 치수사업에 더욱 정열을 기울였다. 순시대의 치수는 단순하게 황하의 제방을 쌓는 것을 의미하는 것이 아니라 길을 뚫고, 물길을 내고, 마을을 건설하고, 제방을 쌓아 사람들이 농사를 짓고 살 수 있게 하는 것이었다. 황하의 치수는 고대부터 중국 왕들의 골칫거리였다. 황하를 잘 다스려야 한다는 뜻으로 치수治水라는 말까지 나올 정도였다.

순은 곤에게 치수를 맡기고 순행을 하다가 치수를 살폈다. 그러나 곤은 조금도 치수를 하지 않았다. 순은 곤이 직무를 다하지 않았다며 그를 죽였다.

"치수사업을 잘할 수 있는 사람이 있소?"

순이 중신들에게 물었다.

"곤의 아들 우禹가 적임자입니다."

중신들이 우를 천거했다. 순이 우를 불러 황하의 치수를 맡으라고 영을 내렸다.

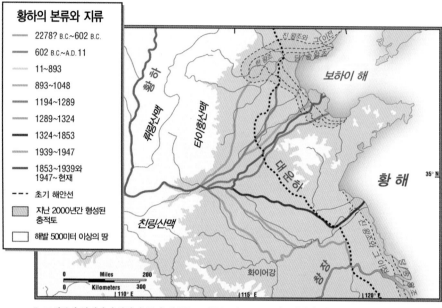

황하의 본류와 지류

— 2278? B.C~602 B.C.
— 602 B.C~A.D.11
— 11~893
— 893~1048
— 1194~1289
— 1289~1324
— 1324~1853
— 1939~1947
— 1853~1939와
   1947~현재
--- 초기 해안선
▨ 지난 2000년간 형성된
   충적토
☐ 해발 500미터 이상의 땅

고대부터 현재까지 황하의 물길 변화를 보여주는 지도. 5,464킬로미터에 이르는 거대한 강 황하의 변화무쌍한 흐름은 중국 왕조의 골칫거리이자 매우 중요한 치수(治水)의 대상이었다.

"신은 적임자가 아닙니다. 설이나 후직 또는 고요에게 맡기십시오."

우는 엎드려 절을 하고 아뢰었다.

"중신들이 그대가 적임자라고 천거했소. 그대는 속히 치수사업을 시작하시오."

순은 우에게 골칫거리인 치수를 하게 했다. 우는 백관들과 제후들을 거느리고 치수공사를 시작했다. 우는 아버지 곤이 치수 때문에 죽었으므로 가슴이 아팠다. 그래서 자신의 안위를 돌보지 않고 13년 동안이나 치수에 온 정성을 다 바쳤다. 우는 제위에 오르기 전에 제후인 도산씨塗山氏의 딸과 혼인했다. 순임금의 지시를 받들어 치수에 전념했기 때문에 아내도 치수공사장 옆에서 살았다.

하루는 비가 억수처럼 쏟아졌다. 우는 황하의 물이 불어 제방이 터지려고 하자 곰으로 변하여 억수같이 쏟아지는 비를 맞으며 이리 뛰고 저리 뛰면서 둑에 제방을 쌓기 시작했다. 우의 아내는 사납게 쏟아지는 빗줄기 때문에 남편이 걱정되어 제방으로 찾아 나섰다. 그런데 집채만 한 곰 한 마리가 제방 위에서 뛰어다니는 것을 발견했다. 우의 아내는 소스라치게 놀라 도망을 치다가 돌로 변했다. 우는 사랑하는 아내가 돌덩어리로 변하자 통곡하면서 외쳤다.

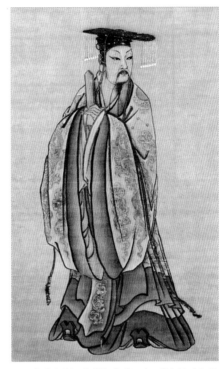

곤의 아들 우는 황하를 잘 다스리고 홍수를 막은 공로로 순임금에게 왕의 자리를 하사받는다.

"부인, 제발 내 자식이라도 돌려주오."

우의 외침을 들었는지 거대한 돌덩어리가 깨지면서 아기가 나왔는데 이 아기가 나중에 예악禮樂을 창시한 계啓다. 계는 '열리다, 깨뜨리다'는 뜻이 있다.

우는 자기 집 앞을 지날 때 부인과 아이들의 울음소리가 들리는데도 그대로 지나쳐 치수사업에만 매달렸다. 마침내 허벅지의 살이 드러나는가 하면 정강이뼈가 어그러지고 등은 낙타처럼 굽어 절룩거리면서 걸었다. 나중에 이런 걸음을 흉내내어 걷는 걸음을 우보禹步라고 했다.

제위에 올라 39년 동안 어진 정치를 편 순임금은 민정을 살피기 위해 남방을 순행하다가 창오蒼梧에서 갑자기 병을 얻어 죽었다. 순은 죽기 전 자기 아들이 아닌 우에게 임금 자리를 물려주었다.

순임금을 따라 순행하면서 상수湘水까지 온 두 왕비는 갑작스러운 흉보를 듣고 비탄의 눈물을 흘렸다. 그녀들이 흘린 눈물이 옆에 있던 대나무에 떨어져 얼룩 반점斑點을 남겼다. 이때부터 중국 소상강 일대에는 반점이 있는 반죽斑竹이 자라기 시작했는데 후세 사람들이 대나무의 반점을 보고 아황과 여영의 눈물이라고 했다.

두 왕비는 순임금에 대한 사모의 정을 억제할 길이 없어 치마를 뒤집어쓰고 소상강 깊은 물에 몸을 던져 세상을 떠났다. 중국《열녀전列女傳》에서는 아황과 여영을 〈모의전母儀傳〉 첫 번째에 유우이비有虞二妃라는 제목으로 기록했다. 모의전은 세상의 모범이 되는 어머니를 말하는 것이고 유우이비는 순임금의 두 왕비라는 뜻이다.

제왕과 기업가

역사적으로 유명한 부자들은 중요한 덕목을 갖추었다. 요순은 중국의 전설적 황제로, 정치가로, 통치가로 중국 역사 5천 년에 중요한 영향을 미쳤고 조선의 선비들도 요순의 덕을 본받아야 한다고 주장했다. 동양의 모든 제왕은 요순이 되고자 했다. 요순이 이토록 제왕과 선비들에게 칭송받는 것은 덕으로 백성을 다스렸기 때문이다.

요임금은 자식들에게 황제 자리를 물려주지 않았다. 첫째 아들인 단주는 난폭하고 정의롭지 못하다는 이유로 배제했고, 둘째인 곤은 성실하지만 능력이 부족하다는 이유로 배제했다. 요임금은 지도자가 정의로워야 하고 능력까지 갖추어야 한다는 사실을 말한 것이다.

한국의 재벌 혹은 대기업의 창업주나 2, 3세들은 폭군처럼 사원들에게 군림한다. 운전기사들을 노예처럼 취급하고 정당한 임금을 지불하는 것을 마치 은혜를 베푸는 것처럼 생각한다. 기업가들은 자신들의 돈으로 직원들의 임금을 주는 것이 아니라 직원들이 번 돈으로 부를 누린다는 사실을 깨달아야만 한다.

2

중국 재물의 신

범려(范蠡)

중국에서 부자를 말할 때 흔히 도주공의돈부陶朱公依頓富, 만고일부석
숭萬古一富石崇이라고 한다. 도주공의돈부는 도陶 땅 주공과 의依 땅 돈의
부를 말하는 것이고 만고일부석숭은 만고에 하나뿐인 부자 석숭이라
는 뜻이다. 주공은 월나라의 범려范蠡를 일컫고, 의돈은 한나라의 목축
업자로 돈을 많이 벌어 크게 명성을 떨친 인물이다. 만고일부석숭은
권력을 이용해 이룬 부자여서 크게 관심을 둘 필요가 없다.

범려는 약 2,500년 전의 인물이지만 《사기열전》 중 〈화식열전〉에
그 이름이 자세히 나온다.

"사람들의 귀와 눈은 아름다운 소리와 색을 즐기려 하고 입은 고기
와 같이 맛있는 것을 먹으려 하고 몸은 편하고 즐거운 것을 찾으려 하
고 마음은 권세와 능력을 좇으려고 한다."

사마천은 〈화식열전〉 서두에서 인간의 본성에 대해 이야기했다. 부

자가 되려는 것이 인간의 본성
이라는 것이다.

중국 최초의 경제학자

월나라의 책사가로 유명한
범려의 스승은 계연計然이다.
그에 대해서는 자세히 알려져
있지 않다. 하남성 복양현 출
신으로 성은 신辛이며, 진晉나
라의 공자로 태어났으나 남쪽
월나라에서 생활했다.

계연은 지식을 많이 쌓았
다. 〈화식열전〉에 소개되어 있
는 내용을 보면 상당히 오랫동
안 경제 전 분야에 대해 연구
한 전문가라는 사실을 알 수
있다. 그의 행적은 상세히 알

중국 춘추시대 말기의 정치가 범려는 탁월한 이재술
(理財術)로 중국 최고의 거부가 되었다.

려져 있지 않으나 부국강병에 대해 탁월한 식견을 지닌 인물이었다.
범려는 그러한 계연을 모시고 공부했다.

"스승님, 나라가 부강해지려면 어찌해야 합니까?"

"전쟁이 일어날 것이라는 사실을 알면 군사를 양성해야 하고 홍수
가 날 것을 알면 수레를 준비해야 한다. 수시로 필요한 물자를 조사해

범려의 스승 계연은 경제이론에 아주 해박하고 계산에 능했던 인물로 부(富)에 대한 감각이 뛰어났다.

보면 소용되는 물자를 예측할 수 있을 것이다. 수요와 공급을 알면 부강해지는 것은 어려운 일이 아니다."

계연이 빙긋이 웃으며 대답했다.

"농사가 풍작이 들고 흉작이 드는 것을 어떻게 예측할 수 있습니까?"

범려가 계연에게 물었다.

"그것은 천문을 살피면 알 수 있다. 목성이 서쪽에 있는 해는 풍년이 들고 북쪽에 있는 해는 홍수가 나며, 동쪽에 있는 해는 기근이 들고 남쪽에 있는 해는 가뭄이 든다. 가뭄이 들면 배[船]를 사들이고 홍수가 나면 수레[車]를 사야 한다. 이것이 부를 축적하고 증식하는 이치다."

계연의 말에 범려는 무릎을 치면서 감탄했다. 계연의 계책 역시 역발상에 따른 것이었다.

"천문을 보지 않고도 이러한 모든 일을 예측할 수 있습니까?"

"통계로 예측할 수 있다. 지난 몇십 년 동안 가뭄과 홍수, 기근을 조사한 결과 우리 월나라는 6년마다 풍년이 들고 6년마다 가뭄이 들고 12년마다 대기근이 들었다. 이러한 통계를 잘 이용하면 언제 가뭄이 들고 홍수가 날지 알 수 있어서 충분히 재앙을 막을 수 있다. 가뭄과 홍수에 대처하면 풍작이 들고, 풍작이 들면 농민이 부유해지며, 농민이 부유해지면 나라가 부강해진다. 나라가 부강해지면 강한 군대를 양성할 수 있어서 오나라의 침략을 두려워하지 않아도 된다."

"백성이 곤궁한 것은 쌀값이 어느 정도일 때이고 상인이 곤란할 때는 어느 때입니까?"

"쌀 한 말에 20전까지 내려가면 농민이 가난하고 90전으로 올라가면 상인이 곤란하다. 상인이 곤란하면 농민이 가난해지고 농민이 가난해지면 땅이 황폐하게 된다. 쌀값은 아무리 비싸도 80전을 넘지 말아야 하고 아무리 싸도 30전 아래로 내려가면 안 된다. 농민과 상인이 모두 이익이 되게 하려면 쌀값이 반드시 안정되어야 한다."

계연은 범려를 시장으로 데리고 다니면서 가르쳤다.

"어떻게 해야 평준을 유지할 수 있습니까?"

"물자가 고루 유통되게 해야 한다."

범려는 몇 년 동안 계연에게 부국강병책을 공부했다.

"유통을 잘하려면 어떻게 해야 합니까?"

"축적과 증식을 해야 한다. 축적의 원리는 물품을 완전하게 보존해야 하며 증식은 물자를 서로 교환해야 한다. 특히 값이 올랐을 때는 가지고 있으면서 더 오르기를 바라서는 안 된다. 사재기를 하면 목전의 이익은 얻을 수 있으나 곧 그 화가 자신에게로 돌아온다."

계연은 유통의 중요성을 강조했다.

"물자의 과부족을 어떻게 알 수 있습니까?"

"물가는 극도로 올라가면 떨어지고 극도로 떨어지면 다시 올라간다. 값이 오르면 미련 없이 팔고 값이 내리면 주옥처럼 귀하게 사들여야 한다. 물자와 화폐는 물이 흐르듯 유통시켜야 하는 것이다."

"어째서 극도로 올라가면 떨어지고 극도로 떨어지면 올라가는 것입니까?"

"그것은 순환하기 때문이다."

"더 쉽게 얘기해주실 수 없겠습니까?"

"물건값이 극도로 올라가면 많은 사람이 이익을 얻으려고 외국에서 물건을 가지고 온다. 물건값이 떨어지면 반대로 외국으로 가져가서 팔게 된다."

범려는 계연의 가르침에 무릎을 꿇고 절을 했다. 그는 스승 계연과 함께 수시로 시장을 살피고 과거의 역사와 비교해보았다.

'나라의 흥망은 백성의 부에 있다.'

범려는 시장의 수많은 인파를 살피면서 국가의 부강은 백성의 부가 첫 번째라고 생각했다.

명분과 실리

명분은 옳은 일을 하는 것이고 실리는 이익을 취하는 일이다. 또한 명분은 체면이고 실리는 이면裏面이다. 우리는 명분 때문에 실리를 놓치는 일이 많다. 오나라와 월나라의 전쟁에도 명분을 선택하는 일이 더 많았다.

범려는 오랫동안 계연에게 배우고 월나라의 도읍 제기로 돌아왔다. 그는 학문이 뛰어났기 때문에 곧바로 문종文種 등과 교유하면서 월나라의 대부(大夫, 대신)로 발탁되었다. 범려는 문종과 함께 월나라를 부강하게 하는 데 전력을 다했다.

범려가 활약하던 때는 월왕 윤상과 그의 아들 구천勾踐이 활약하던 시대였다. 오나라는 컸고 월나라는 작았다. 게다가 그들의 이웃에는 강대한 초나라가 있었다. 서로 의지하면서 초나라에 대응해야 했으나 오나라 왕 합려는 호시탐탐 월나라를 침략하려고 노렸다.

"월나라를 치는 것은 바람직하지 않습니다. 우리 오나라와 월나라는 원수같이 지내지만 실은 같은 배를 탄 처지나 마찬가지입니다. 이를 오월동주吳越同舟라고 합니다. 게다가 월나라는 군신이 힘을 합해 나라를 잘 다스리고 있습니다."

병법가인 손무孫武가 반대했다. 그러나 오왕은 손무의 반대에도 월나라 변경을 침략하여 한껏 노략질한 뒤 돌아왔다.

그 무렵 월나라는 왕 윤상이 죽고 아들 구천이 즉위하여 왕이 되었다. 오랫동안 월나라를 이끌어오던 윤상이 죽자 월나라는 뒤숭숭했다. 월나라 도읍에는 오랫동안 조기弔旗가 내걸리고 백성은 가무음곡을 하지 않았다.

"월나라는 우리 원수다. 상喪을 당해 어수선하니 이때를 노려 월나라를 침공할 것이다."

오왕 합려가 대부들에게 말했다.

"예부터 상을 당한 적을 치는 것은 옳지 않다고 하였습니다. 월나라가 비록 우리 원수라고는 하나 어찌 국상을 당한 때 군사를 일으킬수 있겠습니까? 옳지 않습니다."

월나라의 대장군 오자서伍子胥가 출병을 반대했다.

"하하하! 우리 오나라는 이제 천하의 강국이오. 월나라가 누대에걸쳐 우리 원수였으니 이 기회에 버릇을 고쳐놓지 않으면 크게 후회할 것이오."

"월나라에는 대부 범려와 문종 같은 현신이 있고 제계영諸稽郢, 영고부靈姑浮 같은 맹장이 있습니다. 나라는 작으나 현신들이 있는 만큼 월을 공격하는 것은 자멸하는 일입니다."

"장군은 월나라가 두려우면 세자와 함께 도성에 남아 있으시오. 과인은 백비伯嚭와 전의專毅를 데리고 출병하겠소."

오왕 합려는 손무와 오자서의 만류를 뿌리치고 3만 대군을 일으켜월나라를 향해 질풍처럼 달려갔다. 그러나 월왕 구천은 범려와 문종의도움을 받아 오나라군을 격파했다.

오왕 합려는 발에 독화살을 맞고 퇴각했으나 운명하기에 이르렀다.

'아아, 내가 오자서의 말을 듣지 않았다가 참패를 당했구나!'

합려는 비통해서 눈물을 흘렸다. 그는 태자 부차夫差를 불러놓고 오자서를 아버지처럼 받들고 그를 따르라고 지시했다. 그는 오대산에서7리 떨어진 곳에서 숨이 끊어지고 말았다.

"내가 선왕의 복수를 하지 않으면 사람이라고 할 수 없다."

오나라의 태자 부차는 왕이 되었으나 피눈물을 흘리며 맹세했다.

오자서는 간신 비무극(費無極)의 흉계로 아버지와 형이 억울하게 죽임을 당하자 원수를 갚기 위해 오나라로 망명하여 오나라를 강국으로 발전시킨다.

그는 아버지의 복수를 하기 위해 침상에 섶나무[薪]를 깔고 누워[臥] 잤다. 그러고는 침실에 군사를 세워놓고 자신이 출입할 때마다 다음과 같이 크게 소리를 지르게 했다.

"부차야, 부차야! 월왕 구천이 네 아버지를 죽인 일을 잊었느냐?"

부차는 그럴 때마다 꿇어 엎드려 울면서 대답했다.

"소자는 잊지 않았습니다. 3년 이내에 반드시 불구대천의 원수를 갚겠습니다!"

부차가 대답하는 것을 들은 오나라 대부들은 모두 눈물을 흘리며 울었다.

오왕 부차는 손무를 군사, 오자서를 대장군에 임명하여 전쟁 준비를 철저하게 해서 2년 만에 월나라를 공격했다.

손무는 중국 역사상 가장 뛰어난 병법가이고 오자서는 춘추전국시대에 가장 뛰어난 맹장이다. 손무와 오자서가 손을 잡고 군사를 이끌어 파죽지세로 월나라 국경을 돌파했다.

"오나라가 침략해오고 있습니다."

국경에서 다급한 파발이 날아왔다. 월나라 조정은 급하게 대책회의를 열었다. 범려와 문종은 오나라가 강대할 뿐 아니라 손무와 같은 병법가, 오자서와 같은 맹장이 있으니 전쟁을 피하고 화친을 청하자고 주장했다.

"오나라는 우리가 상중인데도 침략했으니 비열하기 짝이 없다. 오나라와 싸우다가 죽는 일이 있어도 이런 치욕을 겪을 수 없다."

월왕 구천은 강력하게 싸울 것을 주장했고 영고부와 같은 장군들도 오나라군을 몰아내야 한다고 강경하게 나왔다. 월나라는 범려와 문종의 반대에도 전쟁을 결정하고 말았다.

'일시적 명분 때문에 월나라가 망하는구나.'

범려는 비통해했으나 월나라에는 전쟁의 바람이 휘몰아쳐 왔다. 월나라 군사도 용맹했으나 오나라 군사가 더 강했다. 그들은 월나라 군사들을 격파하고 파도가 몰아치듯이 도성으로 달려왔다.

굴기倔起, 다시 일어서라

월왕 구천은 오나라 대군과 맞서 치열하게 싸웠으나 회계산에서 포위되었다. 구천은 끝까지 싸우다가 죽음을 맞이하겠다고 말했다. 월나라의 대부들과 장수들이 모두 울었다.

"나라의 명맥을 유지하는 것이 중요합니다. 오왕에게 항복하여 후일을 도모해야 합니다. 항복하면서 어떠한 굴욕을 겪더라도 나라를 유지해달라고 청하십시오."

범려와 문종이 구천에게 아뢰었다.

"치욕을 당하느니 죽는 것이 낫다."

구천은 절대로 항복하지 않겠다고 주장했다.

"조상을 생각하고 백성을 생각하십시오. 이대로 죽는다면 황천에 가서 조상들을 어찌 만나겠습니까?"

범려와 문종이 울면서 간곡하게 청했다. 구천은 피눈물을 흘리면서 무릎을 꿇고 항복했고, 범려와 문종은 뇌물을 써서 월나라의 명맥을 유지하고 구천의 목숨을 살려달라고 간청했다.

"동해에 사는 어리석은 신이 주제도 모르고 대국에 큰 죄를 지었습니다. 대왕께서 하해와 같은 넓은 아량으로 신을 용서하시니 몸 둘 바를 모르겠습니다. 이제 신은 충실한 노복奴僕이 되어 대왕을 섬기겠습니다."

구천은 윗옷을 벗고 꿇어 엎드려 오왕 부차에게 빌었다. 계단에는 오의 문무대신이 서열에 따라 삼엄하게 도열해 있었다.

"과인은 선왕의 원수를 갚고자 맹세하였다. 네가 어찌 살아 있기를 바라느냐?"

오왕 부차가 옥좌에 앉아 구천에게 호통을 쳤다.

"신이 지은 죄를 어찌 다 말씀 올릴 수 있겠습니까? 대왕께서는 축생 같은 신을 불쌍히 여기시어 목숨만은 연명하게 해주시옵소서."

월왕 구천은 더욱 깊숙이 머리를 조아려 사죄했다. 부차는 구천의 초라한 모습을 보자 동정심이 일어났다. 게다가 범려에게 뇌물을 받은 오의 대신 백비가 항복한 왕을 죽이는 것은 예에 어긋난다고 주장했다.

"투항한 자를 죽이는 것은 인자仁者로서 할 일이 못 된다. 설령 나중에 후회하는 일이 생긴다고 해도 어찌 일국의 군주를 가볍게 죽이겠는가?"

부차가 손을 내저었다. 오자서가 구천을 죽이지 않으면 반드시 후회할 것이라고 아뢰었으나 듣지 않았다.

오왕 부차는 월나라의 토지 절반, 수많은 장정, 막대한 재물과 월왕 구천을 포로로 잡아서 오나라로 돌아왔다. 월왕 구천은 오왕 부차의 수레를 끄는 마부로 전락했다. 구천은 한 나라의 왕이었으나 섶에서 잠을 자면서 온갖 굴욕과 치욕을 겪었다. 문종은 월나라에 남아 임금이 없는 나라를 이끌고 범려는 오나라로 끌려간 구천을 시종하면서 책략을 세웠다.

"월왕을 죽이십시오."

오자서는 기회가 있을 때마다 구천에게 아뢰었다.

"월나라를 망하게 만들었는데 그 왕까지 죽이면 제후들이 손가락질을 할 것입니다."

범려는 백비에게 막대한 뇌물을 쓰면서 구천의 목숨이 붙어 있게 했다. 그러는 동안 오자서와 부차의 사이가 나빠졌고 세월도 꽤 흘렀다.

그때 부차가 병을 앓게 되었다. 범려는 귀국할 때가 되었다고 생각했다. 그는 오나라의 간신 백비를 통해 부차의 병에 대해 알아낸 뒤 구천에게 계책을 일러주었다. 구천은 백비를 따라 입궐하여 오왕 부차에게 절을 하고 아뢰었다.

"대왕께서 환후 중이시라는 말씀을 듣고 신이 용태를 살피고자 왔습니다."

부차는 가늘게 눈을 뜨고 구천을 살폈다.

"구천이 과인의 병문안을 왔느냐?"

"예."

"죄수의 몸으로 병문안을 온 것이 기특하구나. 하나 과인은 모든 것이 귀찮으니 석실에 돌아가 기다리라."

"신이 대왕께서 환후 중이시라는 말씀을 듣고 용안을 뵈려고 한 것은 의술을 조금 알기 때문입니다. 신은 동해에 있을 때 이인異人에게서 의술을 약간 배운 일이 있습니다."

"호오! 네가 의술을 안다는 말이냐?"

"그러하옵니다. 신이 대왕의 변맛을 보면 감히 병을 알아볼 수 있습니다. 신에게 대왕의 변맛을 볼 수 있도록 허락해주십시오."

"네가 과인의 변맛을 보겠다는 말이냐?"

부차가 깜짝 놀라서 구천에게 물었다. 시종하고 있던 오나라 대신들이 모두 놀라서 웅성거렸다.

"신이 이인에게 배운 바로는 인분은 곡식이 변하여 된 것입니다. 그러므로 인분의 맛이나 색으로 병을 알 수 있다고 하였습니다."

"고금에 충성스러운 신하의 얘기는 많았으나 왕의 변을 먹어보겠다고 말한 사람이 있다는 얘기는 내 일찍이 들어본 일이 없다. 구천은 그 말이 사실이냐?"

"신이 어찌 거짓을 아뢰오리까?"

"그러하다면 과인의 변으로 병을 알아보라. 네가 병을 알아내기만 하면 나는 너를 귀국시킬 것이다."

오왕 부차는 사람들을 내보낸 뒤 변기를 들이라고 하여 변을 보았다. 그러자 구천이 들어와 변기의 변을 손가락으로 찍어서 맛을 보았다. 부차가 가만히 구천을 살피니 구천은 변을 찍어 맛을 보면서도 얼굴 한 번 찡그리지 않았다.

"어떠한가?"

"신이 대왕의 변맛을 보니 천지의 기운과 조화를 이루고 계절의 생기와 순응하고 있었습니다. 대왕께서는 날씨가 따뜻해지면 저절로 병이 나을 것입니다. 기사일에 차도가 있을 것이고 임신일에는 쾌차하실 것입니다."

구천은 범려가 가르쳐준 대로 말했다.

"그 말이 정녕 사실이냐? 약을 쓰지 않고도 병이 나을 수 있다는 말이냐?"

"신이 어느 안전이라고 감히 거짓을 아뢰오리까?"

"내 병이 나으면 너를 바로 귀국시키리라."

부차는 기뻐하며 말했다. 구천은 깊숙이 머리를 조아리고 물러갔다.

부차의 병은 범려가 예언한 대로 기사일부터 차도가 있더니 임신일이 되자 거짓말처럼 완치되었다. 부차는 구천에게 감동했다.

"월왕은 성인처럼 덕이 있는 사람이다. 내 어찌 그를 죄수 대열에 있게 하겠는가?"

부차는 구천을 대에 오르게 하여 정중하게 술잔을 권했다. 구천은 몇 번이나 사양하는 체하다가 잔을 받았다.

"그대는 그동안 내 시중을 드느라고 고생했다. 이제 고향으로 돌아가라."

구천이 영을 내렸다.

"황공하옵니다."

오왕 부차는 구천에게 성대한 전송연을 베풀었다. 구천을 전송하는 자리에는 오나라의 모든 신하가 모였으나 오자서만은 참석하지 않았다.

"그대를 억류하였다가 이제야 돌려보내지만 구원舊怨은 잊고 오나라를 잘 섬기기를 바라오."

오왕 부차는 손수 구천에게 술을 따라주며 말했다.

"대왕께서 신을 불쌍히 여기사 고국으로 생환케 하시는데 은혜를 잊는다면 금수와 무엇이 다르겠습니까? 신은 대대로 오나라에 충성을 다할 것입니다."

"길이 머니 그대는 속히 수레에 오르시오."

부차는 구천에게 술 석 잔을 권하고 수레에 오르게 했다. 구천은 눈물을 비 오듯이 흘리면서 공손히 재배하고 수레에 올랐다. 구천의 부인도 초췌한 얼굴로 부차에게 재배하고 수레에 오르는데 그 정상이 가련하기 짝이 없었다.

범려는 구천과 부인이 수레에 오르자 절강을 향해 빠르게 달려갔

다. 혹시라도 부차의 마음이 바뀔까 봐 두려웠던 것이다. 월왕 내외가
귀국하자 백성이 모두 마중을 나와 울음을 터뜨렸다.

2천여 년 전의 국가 경쟁력

월나라는 오나라와의 전쟁으로 폐허가 되어 있었다. 장정들은 오나
라에 노예로 끌려갔고 농사를 지을 사람이 없어 농지는 황폐해져 있
었다.

"과인은 반드시 오나라에 대한 치욕을 씻을 것이다."

구천은 오나라에 복수하려고 절치부심했다. 그는 자기 자신을 엄격
하게 다루었다. 졸음이 오면 여뀌로 눈을 찔렀고 겨울에 발이 시리면
오히려 냉수를 퍼부었다. 여름에는 폭염 속에서도 화로를 들여놓고 땀
을 뻘뻘 흘리고 겨울에는 홑옷을 입고 추위를 견디었다. 침상에는 요
를 깔지 않고 마른 짚을 깔고 잤으며, 방에 곰쓸개를 매달아놓고 드나
들 때마다 쓰디쓴 쓸개를 핥았다. 그러고는 오나라에서 당한 치욕을
상기하며 밤마다 흐느껴 울었다.

와신상담臥薪嘗膽이라는 고사성어가 유래한 것은 이 때문이다. 와신臥
薪은 오나라왕 부차가 마른 짚을 깔고 잔 데서 유래했고 상담嘗膽은 구
천이 곰의 쓸개를 핥았다는 데서 유래한 것이다.

'이제는 부국강병을 이뤄 나라의 치욕을 갚아야 한다.'

범려는 월나라를 부국강병하게 만들기 위해 월나라의 현자인 스승
계연을 찾아가 도움을 청했다. 계연은 범려에게 10가지 계책을 일러
주었다.

'나라가 강해지려면 백성이 부유해야 하고 백성이 부유하려면 생산하는 사람들이 많아야 한다.'

범려는 부국강병의 첫 번째 목표를 생산성에 두었다.

"젊은 남자는 늙은 여자와 결혼하지 말라. 젊은 여자는 늙은 남자와 결혼하지 말라. 여자가 열일곱 살이 되어도 시집을 보내지 않거나 남자가 스무 살이 되어도 장가를 보내지 않으면 부모가 벌을 받게 하라. 임산부는 나라에서 극진히 돌봐주고 아들을 낳으면 개 한 마리와 술을 주고 딸을 낳으면 돼지 한 마리와 술을 주라. 쌍둥이를 낳으면 하나를 나라에서 양육비를 부담하고 세쌍둥이를 낳으면 둘의 양육비를 나라에서 부담하라."

2,500년 전 범려는 인구증산정책을 펼쳤다. 인구증산정책은 최소 20년이 걸리는 장기적인 정책이다.

범려와 서시(西施)가 풍류를 즐기는 그림. 범려는 서시를 사랑하면서도 춤과 악기를 가르쳐 오나라의 부차에게 바쳤다. 부차는 범려의 미인계에 넘어가 나라를 돌보지 않다가 결국 멸망하고 만다.

두 번째는 서시西施를 이용해 미인계로 오나라왕 부차를 타락하게 만드는 전략이었다. 미인계는 중국에서 흔하게 사용되는 전략이었으나 범려는 서시가 도읍에 들어올 때 서시를 보려는 백성에게서 돈을 받았다. 서시가 미인이라는 사실을 널리 알려 오왕 부차의 관심을 끌고 서시가 어느 정도 미인인지 알려고 하는 월나라 백성에게서 돈을 받아 국고를 채운 것이다.

'부국강병하려면 장기적인 정책을 세워야 한다.'

범려는 백성을 먼저 부강하게 하고 군사를 양성해야 한다고 생각했다. 인구증산정책으로 생산성을 늘리고 군사를 양성했다. 그뿐 아니라 서시를 오왕 부차에게 보내 오나라를 부패하게 만들고 오나라 최고 맹장 오자서를 자살하게 만들었다. 그것은 장장 20년이 걸린 장기적 책략이었다.

범려는 오나라가 부패해지고 월나라가 부강해지자 마침내 전쟁을 일으켜 오나라에 설욕했다. 전쟁에서 승리하여 개선하자 월왕 구천은 기뻐했지만 어려울 때 함께 고생한 신하들의 공로를 무시했다.

'왕은 오나라와의 전쟁에서 승리한 공로를 자기 것이라고 생각하고 신하들과 기쁨을 함께하지 않으려 하는구나. 이제 내가 물러날 때가 되었어.'

구천의 눈치를 살핀 범려는 씁쓸했다. 범려는 오궁으로 들어가 구천에게 절을 하고 모든 관직을 사직했다.

"대부가 갑자기 사직하다니 그게 무슨 말이오?"

구천이 깜짝 놀라 물었다.

"신이 듣기에 임금이 치욕을 당하면 신하는 죽음으로써 충성을 보여야 한다고 했습니다. 지난날 대왕께서는 오왕 부차에게 온갖 치욕을 당했으나 신이 죽지 못한 것은 대왕의 치욕을 갚고 우리 월나라가 중원의 패자가 되는 대업을 이루기 위해서였습니다. 신은 진작 죽어 마땅하나 대왕께서 용서하신다면 강호로 물러나 여생을 조용히 마칠까 합니다."

"과인이 고진감래苦盡甘來하여 오늘의 대업을 이룬 것은 그대들의 충성 덕분이었소. 이제 과인을 버리고 떠나겠다니 그런 법이 어디 있소? 과인 곁에 있으면 많은 봉지를 나누어주어 여생을 즐기면서 살 수 있게 해주겠소."

"신은 몸이 아파 더는 관직을 맡을 수 없습니다. 시골에서 몸을 요양할 수 있도록 허락해주십시오."

"그대가 그렇게 물러나려고 한다면 그대 가족을 모두 죽이겠소."

구천이 눈알을 희번덕거리면서 위협했다.

이론을 실천으로

범려는 크게 탄식하고 그날 밤 일엽편주를 타고 오궁을 빠져나와 삼강을 건너 홀연히 사라졌다. 월왕 구천이 범려를 찾았으나 그는 이미 오나라를 떠난 뒤였다.

"진晉나라의 개자추介子推가 면산에 들어가 타죽었다고 하더니 범려도 그에 못지않은 충신이로다."

구천은 눈물을 흘리며 범려의 은둔을 아쉬워했다. 범려는 자신의 벗인 문종에게 편지를 보냈다.

"…그대는 오왕 부차가 죽기 전에 한 말을 기억하는가. 토끼사냥이 끝나면 사냥개를 잡아먹는다는 말은 우리를 두고 하는 것일세. 월왕은 장경조훼長頸鳥喙, 목이 길고 입술이 새의 부리처럼 생겼으니 고생은 같이할 수 있어도 즐거움은 같이할 수 없네. 그대도 왕의 곁을 떠나지 않으면 크게 화를 당하리라…."

문종은 범려의 편지를 받았으나 사직하지 않았다. 그는 임금을 떠나는 것도 배신하는 것이라고 생각했으나 결국 권력투쟁에 휘말렸고 주색을 탐닉하는 구천에게 직언을 올리다가 죽임을 당했다.

범려는 조각배를 타고 태호太湖를 지나 제나라에 이르렀다. 그는 이름을 주朱로 바꾸고 도(陶, 산동) 땅에서 종복들을 모으고 장사를 시작했다.

"도 땅은 천하의 중앙이다. 사방이 제후의 나라로 통하고 물산이 풍부하게 오가는 곳이다. 장사하기에 이곳이 가장 적합하다."

범려는 도 땅을 살핀 뒤 종자들에게 그렇게 말했다. 그리하여 적은 돈으로 장사를 시작했다. 그는 시기를 보아 적절하게 화물貨物을 사고 팔았다.

풍년이 들어 쌀값이 폭락하면 쌀을 샀다가 흉년에 팔고, 흉년이 들어 비단이 폭락하면 비단을 사들여 풍년에 팔았다. 기호품이나 사치품은 풍년이 들어 백성이 부유해지면 값이 오르고 흉년이 들어 곡식값이 오르면 떨어졌다.

분배는 은혜가 아니라 의무

범려는 10년이 지나지 않아 천금을 벌어 가난한 이웃에게 나누어 주었다.

"아버지, 우리가 고생하여 번 돈을 어찌 가난한 사람들에게 나누어 주는 것입니까?"

범려의 아들이 물었다.

"내가 가진 것을 나누어주는데 왜 불만이냐?"

"그들은 게으르고 일하려고 하지 않습니다. 그런 자들이 굶주리는 것은 당연한 일입니다."

"게으르다고 굶어 죽게 할 수는 없다. 게으른 사람 중에는 병들거나 늙은 사람도 있다. 전쟁에 나가 부녀자와 아이들만 있는 집도 있다. 부자가 이런 자들을 돕지 않으면 누가 돕겠느냐?"

"사람들이 재물을 나누어주어도 은혜를 갚을 줄 모릅니다."

"어찌 은혜라고 하느냐? 내가 갖고 있는 재물은 내 것이 아니다."

"그럼 누구의 것입니까?"

"천하의 모든 재물은 천하 백성의 것이다. 내가 그들에게 나누어주는 것은 은혜가 아니라 당연한 것이다."

범려는 아들의 불만을 뿌리치고 가난한 자들을 도왔다.

"아버지가 천금을 나누어주어 우리는 다시 가난해졌습니다."

"그렇다면 다시 벌면 되지 무엇을 걱정하느냐?"

"부자가 되는 것이 쉽습니까?"

"3년을 열심히 하면 못 이룰 일이 없다."

범려는 다시 장사를 했는데 이번에는 소비자가 필요로 하는 곳에 물건을 팔아 부자가 되었다. 농사가 잘 안 되는 제나라 땅에는 쌀을 갖다가 팔고 제나라에서 소금을 사서 소금이 생산되지 않는 곳에 팔아 다시 천금을 벌었다. 범려는 그 돈도 다시 가난한 사람들에게 나누어주었다.

"아버지, 우리는 왜 자선사업을 하는 것입니까?"

"사람들이 모두 우리에게 고마워하지 않느냐?"

"우리는 다시 가난해졌습니다."

"그럼 또 장사를 하자꾸나."

범려는 상인으로 장사를 잘하여 세 번째로 큰돈을 벌었다.

"아버지, 이번에도 가난한 사람에게 나누어줍니까?"

아들이 범려에게 물었다.

"나는 작은 나라 월나라를 중원의 패자로 만들어 천하를 경영했다. 그리고 월나라의 재상 자리를 버리고 장사를 하여 세 번이나 천금을 벌었다. 그러한 내 후손이 가난하게 산다면 후세 사람들이 무엇이라고 하겠느냐?"

범려는 세 번째 천금을 벌자 아들과 딸을 비롯해 후손들에게 나누어주었다.

국가의 부와 개인의 부

범려는 부자가 아니더라도 정치가로서 중국에 큰 족적을 남긴 사람이다. 강대한 오나라에 핍박을 받던 월나라를 부국강병하게 하여 중원의 패자로 만들었고, 월나라를 탈출한 뒤에는 세 번이나 천금을 벌었으며, 두 번을 가난한 사람들에게 나누어주었다. 부의 3요소를 축적, 증식, 분배라고 보았을 때 범려는 분배정의까지 실천한 것이다.

중국인이 범려를 재물의 신, 재신으로 부르는 것은 돈을 버는 능력보다 분배하는 그의 정신 때문일 것이다. 범려와 계연의 정책 중 가장 뛰어난 것은 당시로서는 획기적이었던 인구증가정책이라고 할 수 있다. 오나라로 끌려간 노동력을 보충하기 위해 인구증가 계획을 세운 것은 고대 국가에서 전례가 없는 일이었다.

계연은 춘추전국시대의 중요한 경제이론가였다. 그는 경제정책을 단기적으로 보지 않고 장기적으로 보아야 한다고 생각했다. 전쟁이 일어날 것을 알면 미리 대비해야 하고 가뭄이 들 때는 배를 준비하여 홍수가 날 때를 대비하고 홍수가 날 때는 수레를 준비하여 가뭄이 들 때를 대비해야 한다고 강조했다. 이는 일이 닥쳤을 때 허둥대지 말고 미리 준비하는 것을 강조한 것이다.

그는 국가의 중요한 경제정책을 수립했다. 범려는 집안일을 모두 맡기고 종자 하나를 데리고 스승 계연을 다시 찾아갔다. 계연은 이미 머리가 하얗게 세어 백발이 되어 있었다.

"스승님께서는 선풍도골이십니다. 이제 우화등선하실 때만 남은 것 같습니다."

범려가 절을 올린 뒤 말했다.

"허허, 내가 늙었으니 죽을 때가 되었다는 말인가?"

계연이 산 아래를 내려다보면서 호방하게 웃음을 터뜨렸다.

"자연으로 돌아가는 것이 순리 아니겠습니까? 모든 것이 순환하지요. 봄이 가면 여름이 오고… 여름이 가면 가을이 오듯….'

"가을에는 곡식을 수확한다. 너는 인생의 가을에서 무엇을 수확하려느냐?"

"수확할 것이 없어서 스승님께 여쭈려고 왔습니다."

범려가 쓸쓸한 표정으로 산 아래 계곡을 내려다보았다. 범려도 이제는 늙고 병들어 언제 죽을지 알 수 없었다.

"나는 부를 일구는 방법을 연구했고 너는 실천했다. 나는 임금에게 부에 대한 정책을 알려주었고 너는 나에게 배운 계책으로 월나라를 부강하게 만들었다."

"나라가 망하였기에 다시 일으켜 세웠습니다."

"월나라가 오나라를 물리쳐 설욕하고 중원의 강대국이 되었다. 그런데 불과 20여 년 만에 나라가 거의 망하게 되었으니 무슨 보람이 있느냐?"

"군주가 선정을 베풀지 않기 때문입니다."

"백성이 도탄에 빠졌으니 어찌할 것이냐?"

"저는 스승님에게 배운 계책으로 세 번이나 천금을 모았습니다. 그중 두 번은 가난한 사람들에게 나누어주었습니다. 부는 축적하고 증식하고 분배하는 것이라는 기준을 세웠습니다."

"나는 나라를 부강하게 하는 법을 제시했고 너는 개인이 부자가 되는 법을 실천했다. 네 재간을 널리 알리도록 하라."

계연이 범려에게 일렀다.

재물의 신

범려는 계연과 여러 날에 걸쳐 토론한 뒤 도 땅으로 돌아왔다. 그는 집에서 쉬다가 중국 전역을 돌아다니면서 부자 이야기를 하기 시작했다. 많은 사람이 그에게서 부 이야기를 듣고 장사에 나섰다.

계연은 경제이론을 내세웠고 범려는 계연의 경제이론을 실천했다. 그러나 범려가 중국인의 존경을 받는 것은 어려울 때 굴기했고, 자신의 부를 자신의 것이 아니라 천하 백성의 것이라고 보았기 때문이다. 그는 분배를 가진 자의 은혜가 아니라 의무라고 생각한 인물이다. 범려는 훗날 사람들에게서 중국 최초로 재신財神이라는 칭호를 받았다.

3

박리다매의 상업이론

백규(白圭)

중국에서 최초로 장사를 한 인물은 오제五帝의 한 사람인 순이다. 순 이후 수많은 상인이 등장했는데 비교적 주의 도읍이 있는 낙양과 바닷가 지역인 제齊 땅에서 상업 활동이 활발하게 이루어졌다. 제 땅은 지금의 산둥지방으로 강태공姜太公 여상呂尙이 제후로 분봉되어 군주가 된 곳이다. 낙양에서 멀었기 때문에 다른 사람들이 꺼렸으나 강태공은 꺼리지 않았다.

제 땅은 습하고 땅이 척박해 사람들이 좋아하지 않았다. 그러나 강태공은 소금을 생산하게 하여 척박한 제나라를 부흥시키고 중국 전역의 장사꾼들이 몰려오게 했다. 강태공이 소금 생산을 자유롭게 하면서 많은 사람이 소금을 생산했고, 소금을 사다가 팔려고 장사꾼들이 몰려오자 인구가 늘어났다. 강태공은 이에 그치지 않고 백성에게 뽕나무를 심고 부녀자들에게는 누에를 치게 하여 제나라를 강성하게 만들었다.

중국 화가 이효백(李曉白)의 〈강태공조어도(姜太公釣魚圖)〉. 강태공 여상(呂尙)은 병법(兵法)에 능한 뛰어난 정치가였지만 경제적 수완이 좋아 척박했던 제나라를 부흥시킨 인물이기도 하다.

제나라의 도읍 임치臨淄는 사람들이 어깨를 부딪치고 다녀야 할 정도로 인파가 들끓어 제환공이 이를 바탕으로 제나라를 패권국가로 만들기까지 했다.

시장이 있어야 부자가 나온다

봉건시대 이전의 부자는 땅과 목축에서 나왔다. 그러나 봉건시대 국가들이 등장하면서 상인들이 활약하기 시작하고 시장이 형성되었다. 중국은 2천여 년 전부터 시장이 크게 발전했다. 중국 전역에서 시장을 탄압하지 않았기 때문에 상술이 발달하고 부자들이 나타났다.

한나라의 역사학자 반고班固가 상업의 아버지라고 부른 백규白圭는 주周나라 출신으로 제나라, 조나라, 위나라 등을 상대로 장사했다고 기

《한서(漢書)》에 따르면 백규는 경영과 무역, 생산 발전 등 경제에 관한 체계적인 이론을 최초로 수립한 인물로, 특히 장사 수완이 매우 뛰어났다고 한다.

록되어 있다. 중국에서는 비록 전쟁을 하더라도 상인들이나 여행하는 사람들을 막지 않았다. 춘추시대와 전국시대에 유세객들이 중국 전역을 떠돈 것이 좋은 예가 된다. 시장은 전쟁 중에도 활기를 띠었고 백규는 이러한 시대 장사에 관심을 기울였다.

전국시대에 이르면 주나라는 쇠퇴하여 천자의 지위가 약해져 있으나 마나한 존재가 되었고 제후국들이 다투어 칭왕을 했다.

'천자가 허수아비에 지나지 않으니 벼슬을 해도 소용이 없다.'

백규는 일찍부터 벼슬에 나갈 생각을 하지 않고 장사에 관심을 기울였다.

주나라는 천자가 다스렸기 때문에 전쟁이 일어나지 않아 안정되어 있었다. 비록 주나라가 힘이 없어도 상징적인 천자가 있었다. 주나라의 임금, 천자에게 예를 올리지 않았다는 이유로 제후들이 서로 전쟁을 일으킬 정도였다. 어느 나라 군대든 주나라 도성 앞을 지날 때면 장수와 군사들이 말이나 수레에서 내려 도성을 향해 예를 올려야 했다. 제후들은 겉으로는 모두 주왕을 받들었다. 그러나 주왕의 권위가 약해지면서 그야말로 전쟁이 하루도 쉬지 않고 계속되어 사가들이 이 시대를 전국시대라고 불렀다. 전쟁을 피해 주나라에 와서 살고 있는 사람도 적지 않았다. 주나라가 중국 전역에서 가장 안전한 곳이기도 했다.

"아저씨, 오늘은 쌀값이 얼마예요?"

백규는 시장에 이르면 언제나 상인들에게 곡식값을 물었다.

"이놈아, 사지도 않을 거면서 왜 물어?"

상인이 백규를 쏘아보면서 눈을 흘겼다.

"시세가 지난달과 같은지 물어보는 거예요."

"흥! 지난달이나 작년이나 크게 다르지 않다. 장사 방해하지 말고 가거라."

상인이 귀찮다는 듯이 손을 내저었다

'시장의 물건값은 항상 비슷하구나.'

백규는 시장을 돌아다니면서 물건값의 변동을 계속 살폈다. 백규의 아버지는 그런 아들이 못마땅했다.

"너는 학문을 하지 않고 장사를 할 생각이냐?"

백규의 아버지가 물었다. 그는 주나라 도읍에서 낮은 벼슬을 하고 있어서 가난하게 살았다.

"예. 장사를 하려고 합니다."

백규가 조용히 대답했다.

"학문을 하면 공경대부가 되어 나라를 다스리고 권력을 누리게 되는데 어찌 그것이 싫다는 것이냐?"

"아버지, 저는 장사를 하여 돈을 벌 생각입니다."

"네가 몰라서 그렇다. 높은 벼슬에 오르면 저절로 부자가 된다. 사람들이 재물을 갖다 바치고 임금이 땅과 노예를 하사한다."

"벼슬에 있을 때 얻는 재산은 벼슬과 함께 사라집니다. 잘못하지 않아도 시기나 질투로 목숨을 잃는 경우가 많습니다."

백규의 말에 아버지는 할 말을 잃고 말았다. 주왕실이 약해지자 중국 전역이 전쟁의 바람에 휩쓸리고 학문과 경륜이 높은 재상들이 모함과 시기로 죽는 일이 허다했다. 이러한 시기에 벼슬을 하는 것은 목숨이 위태로운 경우가 더 많은 것이다.

"토지에서 생산력를 배가해 농민을 부유하게 만들면 나라가 부강해진다."

위나라의 이극李克이라는 대신은 백성을 부유하게 만드는 정책을 생산성 확대에 두었다.

풍년과 흉년이 장사에 미치는 영향

백규는 시장을 살피면서 시장의 시세가 풍년과 흉년에 따라 다르다고 생각했다. 그는 풍년과 흉년이었을 때 농산물 가격의 변화를 살피기 시작했다. 백규는 시세의 변화에 관심을 기울이면서 상업이 중요하다는 것을 깨달았다.

'나는 장사를 할 것이다. 시장에서 채소나 팔고 사는 장사가 아니라 큰 장사를 해야 부귀를 누릴 수 있다. 그러려면 철저히 준비해야 한다.'

백규는 시장을 돌아다니면서 시세와 상술을 조사한 뒤 상단을 따라다녀야겠다고 생각했다. 직접 경험해야 상술을 터득할 수 있다고 판단한 것이다.

"아버지, 저는 장차 우리 집안의 문호를 크게 넓힐 것입니다."

백규는 아버지와 상의했다.

"무엇으로 문호를 넓힐 생각이냐?"

백규의 아버지가 퉁명스럽게 물었다.

"장사로 넓힐 생각입니다. 그래서 상단을 따라다니면서 상술을 배우려고 합니다."

"장사를 하는 것이 쉬운 일이라고 생각하느냐?"

"세상에 쉬운 일이 어디 있겠습니까?"

"네 생각이 어릴 때와 변함이 없는 모양이구나. 부모가 어찌 자식의 뜻을 꺾겠느냐?"

백규의 아버지는 허락하고 노잣돈까지 약간 마련해주었다. 백규는 그 돈으로 시장에서 나막신을 사가지고 상단을 따라나섰다.

"아저씨, 장사를 어디로 갑니까?"

"임치로 간다."

임치는 제나라의 도읍이었다. 상단은 말과 수레에 물건을 가득 싣고 있었다.

"무엇을 팔러 갑니까?"

"대나무그릇과 목기, 생강, 짐승의 가죽 등이네. 자네는 무엇을 팔 것인가?"

"저는 나막신을 팔 것입니다."

"비도 오지 않는데 어찌 나막신을 파는가?"

상인의 말에 사람들이 일제히 웃음을 터뜨렸다.

"그저 경험을 쌓으려는 것뿐입니다."

"지금은 건기인데 나막신을 파는가?"

"우리가 임치에 도착할 때는 우기가 될 것입니다."

백규는 사람들이 웃는데도 탓하지 않았다. 백규는 가는 곳마다 시장에 들러서 어떤 물건이 잘 팔리는지, 시세는 어떤지 조사하여 꼼꼼하게 기록했다. 임치에 도착하자 사람들이 어깨를 부딪치며 돌아다닐 정도로 많았다. 임치에서 팔리는 물건은 소금과 비단이었다.

'소금은 꼭 필요한 생산품이지만 무거워서 천 리를 운반하는 것이 쉽지 않겠구나.'

백규는 소금을 운반하는 방법을 골똘하게 생각하다가 배를 이용하는 방법을 생각했다. 임치는 장강이 가까워서 주나라 도읍 낙양까지 배로 운반할 수 있었다. 백규는 그러한 사항을 낱낱이 기록했다. 먼 지방까지 장사하러 다니면서 날씨와 시세를 기록하기도 했다.

"무엇을 그렇게 열심히 적는가?"

상인들이 의아한 표정으로 물었다.

"날씨입니다."

"날씨를 왜 기록하는가?"

"날씨를 기록하여 몇 년 만에 풍년이 들고 몇 년 만에 흉년이 드는 지 알아보려는 것입니다. 몇 년 만에 가뭄이 오고 몇 년 만에 기근이 드는지 알면 장사하는 데 도움이 됩니다."

"주공이 그렇게 하여 돈을 벌었다고 한다만 네가 부자가 될 수 있 을지 모르겠구나. 그런데 그것은 또 무엇인가?"

"시세를 적는 것입니다."

"시세를 적어?"

"쌀값은 나라마다 다릅니다. 진나라에서는 얼마고 조나라, 위나라, 한 나라에서는 얼마인지 기록해두는 것입니다. 시세 변화에 따라 어느 나라 에 쌀을 팔지 결정하여 장사하면 더 많은 이익을 남길 수 있습니다."

상인들은 백규가 공연한 짓을 한다고 생각했다. 백규가 임치에 도 착한 지 얼마 되지 않아 비가 내리기 시작했다. 백규는 가지고 온 나 막신을 모두 팔았다. 그러나 멀리서 가져왔기 때문에 큰돈은 벌 수 없 었다.

비단값을 알려면 누에고치를 살피라

장사의 기술은 여러 가지가 있다. 장사의 기본은 물건값이 언제 오 르고 내리는지 파악하는 일이다. 백규는 물건값을 예측하는 방법을 고 안했다. 백규는 성인이 되었고 본격적인 장사에 나섰다. 그는 여름에 누에고치 모양을 보고 비단을 사들였다.

"대인, 누에고치를 살피고 비단을 사들이는 까닭이 무엇입니까?"

백규 밑에서 장사하는 상인들이 물었다.

"누에고치를 보면 비단 생산량을 짐작할 수 있다. 누에고치가 병들고 탐스럽지 않으면 좋은 비단이 생산되지 않고, 좋은 비단이 생산되지 않으니 당연히 비단값이 오른다. 좋은 비단을 사놓았다가 비단값이 오를 때 파는 것이 장사의 비결이다."

백규의 예측대로 다음 해에 비단값이 올랐다. 사람들이 그제야 비단값이 더 오르기를 바라면서 비단을 사들였으나 백규는 오히려 내다팔았다.

"아니 비단값이 더 오르면 팔아야지 지금 팔면 어떻게 합니까?"

부인이 펄쩍 뛰었다.

"시세는 금방 올랐다가도 금세 떨어지는 법이라오."

백규는 빙긋이 웃고 비단을 모두 팔았다. 과연 비단값이 폭등하자 농가에서 가지고 있던 비단을 모두 내다팔아 값이 폭락했다.

백규는 비단을 팔아 재산이 두 배로 늘었다. 그러나 그는 검소한 인물이었다. 그는 거친 음식을 먹고 노예들처럼 허름한 옷을 입었다. 손님들이 그의 집을 방문했다가 노예와 함께 일하는 그를 보고 놀랐다.

"어째서 천금의 부자가 노예와 함께 일합니까?"

손님이 이해할 수 없다는 표정으로 물었다.

"주인이 열심히 하지 않으면 노예들이 따르지 않습니다."

손님은 감격하여 머리를 숙이고 돌아갔다.

싸게 팔되 많이 팔아 이익을 남기는 법

장사는 이익을 남겨야 한다. 되도록 많이 팔아 많은 이익을 남겨야 한다. 물건 하나를 팔아 1백만 원의 이익을 남길 수 있지만 물건 하나를 팔아 10만 원의 이익을 남긴 뒤 1백 개를 팔면 1천만 원의 이익을 남길 수 있다. 싸게 팔되 많이 팔아 이익을 남기는 상술이 곧 박리다매薄利多賣다.

백규는 곡식의 낟알이 영글 무렵 낟알 모양을 보고 대량으로 사들였다.

"곡식을 왜 이렇게 많이 사들입니까?"

사람들이 의아하여 물었다.

"곡식값이 오를 것이기 때문입니다."

백규의 예상대로 수확철이 되자 곡식값이 올랐다. 백규는 곡식을 내다팔아 많은 돈을 벌었고 재산이 더욱 불어났다.

장사는 서로 경쟁한다. 백규가 사는 주나라 도읍에 대상大商이 있었다. 그는 백규가 곡식을 사들일 때 백규를 따라 많은 곡식을 사들였다. 두 상인이 곡식을 사들이자 낙양의 곡식값이 크게 올랐다. 그러자 다른 지역 상인들이 곡식을 가지고 몰려오기 시작했다.

"곡식을 내다가 팔아라."

백규가 아들에게 지시했다.

"지금 팔면 이익이 많지 않습니다. 조금 기다렸다가 값이 오를 때 파십시오."

"아니다. 지금 모두 팔아라."

백규가 지시를 내리자 아들이 창고의 곡식을 모두 내다팔았다.

"지금 곡식을 내다팔면 무슨 이익이 남는가? 한 푼 이익을 남기려고 곡식을 사들이지는 않았다."

백규 이웃에 있는 상인은 곡식이 더 오를 때를 기다리면서 팔지 않았다.

백규는 창고의 곡식을 모두 내다팔았다. 이익은 적었으나 곡식이 많았기 때문에 백규는 이번에도 많은 돈을 벌었다. 백규의 이익을 적게 남기고 많이 파는 전략, 즉 박리다매 전략은 이후 전 세계의 중요한 상술이 된다.

장사를 전쟁처럼 하라

백규가 장사로 돈을 벌자 많은 사람이 그를 찾아와 비결을 배우려고 했다.

"전쟁에 병법이 있듯이 장사에도 기술이 있다."

백규는 수염을 쓰다듬으면서 단호하게 말했다.

"어떤 기술이 있습니까?"

"첫 번째 전쟁을 시작할 때와 물러날 때가 있듯이 물건을 사들일 때와 팔 때를 정확하게 계산해야 한다."

"두 번째는 무엇입니까?"

"전쟁이 시작되면 죽음을 무릅쓰고 공격해야 하듯이 장사도 판매에 목숨을 걸어야 한다."

"세 번째는 무엇입니까?"

"시세를 낙관하라. 곡식을 잔뜩 사들였는데 곡식값이 폭락했다고 실망하지 말고 오를 때를 기다리라."

"계속 폭락할 수도 있지 않습니까?"

"절대 그렇지 않다."

백규는 자신이 기록한 통계를 아들에게 보여주면서 설명했다.

백규는 전국시대에 큰 부자가 되었다. 그에게 장사하는 기술을 배우려는 사람들이 구름처럼 몰려왔으나 일언지하에 거절했다.

"나는 전쟁하듯이 장사를 했다."

백규는 전쟁을 시작할 때와 물러날 때가 있듯이 물건을 사들일 때와 팔 때를 정확하게 계산해야 한다고 가르쳤다.

백규는 때때로 한두 마디씩 퉁명스럽게 내던지고는 했다.

"사람을 부릴 때는 이윤伊尹과 강태공처럼 했고 장사를 할 때는 손자가 전쟁을 하듯이 했다. 임기응변의 지혜는 안평중처럼 했고 결단할 때는 상앙商鞅처럼 했다."

이윤은 걸왕의 신하로 있었으나 그가 폭정을 일삼자 탕왕에게 와서 재상으로 있었다. 탕왕은 그 무렵 갈국葛國의 제후가 천지와 조상에게 제사를 지내지 않자 군사를 일으키고 말했다.

"그대는 천명을 존중하지 않고 조상을 받들어 모시지도 않았다. 나는 그대를 정벌할 것이다."

"내가 천명을 존중하지 않는 것을 어찌 안다는 말이오?"

갈국의 제후가 물었다.

"사람이 물을 내려다보면 자기 모습을 비춰볼 수 있듯이 백성이 사는 모습을 보면 제후가 바른 정치를 하는지 그렇지 않은지 알 수 있다."

이윤이 옆에 있다가 찬탄했다.

"제후의 어진 덕이 하늘에 이르고 있으니 영명하시고 훌륭하십니다! 나라를 다스리는 제후는 백성을 자식처럼 사랑하고 조상을 존중해야 합니다. 힘써 덕을 닦고 백성을 사랑하십시오!"

이윤이 탕왕을 칭송했다. 이윤은 훗날 탕왕의 명재상이 된다.

강태공은 주문왕이 자신을 찾아올 때까지 위수에서 낚시를 하면서 때를 기다린 인물이고 안평중은 제나라의 명재상으로 임기응변에 뛰어난 인물이었다. 상앙은 형명가刑名家로 진나라에 발탁되자 신법을 만들어 시행할 때 태자까지 법으로 다스릴 정도로 엄격했다. 백규는 선인들에게서 장사하는 법을 터득한 것이다.

백규는 풍년과 흉년을 예측했기 때문에 재산이 해마다 배가되었다. 금전을 증식하려면 하등의 곡식을 사들이고 수확량을 증식하려면 상등의 곡식을 사들였다. 이것은 백규의 또 하나의 상업이론으로, 많은 중국인이 그의 상술을 따랐다. 백규는 물건을 사고 팔 때도 시기를 포착하면 맹수가 덮치듯이 빠르게 했다.

"임기응변에 대처할 만한 지혜가 없거나 결단을 내릴 용기가 없고, 주기도 하고 받기도 하는 아량이 없어 자신을 수호할 만한 강인함이 없는 자는 결코 치부하는 방법을 배울 필요가 없다."

백규는 장사하는 기술을 배우려는 사람들에게 말했다.

"부는 어떻게 모으는 것입니까?"

"부를 모으려면 음식을 박하게 하고, 기호를 억제하고, 의복을 절약하고, 노복들과 고락을 같이하라."

백규는 부를 축적하는 일에 확고한 신념을 갖고 있었다.

장사의 아버지

백규는 주나라 상인들의 전통에 따라 인색하고 검소하게 살았으나 흉년이 들면 굶주리는 사람들을 구휼하기도 했다. 자기 밑에서 일하는 상인들과 고생을 함께하고 즐거움도 함께했다. 백규는 공부하는 장사꾼이었다.

백규가 대부호가 된 것은 시세를 살피고 박리다매와 같은 상술을 펼치며 결단을 내릴 때는 전쟁하듯 과감하게 했기 때문이다.

백규는 부를 축적하는 많은 상업이론을 정립했기 때문에 중국의 상인들에게서 상업의 조사祖師 또는 장사의 아버지라고 불리게 되었다.

4

세상에서 가장 큰 거래

여불위(呂不韋)

　　세상에서 가장 큰 부를 얻는 것은 권력을 잡는 일이다. 왕조시대의 수많은 사람이 권력 쟁탈에 목숨을 바친 것은 부를 얻기 위한 것이었다. 상인들은 때때로 거래를 한다. 일상적인 거래일 수도 있고 일생일대의 거래일 수도 있다. 거래를 하는 것은 흥정일 수도 있고 계략에 따라 이루어질 수도 있다. 여불위呂不韋가 자기 애첩 조희를 조나라의 인질로 와 있던 진나라 왕손 이인에게 보낸 것은 철저한 모략이지만 훗날 자신의 친아들은 역사상 최초의 황제인 진시황이 되었고 자신은 중국에서 가장 강력한 진나라의 승상이 되었다. 그는 자신의 모든 것을 걸고 진나라의 실질적 주인이 되었다.

　　여불위는 맹상군孟嘗君의 식객제도를 본떠 식객을 3천 명 거느린 뒤 《여씨춘추呂氏春秋》를 집필하게 했다. 그는 《여씨춘추》가 완성되자 한 자라도 틀린 곳이 있으면 천금을 지불하겠다고 큰소리를 쳐 위세를

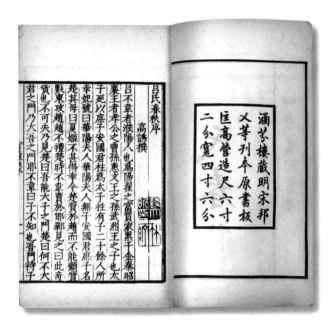

《여씨춘추(呂氏春秋)》는 여불위가 수천 명의 논객과 식객들을 모아 저술하게 한 일종의 백과사전이다.

과시했다. 이는 여불위가 권력을 잡아 진나라의 국부를 손에 넣었기 때문이다. 그때의 고사 때문에 일자천금—字千金이라는 고사성어가 나오기도 했다.

권력은 돈이다

여불위는 조趙나라의 양적 사람으로 장사에 뛰어난 소질을 갖고 있었다. 그는 일찍부터 여러 나라를 왕래하면서 무역하여 대부호가 되었다. 천금의 재산을 모았으나 그의 야심은 그것으로 그치지 않았다.

'최고의 부는 왕에게 있다. 내가 왕이 될 수는 없어도 왕을 농락할

여불위는 중국 전국시대에 수완이 뛰어나고 이재에 밝아 거금을 모은 대상인(大商人)이었다. 진나라 상국(相國)에 올랐으나 진시황의 모후인 태후(太后)와 밀통한 것이 드러나 비참한 최후를 맞는다.

수는 있다.'

여불위는 천하를 농단하려는 원대한 야망을 실현하려 기회를 엿보고 있었다. 그러던 어느 날 한단의 총대叢臺에 갔다가 우연히 조나라에 인질로 와 있던 진소양왕의 손자 이인異人을 보았다. 이인은 조나라의 공손(公孫, 제후의 가족) 건乾과 함께 한 객점에서 식사하고 있었다. 눈빛이 맑고 깊어서 한눈에 귀인이라는 것을 알 수 있었다.

'내가 관상을 잘 보지는 못하지만 왕후장상은 알아본다. 저분은 반드시 부귀를 누릴 것이다.'

여불위는 공손 건과 전부터 친분이 있었기 때문에 인사를 나누었다. 그들은 한바탕 덕담을 나눈 뒤 따로 자리를 마련하고 차를 마셨다.

"함께 계시던 귀인은 무얼 하시는 분입니까?"

여불위가 물었다.

"우리나라에 인질로 와 있는 진소양왕의 손자요."

공손 건이 웃으며 대답했다.

"그렇군요."

여불위는 고개를 끄덕거렸다.

"인품은 훌륭한 분인데 조와 진이 원수처럼 지내는 바람에 우리나라에서 불행한 세월을 보내고 있습니다."

여불위는 집으로 돌아오자 진나라의 왕손 이인에 대해 면밀하게 조사했다. 그 결과 다음과 같은 사실을 알 수 있었다. 이인은 진나라 태자 안국군安國君의 아들로 안국군의 정비인 화양부인은 소생이 없었다.

안국군은 슬하에 아들을 20여 명 두었으나 모두 후궁 소생이었고 이인 또한 하희夏姬라는 후궁에게서 태어났는데 그녀는 이인을 낳은 뒤 일찍 죽었다.

'진소양왕이 늙었으니 조만간 안국군이 진나라의 왕이 될 것이다. 그리고 안국군의 정비인 화양부인은 소생이 없으니 후궁 소생 20여 명 중에서 양자를 들여 태자를 책봉하게 될 것이다.'

장사꾼인 여불위는 천하의 강대국인 진나라 대권이 어디로 향할지에 지대한 관심을 기울였다.

천하를 거래하는 여불위

여불위는 권력의 속성을 누구보다도 꿰뚫어보았다. 상인들이 아무리 부를 축적해도 왕의 부를 이기지 못하고, 천금의 재산을 갖고 있어도 왕의 한마디에 가문이 멸망할 수도 있었다. 여불위는 밤낮없이 계책에 골몰한 뒤 아버지를 찾아가 담판을 벌였다.

"아버님께 몇 가지 여쭈어볼 말씀이 있어서 왔습니다."

여불위가 절을 하고 물었다.

"무슨 일이냐?"

"아버님, 농사를 지으면 이익을 몇 배 얻을 수 있습니까?"

"열 배 이익을 보게 된다."

"그러면 옥이나 금붙이 같은 귀금속 장사를 하면 얼마의 이익을 얻을 수 있습니까?"

"백 배의 이익이 있을 것이다."

"만약 한 나라의 대권을 잡으면 얼마의 이익을 얻을 수 있습니까?"

"세상에서 가장 큰 장사가 권력을 얻는 것이다. 하기에 따라서 천만 배 이익을 얻을 수 있을 것이다."

"그렇다면 저는 대권을 잡겠습니다."

"하하하! 네가 나라를 사려고 하느냐?"

여불위 아버지가 껄껄대고 웃었다. 그는 어릴 때부터 여불위가 계략에 밝고 배포가 남달리 크다는 것을 알고 있었다.

"대권을 잡을 수 있는 사람에게 투자하겠습니다. 천금을 써야 할 것 같습니다."

"그렇다면 그 일에 전력을 다해라. 집안의 장사는 내가 맡으마."

"고맙습니다."

아버지에게서 허락을 받은 여불위는 그날부터 공손 건과 더욱 친밀하게 교분을 나누기 시작했고 마침내 진나라의 왕손 이인과도 사귀게 되었다. 그렇게 여러 달이 지나자 여불위는 이인에게 복심腹心을 밝히기로 했다.

"저는 그대의 문호(門戶, 집)를 크게 일으키는 데 신명을 바치겠습니다."

하루는 공손 건이 없는 틈을 타서 여불위가 이인에게 은밀하게 말했다.

"우선 당신의 문호를 일으킨 뒤 제 문호를 일으켜주시오."

이인이 웃으며 장단을 맞추었다.

"저는 장사꾼입니다. 어찌 이익이 남지 않는 장사를 하겠습니까? 우리 집의 문호는 왕손의 문호를 크게 일으켜야만 빛을 볼 수 있습니다."

여불위가 정색을 하고 말했다.

"내가 그대를 어찌 믿겠소?"

"장사꾼은 신용이 없으면 그날로 망합니다. 왕손께서 저를 믿으시면 빠른 시일 안에 진나라로 귀국시킬 뿐 아니라 진나라의 대통을 잇도록 해드리겠습니다."

"나는 조나라에 인질로 있는 불우한 몸인데 어떻게 그 일이 가능하겠소?"

"그대의 조부祖父인 소양왕께서는 늙었고 안국군이 태자로 계십니다. 안국군은 화양부인을 총애하나 화양부인에게는 아들이 없습니다. 그러나 화양부인은 세손世孫을 세울 수 있는 막강한 위치에 있습니다. 그렇다고 좋아할 만한 일은 아닙니다. 안국군에게는 후궁들의 몸을 빌려 낳은 아들이 20여 명이나 되니 진나라가 국상이라도 당하면 치열한 권력투쟁이 일어날 것입니다."

"그렇소이다."

이인이 우울한 표정으로 대꾸했다.

"왕손께서는 조나라에 계시기 때문에 더욱 불리합니다."

여불위의 말에 이인의 얼굴이 창백해졌다.

"나 역시 그 일로 전전반측하고 있소."

"저는 장사로 천금을 모았으니 일단 제가 천금으로 왕손을 위하여 진나라에 가서 일을 도모하겠습니다."

"그렇다면 나라의 반이라도 그대에게 드리겠소."

이인이 벌떡 일어나서 여불위에게 절을 했다.

"그렇다면 약조한 것입니까?"

"약조하오."

진나라의 왕손 이인과 조나라의 상인 여불위는 굳게 약속했다.

권력을 잡는 것과 여자의 환심을 사는 것

여불위는 웃으며 황금 5백금을 이인에게 내놓았다. 그리고 거리에 나가 진기한 보물을 사들인 뒤 수레에 싣고 진나라 함양으로 갔다. 그는 태자의 정비인 화양부인을 만날 수 없자 화양부인의 언니네 집을 찾아가 뇌물로 매수했다.

"왕손 이인은 화양부인을 남달리 사모하고 효성이 뛰어납니다. 화양부인께 효성이 지극한 왕손 이인을 양자로 삼으면 이인이 세손으로 될 것이고, 이인이 왕위에 오르면 화양부인께서는 태후가 되십니다. 그렇게 되면 화양부인의 부귀가 영원무궁하게 이어질 것입니다."

"참으로 현명한 계책이오."

화양부인의 언니가 무릎을 치며 감탄했다. 화양부인의 언니는 즉시 궁으로 달려가 여불위의 말을 전했다.

"여불위는 분명히 앞을 내다볼 줄 아는 사람이오. 나도 후사가 없어서 근심하고 있었소."

화양부인이 탄식하며 말했다.

"그러면 왕손 이인을 양자로 삼는 것이 어떻겠습니까?"

"언니도 그렇게 생각하오?"

"다른 후궁들은 모두 생모가 살아 있으니 동생에게 불리합니다."

화양부인은 고개를 끄덕거렸다. 안국군의 총애가 언제까지 계속될지 알 수 없는 일이었다. 언니가 돌아간 뒤 화양부인은 며칠 동안 뜬눈으로 새우다가 안국군에게 울면서 아뢰었다.

"첩은 오랫동안 태자마마를 섬겨왔으나 불행하게도 소생이 없습니다. 이는 죽어 마땅한 대죄입니다. 당연히 정실 자리에서 물러나야 할 것이니 태자마마께서는 첩을 궁 밖으로 내치십시오."

화양부인은 더욱 서럽게 울었다.

"내가 부인을 사랑하는데 어찌 내치라는 말이오?"

안국군이 깜짝 놀라서 화양부인을 달랬다.

"소생이 없는 첩이 정실 자리에 있는 것이 바늘방석입니다. 태자마마께서 정녕 첩을 사랑하신다면 왕손 이인을 첩의 친아들로 정해주시고 적자로 삼아주십시오."

"이인은 조나라에 인질로 잡혀 있지 않소?"

"그러니 더욱 곤궁하고 가련합니다. 게다가 이인의 생모가 죽고 없으니 첩에게 안성맞춤입니다."

"문제는 그를 귀국시킬 수 없다는 것이오."

안국군이 한숨을 내쉬었다. 그도 일찍 죽은 하희라는 여자 때문에 이인을 애틋하게 생각하고 있었다.

"태자마마, 귀국시키기만 하면 이인을 제 아들로 해주시겠습니까?"

"하하하! 그것이 무어 어려운 일이겠소. 부인 청대로 이인을 적자로 삼을 테니 눈물을 거두오."

"그러하오시면 옥부玉符에 맹서盟書를 새겨주십시오."

안국군은 웃으며 옥부에 적사이인嫡嗣異人이라는 맹서를 새겨서 주었다. 적사이인은 이인을 후계자로 삼는다는 뜻이었다. 조나라에 볼모로 있는 이인은 여불위의 공작으로 진나라의 후계자가 된 것이다.

'이인을 후계자로 삼는다고 해서 나에게 권력이 오는 것은 아니다.'

여불위는 다음 공작을 위해 골똘히 생각에 잠겼다. 그때 애첩 조희趙姬가 찻잔을 받쳐들고 들어왔다.

"아직 자지 않았느냐?"

여불위가 조희를 살피면서 물었다.

"대인께서 침소에 드시지 않는데 첩이 어찌 먼저 잘 수가 있겠사옵니까?"

조희가 눈웃음을 치며 말했다. 여불위는 조희를 물끄러미 쳐다보았

다. 아름답고 사랑스러운 여
인이었다.

부귀를 위해 첩을 팔다

중국인의 이야기 중 마누
라와 딸을 판다는 내용이 종
종 나온다. 우리 상식으로는
도저히 이해가 되지 않는 일
이지만 중국인의 상술을 엿
볼 수 있는 대목이다. 조희는
여불위의 아이를 잉태한 지
두 달이 되어 있었다.

'왕손 이인은 진나라로 돌

여불위는 임신한 애첩을 이인에게 바쳐 아내로 삼게 했다. 이
후 이인이 장양왕이 되자 막후 권력을 행사했다.

아가면 분명히 안국군을 계

승할 수 있는 위치에 있다. 진왕은 병들었으니 죽을 것이고 안국군이
왕위에 오르면 이인도 뒤를 이어 왕위에 오른다. 조희는 뱃속에 내 아
이를 갖고 있다. 아이를 잉태한 조희를 이인에게 바치면, 조희가 아들
만 낳으면 되는 것이다. 조희가 아들을 낳으면 태자로 책봉될 테니 나
는 태자의 진짜 아버지가 된다. 진나라는 대대로 영씨嬴氏들이 왕이 되
었으나 조희가 아들만 낳으면 여씨呂氏 천하가 된다.'

여불위의 두 눈에서 무서운 광채가 뿜어졌다.

'하지만 그렇게 하려면 조희를 이인의 여자로 주어야 하지 않는가?'

여불위는 빠르게 머리를 굴렸다.

'아름다운 여자는 얼마든지 있다.'

이튿날 여불위는 총대로 가서 공손 건과 왕손 이인을 집으로 초대했다. 이인이나 공손 건이나 할 일이 없는 사람들이었다. 게다가 여불위에게서 항상 극진한 대접을 받았기 때문에 싫다 하지 않고 여불위의 초대에 응했다. 그들이 수레를 타고 여불위의 집에 도착하자 호화로운 주연이 마련되어 있었다. 상 위에는 진수성찬이 차려져 있고 미희들은 공손히 향기로운 술을 따라 올렸다. 공손 건과 왕손 이인은 만취했다.

"소인의 친척 중 제법 가무에 능한 여인이 하나 있습니다. 두 분의 흥취를 돕기 위해 부르겠습니다."

취기가 오르자 여불위가 말했다.

"하하하! 그런 여인이 있다면 어서 부르시구려."

공손 건이 유쾌하게 웃으며 말했다. 여불위는 하인을 시켜 조희를 나오라고 지시했다. 이내 조희가 홍의궁장에 패옥을 주렁주렁 달고 연석으로 들어왔다.

"오늘 모신 손님들은 귀인들이시다. 두 분 귀인께 인사를 올려라."

여불위의 지시에 조희가 나부시 절을 올렸다.

"기왕에 인사를 올렸으면 춤을 추어서 흥취를 돋우라."

여불위가 다시 지시했다. 조희는 주인의 영이라 어찌할 수 없이 악사들의 연주에 맞춰 춤을 추었다.

조희는 원래 무녀舞女였다. 여불위는 한단성의 기루에서 춤을 추는 조희의 용모가 천하절색인 것을 보고 장사꾼으로는 어울리지 않게 막대한 돈을 주고 사서 첩으로 들어앉혔다.

왕손 이인은 취한 상태에서 조희가 너울너울 춤을 추는 모습을 보았다. 조희의 춤사위는 황홀했다.

'아아, 참으로 아름다운 여인이다.'

왕손 이인은 조희의 미태에 넋을 잃었다.

"금잔에 술을 가득 따라 귀인들께 권해 올려라."

여불위의 지시는 계속되었다.

"예."

조희가 공손히 대답하고 왕손 이인에게 다시 술을 따라 올렸다. 왕손 이인은 거푸 술을 마셨다. 술을 마실수록 정신은 또렷해지고 조희를 품고 싶은 생각이 간절해졌다.

"춤을 보여드렸으니 노래도 한마디 하거라."

여불위의 지시가 다시 떨어졌다. 조희는 맑고 고운 목소리로 노래를 불렀다. 왕손 이인은 황홀했다.

이튿날 왕손 이인은 특별히 여불위를 청하여 조심스럽게 자신의 심중을 내비쳤다.

"나는 조나라의 인질이라 아직 혼례를 올리지 못했을 뿐 아니라 공관에서 적막하게 생활하고 있습니다. 어젯밤에 선생 댁의 무희를 한번 보고는 밤새 잠을 이루지 못했습니다. 무희를 내 아내로 주실 수는 없겠습니까?"

여불위는 기다리던 말이었으나 정색했다.

"조희가 무희인 것은 분명합니다. 저도 적지 않은 돈을 주고 무희를 사오기는 했습니다만 아직 손끝 하나 건드리지 않았습니다."

"선생, 나는 조희가 없으면 살 수 없을 것 같습니다. 부디 은혜를 베풀어주십시오."

왕손 이인이 재빨리 절을 하며 청했다.

"왕손께서 그렇게 말씀하시니 도저히 제 욕심만 부릴 수 없을 것 같습니다. 저는 그동안 많지 않은 재산이지만 천금을 털어 왕손의 귀환을 위해 진력했습니다. 제 소원은 오로지 왕손의 귀환에 있으니 만치 추후도 후회는 없습니다. 그런데 하물며 여자를 어찌 아끼겠습니까? 다만 조희의 의사를 타진해보아야 할 듯싶습니다."

"부디 선생께서는 나를 도와주십시오."

왕손 이인은 여불위에게 두 번 절했다. 여불위는 속으로 흐뭇했으나 내색하지 않고 집으로 돌아왔다.

여불위는 조희를 방으로 불렀다.

"지난번 우리 집에 온 손님들 중 진나라의 왕손 이인이라는 분이 있다. 이분은 진나라로 돌아가기만 하면 장차 진왕이 되실 수 있는 분이다."

여불위는 한참 뜸을 들인 뒤 말했다.

"첩도 손님 중 귀인이 한 분 계시다는 것을 알았습니다."

조희가 다소곳이 대답했다.

"왕손 이인이 너를 아내로 달라고 한다."

여불위의 말에 조희의 얼굴이 붉어졌다.

"첩은 대인을 섬겨 아기를 잉태한 지 벌써 두 달이 되었습니다. 이런 몸으로 어찌 왕손에게 시집을 가라고 하십니까?"

"나도 사랑하는 너를 왕손에게 시집보내고 싶지는 않다. 그러나 이 일은 깊이 생각해볼 필요가 있다. 네가 나를 평생 섬겨보았자 장사꾼의 아내밖에 더 되겠느냐? 그러나 진나라 왕손에게 시집을 가면 너는 장차 진나라의 왕비가 될 것이다. 하늘이 우리를 도와서 너의 뱃속에 있는 아이가 아들이라면 언젠가는 진나라의 왕이 될 것이다. 너와 나는 진나라 왕의 부모가 되는 것이다."

여불위의 말은 무시무시한 음모였다.

"대인께서 천하를 도모할 계획을 세웠으니 첩으로서는 마땅히 따라야 도리일 것입니다. 그러나 첩은 대인을 더욱 사랑하옵니다."

조희는 무엇인가 큰일이 벌어지고 있는 듯한 기분이 들었다.

"부귀영화가 우리 손에 있다. 이런 부귀영화를 어찌 버릴 수 있다는 말이냐? 너와 내가 큰일을 이루자꾸나."

여불위가 조희를 끌어안고 속삭였다.

"하오나 첩은 부부의 정을 끊을 수 없사옵니다."

조희가 눈물을 주르르 흘렸다.

"네가 정녕 나를 사랑한다면 길이 전혀 없는 것은 아니다. 왕손이 진왕이 된 뒤에도 은밀하게 만나 부부의 정을 나누면 되지 않겠느냐?"

"그러하면 맹세할 수 있사옵니까?"

"맹세할 수 있다."

조희와 여불위는 하늘에 절을 하고 맹세를 했다. 조희는 그때서야 만족하여 여불위의 품속으로 파고들었다. 조희는 본래 음탕한 여자였고 여불위는 시정의 장사꾼이었다.

이튿날 여불위는 총대로 가서 왕손 이인을 만났다.

"어젯밤에 조희에게서 허락을 받았습니다. 쇠뿔은 단김에 빼랬다고 오늘 밤 보내드리겠습니다. 그러니 오늘 가례를 올리는 것이 어떻겠습니까?"

"선생의 은혜는 죽기 전에 반드시 갚겠습니다."

왕손 이인이 사례했다. 여불위는 조희를 단장시켜 이인에게 보냈다. 왕손 이인은 조희를 맞아들여 신방에 들었다. 그날 왕손 이인은 꿈 같은 밤을 보냈다. 공관에 갇혀서 장성할 때까지 여자라고는 알지 못하던 이인이 천하의 요부인 조희를 만나니 마치 선녀를 만난 듯했다. 그날 이후 이인은 하루하루가 무릉도원에서 보내는 것 같았다. 조희도 왕비가 되려는 야심 때문에 이인을 지극정성으로 받들어 그들의 금슬은 멀리서 바라보는 여불위가 배가 아플 정도였다.

여자의 마음

조희는 여불위가 진나라의 왕손 이인에게 가라고 하는데도 거절하지 않았다. 여불위의 첩으로 나름대로 부귀하게 살았으나 왕손 이인의 여자가 되는 것을 허락한 조희의 속내는 납득이 되지 않는다. 어쩌면 왕비가 된다는 음모에 그녀가 더욱 적극적이었을 수도 있다. 조희는 합방한 지 한 달이 약간 지나자 이인에게 잉태한 사실을 알렸다.

"첩은 왕손 전하의 지극한 사랑을 받아 잉태하였습니다."

왕손 이인은 크게 기뻐하고 잔치를 베풀었다. 그러나 조희의 뱃속에 있는 아기가 여불위의 아이라는 것은 꿈에도 몰랐다.

'이제 장사를 더욱 열심히 해야 한다.'

여불위는 여러 나라를 오가면서 장사에 열중했다.

'조희가 열 달이 되어 아들을 낳으면 어떻게 하지?'

여불위는 이인이 의심할지도 모른다고 생각했다. 다행히 조희는 잉태한 지 열 달이 되어도 산통이 없었다. 조희는 뱃속의 아기가 잘못된 것이 아닐까 하여 몹시 초조했다. 한 달이 지나고 두 달이 지났다. 조희가 왕손 이인에게 시집을 온 지 열 달이 되자 조희는 갑자기 산통이 있더

조희는 진국의 왕손 이인의 첩이 되어 훗날 진시황을 낳는다. 서비홍(徐悲鴻) 作

니 아들을 낳았다. 여불위의 아들을 잉태한 지 열두 달 만의 일이었다.

조희가 아기를 낳을 때 상서로운 일들이 일어났다. 조희의 산실에 자색의 서기가 가득 차고 수많은 새가 날아들었다. 아기는 비범했다.

진시황(秦始皇)

이마는 넓고 눈이 부리부리했으며 겨드랑이에는 용의 비늘이 나 있었다. 울음소리는 사방 10리까지 들릴 정도로 우렁찼다.

"이 아이는 하늘의 운기를 받은 것이 분명하니 장차 천하를 다스릴 것이다. 나는 이 아이의 이름을 천하를 다스린다는 뜻으로 정政으로 지으리라."

왕손 이인은 아들 이름을 정이라고 지었다. 조희가 낳은 아들 정이 그 이름대로 장차 천하를 통일하게 되는 진시황秦始皇이다.

'흐흐… 하늘이 돕느라고 조희가 열두 달 만에 아들을 낳았구나!'

여불위는 조희가 아들을 낳았다는 말을 듣고 음흉하게 웃었다. 여불위는 자신이 잉태시킨 조희의 아들 정이 태자가 되도록 온갖 모략을 다했다.

조희가 진나라 왕손 이인에게 시집을 가서 아들을 낳았을 때 진나라는 조나라를 공격하여 한단성을 에워싸고 있었다. 조군은 위군의 구원으로 진나라의 공격을 막아냈으나 상황은 이인에게 좋지 않았다. 조효성왕이 언제 인질인 왕손 이인을 죽이라는 영을 내릴지 몰랐기 때문이다.

'어떻게 하든 이인을 탈출시키지 않으면 안 돼.'

여불위는 불안했다. 조효성왕이 진나라의 침략에 대로하여 이인을 죽이면 그가 공들여 쌓은 탑이 일시에 무너지는 것이다.

권력을 위해 목숨을 걸다

여불위는 무서운 야망을 갖고 있는 인물이었다. 왕손 이인의 목숨이 위태로워지자 여불위는 음모를 꾸미기 시작했다. 그동안에도 진나라 조정에 막대한 뇌물을 뿌려 이인의 귀환을 위해 공작했으나 진소양왕은 천하를 정복하려는 야심에 불타 이인의 생사는 도외시하고 있었다. 진나라의 힘을 빌려 이인을 귀환케 하려는 공작은 소용이 없었다.

"진나라는 계속 조나라를 공격할 것입니다. 그러나 그렇게 되면 왕손 전하의 안전이 위태로워집니다."

여불위가 왕손 이인에게 말했다.

"그러니 어떻게 하는 것이 좋겠소?"

이인이 울적한 얼굴로 물었다.

"화를 피하려면 진나라로 달아나야 합니다."

"내가 무슨 여력이 있어 진나라로 달아나겠소? 선생이 나를 위해 힘을 써주시오."

이인은 오로지 여불위에게 매달렸다.

"심려하지 마십시오. 제가 계책을 세우겠습니다."

여불위는 이인과 작별하고 남문을 지키는 조나라 수장_{守將}을 찾아가 황금 3백 냥을 바쳤다. 조나라의 수장은 오래전부터 여불위에게서 뇌물을 상납받고 있었다. 그는 황금 3백 냥을 바치자 깜짝 놀라서 물었다.

"아니 번번이 신세를 지는 것도 미안한데 이렇게 많은 황금을 주는 것은 무슨 까닭이오?"

"저는 원래 양적에 사는 사람입니다. 장군께서도 알고 계시겠지만 진나라가 자주 침략해서 한단성에서는 장사할 수 없는 처지가 되고 말았습니다. 그래서 고향에 돌아가 농사나 지으면서 살려고 합니다."

"허허… 그렇기로서니 이 많은 황금을 주실 필요야 있소?"

"그동안 신세진 일이 많아 성의를 표시하는 것입니다. 조만간 우리 일가가 성문을 나가야 하는데 잘 부탁드리겠습니다."

진나라가 조나라를 공격하고 있었기 때문에 한단성은 출입을 엄격하게 통제했다.

"이를 말씀이오? 선생의 일이라면 무엇이든지 도와드리리다."

수장이 황금을 받아 챙긴 뒤 말했다. 여불위는 조나라 수장과 작별하고 공손 건을 찾아갔다.

"시절이 뒤숭숭하여 저는 당분간 고향에 돌아가 농사를 지을 작정입니다. 이번에 헤어지면 한동안 찾아뵙기가 어려울 것인즉 술과 음식을 약간 준비해가지고 왔으니 마음껏 드십시오."

여불위는 수레 여러 대에 싣고 온 음식과 술을 공손 건에게 바쳤다. 공손 건은 아쉬워하면서 여불위가 준비한 술과 음식을 배불리 먹었다. 술과 음식이 워낙 많았기 때문에 왕손 이인을 감시하는 좌우 사인들과 하인들까지 배불리 먹어도 남았다. 그들은 여불위에게서 항상 술과 음식을 대접받았기 때문에 추호도 의심하지 않았다. 그들은 모두 대취했다. 밤이 되자 공손 건이 지키는 공관은 사인들과 군사들이 술에 취해 떨어지는 바람에 사방이 죽은 듯이 조용한 가운데 술 냄새만 진동했다.

왕손 이인은 아들 정과 조희에게 미복을 입히고 공관을 빠져나왔다. 군사들까지 모두 술에 떨어지는 바람에 이인은 기찰 한 번 받지 않고 공관을 빠져나올 수 있었다. 공관 밖에서는 여불위가 수레를 준비하여 기다리고 있었다. 그들은 즉시 수레를 타고 남문으로 달려갔다.

"아니 밤중에 떠나는 게요?"

수장이 놀라서 물었다.

"죄를 짓고 야반도주하는 것은 아닙니다. 장사하다보니 아는 사람이 많아서 일일이 작별하고 인사를 치러야 할 곳이 적지 않습니다. 부득이 밤에 떠나게 되었으니 장군께서는 수고스럽지만 나를 위하여 문을 열어주실 수는 없는지요?"

여불위가 공손히 머리를 조아리고 말했다. 이인과 조희는 고개를 잔뜩 숙인 채 숨조차 쉬지 않았다.

"선생에게 크게 신세를 지고 있는데 어찌 그만한 수고를 하지 못하겠소?"

수장은 즉시 군사를 시켜 성문을 열어주었다. 여불위는 수장에게 몇 번이나 사례를 한 뒤 수레 여러 대와 하인들을 이끌고 성문을 빠져나갔다. 성 밖에는 진나라의 군이 이끄는 군사들이 몰려와 있었다. 여불위는 진군 진영으로 수레를 몰았다.

"왕손 이인께서 조나라의 한단성을 탈출하셨다. 속히 대장에게 알리라!"

여불위가 수레 위에서 호통을 쳤다. 진나라 군사들은 대영으로 달려가 왕흘 장군에게 알렸다. 왕흘이 대경실색하여 황급히 수레를 타고 마중을 나왔다.

"왕손께서 얼마나 고초가 많으셨습니까?"

왕흘은 이인을 친히 영접하여 잔치를 베풀고 의관을 갈아입게 했다. 이인은 진군의 호위를 받으며 조나라까지 친정을 와 있는 진소양왕에게 달려가서 절을 올렸다.

"네가 정녕 내 손자 이인이냐? 하늘이 도와서 한단성을 탈출하게 하였구나."

진소양왕은 이인을 얼싸안고 기뻐했다.

"한단성을 탈출하여 살아생전에 할아버님을 뵙게 될 줄은 꿈에도 몰랐습니다."

이인이 울면서 말했다.

"내가 너에게 무심하였다. 네 아비가 밤낮으로 너를 걱정하니 속히 함양으로 돌아가서 아비에게 인사를 올려라."

진소양왕이 영을 내렸다. 이인은 진소양왕을 하직하고 여불위와 함께 함양을 향해 수레를 달렸다. 이인이 돌아온다는 소식은 즉시 태자 안국군과 화양부인에게 알려졌다. 안국군과 화양부인은 크게 기뻐했다.

"이인이 살아 돌아온다니 꿈인지 생시인지 알 수 없습니다."

화양부인은 눈물까지 글썽거렸다.

"이인이 얼마나 장성했는지 나도 보고 싶구려."

안국군도 몹시 초조해했다.

그러는 동안 이인과 여불위는 진나라 군사들의 호위를 받으며 함양에 도착했다. 여불위는 이인에게 초나라 복장을 입혀 동궁으로 들어가게 했다. 태자 안국군과 화양부인은 이인이 동궁으로 들어온다는 연락을 받고는 중당中堂에 나아가 좌정했다. 이내 이인이 동궁의 중당으로 들어왔다. 화양부인은 어른으로 장성한 이인을 보고 속으로 탄식했다. 이목구비는 반듯하고 눈에는 총기가 흘렀다.

"소자가 불초하여 오랫동안 부모님 곁을 떠나 있느라 효성을 바치지 못했습니다. 아버님, 어머님께서는 불효한 자식의 죄를 용서해주십시오."

이인은 안국군과 화양부인에게 공손히 절한 뒤 흐느껴 울면서 말했다.

"그것이 어찌 네 죄라고 할 수 있겠느냐? 어느덧 훤훤장부로 성장하였구나."

안국군이 인자하게 웃으며 말했다.

진소양왕은 56년 동안이나 재위에 있었다. 그러나 그는 70세가 되자 병으로 죽었고 태자 안국군이 즉위하여 효문왕孝文王이 되었다. 효문왕은 화양부인을 왕후로 책봉하고 왕손 이인을 태자로 세웠다. 진소양왕이 죽은 지 사흘째 되던 날 효문왕이 급사했다.

"우리 대왕께서 갑자기 돌아가신 것은 여불위의 음모일 거야."

진나라 대신들은 모두 여불위를 의심했다. 여불위가 왕손 이인을 즉위시키기 위해 효문왕을 독살했다는 것이었다. 그러나 그때 이미 여불위는 진나라 조정을 장악하고 있었기 때문에 입 밖에 내어 말하는 사람이 없었다.

이인은 진나라의 왕이 되었고 여불위의 애첩 조희는 왕후, 여불위와 이인 사이에서 태어난 아들 정은 태자가 되었다. 이인에게는 진장양왕秦莊襄王이라는 이름이 붙여졌다.

진나라 승상 채택은 진장양왕이 여불위를 신임한다는 사실을 알고 스스로 승상직을 사임했다. 진장양왕은 마침내 여불위를 승상에 임명했다.

천하가 여불위의 손에

여불위는 책략과 야망을 겸비한 인물이었다. 그는 진장양왕의 총애를 바탕으로 중국 최고의 강대국 진나라의 승상이 되어 권력을 장악했다.

'내 꿈이 이루어졌다.'

여불위는 막대한 부와 권력을 소유했다.

'이제는 천하의 주인이 되어야 한다.'

여불위는 중국을 통일하려는 야망에 불탔다.

"서주는 이미 멸망했으나 아직 동주東周가 남아 있습니다. 동주를 멸망시키지 않고는 주를 멸했다고 할 수 없습니다."

여불위는 승상이 되자 동주를 쳐야 한다고 주장했다.

"그러면 누구를 보내는 것이 좋겠소?"

"대신들이 신이 공을 세운 것도 없이 승상 자리에 있다고 쑥덕공론을 합니다. 이번엔 신이 한 번 군사를 이끌고 출정하겠습니다."

여불위가 말했다. 진나라는 그가 승상이 되자 시기하는 대신들이 많아졌다.

"경은 부디 공을 세우시오."

진장양왕이 허락하자 여불위는 군사 10만을 거느리고 동주로 출정했다. 동주는 이미 명색만 남아 있었다. 여불위의 10만 군사는 단숨에 동주를 휩쓸고 동주군東周君을 생포하여 돌아왔다.

이로써 무왕이 강태공 여상의 도움을 받아 폭군 주왕을 죽이고 주를 세운 지 873년 만에 주나라는 완전히 멸망했다.

진장양왕은 크게 연회를 베풀어 여불위를 위로했다.

"이제는 삼진을 쳐야 할 때이옵니다."

여불위가 사은하고 아뢰었다.

"승상이 또 출정하겠소?"

"대장 몽오蒙驁가 천군만마를 호령할 기백이 있사오니 그를 보내시옵소서."

여불위가 다시 아뢰었다. 이에 진장양왕은 친히 몽오를 불러 군령검을 하사하고 삼진을 치라는 영을 내렸다.

몽오는 즉시 군사들을 이끌고 출정하여 단숨에 성고와 형양滎陽을 함락하여 진나라의 삼천군으로 만들었다. 이어 군사를 휘몰아 대량大梁까지 파죽지세로 내달려 국경을 대량까지 확대했다.

"몽오가 연전연승하고 있소. 과인은 지난날 조나라에 인질로 있을 때 하마터면 죽을 뻔하였소. 이제 그 원수를 갚으려고 하오."

진장양왕이 여불위에게 물었다.

"그러시다면 몽오의 대군으로 조나라를 공격하도록 영을 내리십시오."

여불위가 대답했다.

진장양왕은 장군 몽오를 대장에 임명하고 조나라를 공격하도록 영을 내렸다. 몽오는 군사를 이끌고 조나라로 출정하여 조나라 유차 땅 일대 37개 고을을 점령하고 진나라의 태원군太原郡으로 만들었다. 몽오는 이에 그치지 않고 계속 남진하여 조나라의 상당上黨 땅을 점령했다. 진나라의 영토는 더욱 넓어졌다.

진장양왕은 재위 3년이 되던 해에 발병했다. 승상인 여불위는 문병한다는 핑계로 매일 같이 대궐에 드나들었다. 장양왕의 병세는 점점 악화되었다. 용색이 창백하고 몸이 바짝 말라갔다. 여불위는 병문안을 하러 들어갔다가 내시를 매수하여 조희에게 편지를 보냈다.

"그대는 지난날 나와 작별할 때 절하며 맹세했던 일을 잊지 않았으리. 시절이 여의치 않아 만날 기회가 없었으나 나는 하루도 그대를 잊은 날이 없었노라."

여불위의 편지를 받은 조희는 뛸 듯이 기뻐했다. 그러잖아도 여불위와 정을 통하고 싶어 안달하던 조희였다. 진장양왕의 왕비가 되어 호사를 누리는 것도 좋았으나 양기가 절륜한 여불위를 잊을 수 없었다.

"승상은 어찌하여 이제야 서신을 보내는 것입니까? 첩은 승상의 사랑을 갈구하니 속히 내전으로 드시오. 내시와 궁녀들을 매수하였으니 안심하시오."

여불위는 애첩 조희를 장양왕에게 바치고도 몰래 만나 정을 나눴다. 나중에는 발각될 것을 염려하다가 모략을 꾸며 장양왕을 병사하게 만든다.

조희는 노골적인 추파를 담은 편지를 보냈다. 여불위는 내시를 따라 내전에 들어가 조희를 만나 한바탕 운우지정을 나누었다. 10여 년 만에 푸는 회포였다. 여불위는 시정의 모리배라 여자를 다루는 솜씨가 장양왕과는 완전히 달랐다.

"왕이 병중에 있으나 회복되면 우리는 다시 만나기가 어려울 거예요."

조희가 여불위의 품에 안겨서 속삭였다.

"하하하! 왕은 결코 회복하지 못하오."

"그게 무슨 말씀입니까?"

조희가 눈을 휘둥그렇게 뜨고 물었다.

"왕이 회복하여 우리 일을 눈치채면 우리는 살아날 수 없소. 그러니 대책을 마련할 수밖에…."

여불위의 심중에는 이미 계책이 마련되어 있었다.

"그럼…?"

"그대는 자세히 알 필요 없소."

"호호호. 아무튼 나는 승상만 믿겠어요."

조희가 교소를 날리며 여불위 품속으로 파고들었다.

"흐흐… 왕후께서는 어찌하여 승상이라고 부르십니까?"

"승상은 나의 첫 번째 남자가 아닙니까? 게다가 이처럼 양기가 절륜한 남자는 없을 것입니다."

여불위와 조희는 또다시 달라붙어 교정했다. 진장양왕은 발병한 지 한 달 만에 죽었다. 여불위는 장양왕이 앓아눕자 매일 같이 약을 갖다가 주었는데 장양왕은 그 약을 계속 먹다가 한 달 만에 죽은 것이다.

왕의 아버지가 되다

여불위는 내외에 국상을 선포하고 자신과 조희의 아들인 태자 정을 임금 자리에 앉혔다. 정은 이때 열세 살이었다.

조희는 태후가 되고 여불위는 여전히 승상 자리에서 진나라 정치를 좌지우지했다. 천하의 강대국 진나라의 조정이 여불위 손에서 농락되었다. 여불위는 밤마다 조희를 만나 정염을 불태웠다. 불과 열세 살인 진왕 정은 국사를 모두 여불위에게 일임했다. 여불위의 권세는 하늘을 찌를 듯했다.

여불위는 자신의 아들 정이 무럭무럭 자라자 불안해지기 시작했다. 정이 점점 똑똑해지고 있어서 언젠가는 조희와의 관계가 탄로 날지 모른다고 생각했다.

여불위는 고민하다가 조희에게 새로운 남자를 소개했다. 그는 노애라는 인물로, 남자의 음경으로 수레바퀴를 돌린다는 사내였다. 절륜한 정력을 갖고 있는 노애와 음탕한 여자 조희는 밤낮으로 껴안고 뒹굴어 아들을 둘이나 낳았다. 그들은 진왕 정에게 발각될 것이 두려워 진왕 정을 죽이고 자신들이 낳은 아들을 왕으로 삼기 위해 반란을 일으켰다.

"노애를 사로잡는 자에게는 황금 1백만 전을 하사할 것이며 노애의 목을 잘라서 바치는 자에게는 황금 50만 전을 하사할 것이다! 노애에 가담한 역적들의 목을 베어 바치는 자에게는 지위고하를 막론하고 벼슬을 승차시킬 것이다!"

진왕 정의 영이 떨어지자 군사들은 죽기를 각오하고 노애의 반란군들과 싸웠다. 대궐이 소란하자 백성까지 자다가 말고 뛰쳐나와 노애의 반란군을 공격했다. 노애의 반란군은 순식간에 괴멸되고 태후 조희의 거처인 기년궁 밖에는 시체만 즐비하게 나뒹굴었다.

'아아, 일이 모두 틀려버렸다.'

노애는 사세가 불리해지자 수하들을 거느리고 동문으로 달아나기 시작했다. 그러나 때마침 환의장군이 3만 군사를 이끌고 달려와 노애를 쥐 잡듯이 몰고 다니다가 사로잡았다.

"대정궁을 수색한다. 군사들은 나를 따르라!"

진왕 정은 살기를 뚝뚝 흘리며 군사들을 이끌고 친히 대정궁을 샅샅이 수색했다. 마침내 노애와 조희 사이에서 태어난 두 아들이 군사들의 손에 목덜미가 잡혀서 끌려나왔다.

"이것들은 추잡한 역적의 씨다! 포대에 처넣어라. 과인이 친히 쳐 죽일 것이다."

진왕 정의 영이 떨어지자 군사들이 일제히 포대를 가져와 조희의 두 아들을 넣었다. 그러자 정은 울부짖는 그들을 철주로 쳐서 죽였다. 참혹하고 끔찍한 일이었다. 대신들은 그 잔혹한 장면을 보고 모두 눈을 감았다.

노애는 혹독하게 고문을 당했다. 그는 여불위로 인해 자신이 태후와 교정하게 된 사실을 낱낱이 고했다. 옥리가 달려와 노애가 자백한 내용을 진왕 정에게 고했다. 진왕 정은 안면 근육을 부들부들 떨었다. 눈에서 피가 흘러내릴 것처럼 안광이 핏빛이었다.

"노애를 거열형車裂刑에 처하라!"

진왕 정은 추호도 용서가 없었다.

노애는 다섯 수레에 묶여 대궐 밖으로 끌려 나갔다. 사람들은 구름같이 몰려들어 노애가 처형당하는 장면을 구경했다. 옥리의 영에 다섯 수레가 움직이자 노애가 처절하게 비명을 지르기 시작했다. 노애의 사지는 각각 찢어져 나가고 목도 빠졌다.

"노애의 삼족을 멸하라!"

진왕 정은 영을 계속 내렸다. 노애의 삼족은 모조리 옹주로 끌려와 처형을 당했다.

"노애의 편에 가담했던 자들은 항복했다고 해도 모두 촉蜀 땅으로 내치라!"

진왕 정의 영에 따라 4천여 호의 사람들이 황량한 촉 땅으로 쫓겨 갔다.

피바람과 숙청 바람은 계속해서 불었다. 진왕 정은 모후인 조희가 태후로서 품위를 잃었다며 연금하고 군사들을 시켜 삼엄하게 감시하게 했다.

'나는 여불위를 반드시 죽일 것이다!'

진왕 정은 눈을 부릅뜨고 속으로 맹세했다. 그러나 그를 죽여야겠다고 조정 대신들에게 발설할 수 없었다. 소문에 따르면 여불위는 자기 생부가 되는 것이다. 생부를 죽이게 되면 하늘의 노여움을 사게 될 것이 분명했다.

"여불위는 승상으로서 역적들의 반란을 예방하지 못했다. 그러므로 승상의 인을 거두어들인다."

진왕 정은 일단 여불위를 승상 자리에서 해임했다. 이로써 노애의 난으로 비롯된 진나라의 혼란은 어느 정도 수습되었다.

음모의 말로

여불위는 승상에서 해임되자 집에서 두문불출했다. 그는 틈틈이 고서를 읽고 찾아오는 빈객들과 술을 나누었다. 여불위의 재산이 많았기 때문에 승상에서 해임된 뒤에도 여러 나라에서 찾아오는 빈객들이 문전성시를 이루었다.

"여불위는 함양을 떠나 봉읍으로 내려가라."

진왕 정은 여불위를 하남으로 추방했다. 여불위는 도리 없이 하남 땅에 가서 살게 되었다. 그러자 여러 나라의 왕들이 여불위에게 많은 예물을 보내 자기네 나라의 재상이 되어달라고 청했다.

'여불위가 다른 나라의 재상이 되면 내가 천하를 통일하는 데 크게 방해가 될 것이다.'

진왕 정은 여불위에게 열국 사신들이 몰려온다는 소문을 듣고 서찰을 한 통 써서 보냈다.

"경은 진나라에 무슨 공로가 있기에 10만 호의 봉읍을 갖고 있으며 경은 과인에게 무슨 가르침을 주었기에 감히 상부라고 칭하는가. 과인은 경에게 은혜를 베풀었는데 경은 어찌하여 시정잡배인 노애로 하여금 역란을 일으키게 하였는가. 과인은 그때 그대를 죽이려고 하였으나 하남에 내려가 살게 한 것은 근신하라는 뜻이었다. 한데 경은 무슨 연유로 외국과 교통을 하는가? 그것이 과인이 베푼 은혜에 대한 보답인가? 그대로 인하여 과인은 군주로서 치욕스럽고 견디기 어려운 고통에 시달리고 있다. 그대는 가족을 데리고 촉군蜀郡으로 떠나라. 비성郫城을 그대에게 줄 것이니 그곳에서 여생을 마치라."

여불위는 진왕 정의 편지를 받자 비감했다. 촉군의 비성은 가장 척박한 땅으로 사막이나 다름없이 황량했다. 그곳에 가서 살라고 하는 것은 죽으라는 것이나 마찬가지였다.

'아아, 내가 아들을 진나라 왕위에 앉혔건만 황량한 땅으로 쫓겨가야 한다는 말인가?'

여불위는 참담했다.

'나는 시정의 장사치로서 큰 도박을 했다. 도박을 했으되 모리배와

같은 짓을 했으니 내가 오늘 이런 꼴을 당하는 것은 당연한 일일 것이다.'

여불위는 쓸쓸했다. 그러나 곰곰이 생각하자 결코 죄가 작다고 할수 없었다. 그는 진나라를 빼앗으려고 음모를 꾸몄고, 진왕의 처가 된 조희와 간통했다.

여불위는 두말없이 황량한 촉 땅으로 갔다. 그는 촉 땅에서 황량한 바람소리를 들으며 독주를 마시고 자결했다.

착한 부자와 악한 부자

진시황과 여불위 이야기는 소설보다 더 드라마틱하다. 여불위는 자기 음모대로 조희의 아들을 진나라 왕이 되게 만들었고 진나라 승상이 되어 나라를 좌지우지했다. 한 나라의 승상이 되어 부귀를 누리고 권력을 휘둘렀다. 그의 권세는 하늘을 찔러 중국의 어느 부자도 따라올 수 없었다. 식객 3천 명을 거느리고 《여씨춘추》까지 집필하면서 천하를 눈 아래로 보았다.

여불위는 교활했다. 그는 태후 조희와 정을 통하다가 발각될 우려가 있자 노애를 조희에게 바쳤다. 그는 다른 미인들을 취해서 사치와 향락을 누렸다. 그러나 음모로 이루어진 권세와 부는 한낱 물거품에 지나지 않았다.

여불위는 불과 10년도 부와 권세를 누리지 못하고 죽었다. 정상적으로 얻지 않은 부는 오래가지 못한다는 사실을 보여주는 교훈이라고 할 수 있다.

5

전국시대를 주름잡은 여상(女商)

청(淸)

부는 대부분 남자들이 일구었고 여자들은 대개 내조를 했다. 밖에서 장사하려면 먼 거리를 오가야 했기 때문에 여자들에게는 벅찬 일이었다. 어느 나라든 여자가 정치를 하고 밖에 나가 장사를 해서 돈을 버는 일은 드물었다. 조선보다 여성들의 활동이 비교적 자유로웠던 중국도 여성들이 장사를 하고 돈을 버는 일은 흔치 않았다. 여성들이 기껏 할 수 있었던 돈벌이는 시장에서 채소를 팔고 여자들의 노리개 따위를 머리에 이고 팔러 다니는 방물장사가 있었을 뿐이다.

그러나 기록에 남아 있지 않더라도 과부가 되었거나 집안에 마땅히 장사를 할 남자들이 없을 때 여자들이 장사에 나서고 부를 축적한 일도 있었다. 여자들은 남자들을 대신하여 상관商館을 운영하고 상단을 이끌었다. 전국시대 말엽과 통일 진나라 초기 중국을 주름잡은 여성 상인이 있어서 〈화식열전〉에도 기록이 남아 있다.

중국 최초의 여성 기업가로 평가받는 과부 청(淸)은 광산 개발 및 단약(丹藥) 제조 등으로 가노(家奴) 수천 명을 거느린 최고의 부자가 되었다.

부자의 첫걸음, 근면

많은 사람이 부자가 되기를 원하나 실제로는 머릿속에서 궁리만 할 뿐 행동으로 옮기지 않는다. 다산 정약용(丁若鏞, 1762~1836)은 남자가 귀양을 가거나 병들어 누워 있을 때 여자가 집안을 이끌어야 한다고 말했다. 여자가 과일나무를 심고 누에를 치면 굶주리지 않고 가족을 부양할 수 있다는 것이다. 그러나 일하지 않고 태만하면 가족 모두가 굶주림을 면할 수 없다고 역설했다.

청은 전국시대 말기에 파巴 지방에서 태어났다. 파는 사천성 성도에서 가까운 곳인데, 청淸은 단사丹沙 채취를 업으로 하는 부유한 집으로 시집갔다. 그러나 청이 시집갔을 때 단사가 더는 나오지 않아 시집도 살림이 어려웠다.

청은 가난하게 살았으나 성품이 강렬하고 절개가 뛰어난 여자였다. 어릴 때 부모에게서 글을 배우고 부도婦道를 배웠다. 그러나 그녀가 시집을 간 지 3년도 되지 않아 남편이 갑자기 발병하여 위독하게 되었다. 의원을 불러다가 진맥했으나 병은 더욱 악화되었다.

"내 이제 세상을 하직할 때가 되었으니 그대에게 당부하고 싶은 것이 있소."

남편이 청의 손을 잡고 말했다.

"무엇이든 말씀하십시오."

청이 슬퍼하면서 말했다.

"내가 죽으면 그대는 아이들을 어머니에게 맡기고 개가하시오. 그대는 젊고 아름다우니 얼마든지 좋은 남자를 만나 행복하게 살 수 있을 것이오."

"당치 않은 말씀입니다. 동심결을 묶고 함께 늙기를 기약했는데 어찌 개가를 하겠습니까?"

청은 개가하지 않겠다고 단호하게 선언했다. 얼마 지나지 않아 남편이 죽자 청은 정성을 다해 장례를 치른 뒤 시어머니를 받들고 아이들을 키웠다. 가난했으나 그녀는 열심히 품삯 일까지 하면서 집안일에 열성을 다했다. 청이 살던 시대는 전국시대 말기라 전쟁이 그치지 않았지만 파 땅의 산속에 있는 청의 마을은 전쟁에 크게 영향을 받지 않았다.

"청이 참 열심히 살고 있네."

"과부가 개가도 하지 않고 저렇게 열심히 일을 하니 복받을 거야."

마을 사람들이 모두 청을 칭송했다.

'우리 시집은 가난하게 살고 있다. 굶주리지 않으려면 열심히 일해야 한다.'

청은 집 뒤 산에 복숭아나무, 살구나무, 사과나무, 배나무, 감나무 등을 심었다.

'누구나 부지런하면 가난하게 살지 않는다. 과일을 팔면 식량을 살 수 있다.'

청은 언제나 부지런히 일해야 했다. 그녀가 열심히 일했기 때문에 몸은 고단했으나 가족은 굶주리지 않을 수 있었다.

청은 뽕나무를 심어 누에를 키우고 비단을 짜서 팔았다.

'어쩌면 산 어딘가에 단사가 있을지 모른다.'

청은 돈이 모일 때마다 땅을 샀다. 그녀가 땅을 사는 이유는 마을 뒷산 어디에선가 단사가 나올지도 모른다는 생각 때문이었다.

"나에게 시집을 오면 부귀영화를 누리게 해주겠다."

청이 과부가 되자 남자들이 다투어 청혼을 했다.

"내 남편은 오로지 한 사람뿐이다."

청은 눈에 서릿발이 설 정도로 단호하게 거절했다.

"여자란 아이를 낳고 행복하게 살아야 하는데 어째서 개가를 하지 않는 것이냐?"

청의 친정아버지가 물었다.

"사람들은 모두 저를 첩으로 들일 생각만 합니다."

"첩이라고 해서 나쁜 것만은 아니다."

"저는 절대로 개가하지 않을 테니 다시 말씀하지 마세요."

청은 친정아버지에게 단호하게 말했다. 그러나 그녀의 친정에서는 청을 개가시키려고 부자에게 돈을 받았다.

"우리가 돈을 냈으니 거절해도 소용이 없다."

부자가 하인들을 보내 청을 납치하려고 했다.

부자는 나이가 50이 넘은 사내였다. 청은 그러한 부자에게 절대로 시집가지 않겠다고 생각했다.

하늘은 스스로 돕는 자를 돕는다

진인사대천명盡人事待天命이라는 말이 있다. 《삼국지》에서 유래한 말로 할 일을 다하고 하늘의 뜻을 기다린다는 말이다. 청은 열심히 일했으나 시집가라는 압박은 더욱 심해졌다. 그러자 청은 양식을 가지고 몰래 집을 나와 뒷산으로 올라갔다. 부자에게 잡혀 첩이 되고 싶지 않았다. 산은 숲이 울창하고 가팔랐다. 사람들이 숲을 헤치며 찾으러 다니자 더욱 높은 산으로 올라갔다.

'산속에 동굴이 있네.'

청은 사람들이 찾지 못하게 동굴로 들어갔다. 동굴은 뜻밖에 깊고 넓었다. 사람들이 계속 찾으러 다녔기 때문에 청은 생쌀을 씹으며 숨어서 지냈다. 이내 밤이 왔다. 사방이 캄캄하게 어두워지고 달이 떠올랐다. 청은 동물이 들어올까 봐 입구에 돌을 쌓았다. 청은 밤이 깊어가자 마른 나뭇잎을 깔고 누웠다. 깊은 산속 동굴에서 잠을 자려고 하였으나 잠이 오지 않았다.

'손이 왜 이렇게 빨갛지?'

이튿날 아침 눈을 떠서 보니 손이 빨갰다. 청은 이상한 일이라고 생각하면서 손을 치마에 닦았다. 그런데 그 동굴은 호랑이굴이라고 하여 마을 사람들이 가까이 가지 않던 곳이었다. 청은 동굴에서 두 달 동안이나 나오지 않았다.

"청은 호랑이에게 잡아먹혔을 것이다."

마을 사람들이 청을 찾아 돌아다니면서 말했다. 청은 그때서야 동굴에서 나와 마을로 돌아왔다. 사람들이 모두 놀라서 그녀를 둘러쌌다. 청

사마천은 〈화식열전〉에서 과부 청은 치부(致富) 능력이 탁월했다고 기록했다.

은 동굴에서 지낸 이야기를 하고 절대로 개가하지 않겠다고 선언했다.

"청의 절개가 뛰어나니 혼인을 강요할 수 없다."

부자는 청을 첩으로 맞아들이기를 포기했다. 청은 집으로 돌아와 집안일을 하면서 동굴에서 있었던 일을 생각했다.

'동굴에 붉은 흙이 있었는데 귀한 약으로 쓰이는 단사가 아닐까?'

청은 동굴에 올라가 붉은 흙을 채취해 의원에게 가지고 갔다. 그것이 단사라면 가업을 다시 이을 수 있을 것이라고 생각했다.

"단사가 틀림없소."

의원이 붉은 흙을 살핀 뒤 말했다.

"단사는 어디에 주로 쓰입니까?"

"광증에 주로 쓰이오. 경련과 발작을 일으키는 데도 쓰이고 정신이 불안정하여 밤에 잠을 이루지 못할 때도 특효약이오."

"그렇다면 이것을 가지고 올 테니 팔아주실 수 있겠습니까?"

"단사는 매우 귀한 것인데 어디서 가지고 온다는 말이오?"

"산에서 캘 것입니다."

청은 집으로 돌아오자 가족을 동원하여 동굴에서 단사가 섞여 있는 돌을 캐기 시작했다. 돌을 캔 뒤에는 가늘게 빻아서 단사를 채취했다. 청은 그렇게 채취한 단사를 팔아 큰돈을 벌었다. 그녀가 돈을 많이 벌자 더욱 많은 남자가 꾀어들었다.

'남자들이 원하는 것은 오직 돈과 내 몸뿐이야.'

청은 그럴수록 몸가짐을 단정하게 했다.

위기는 기회다

산에서 단사가 나온다는 소문이 나돌자 많은 사람이 몰려왔다. 청은 단사를 채취하는 데 정성을 다했다. 그러나 돈을 보고 몰려온 사람들은 단사를 마구 채취하고 함량을 줄여 비싸게 팔았기 때문에 사람들이 단사를 사지 않았다.

'단사는 사람의 약재에 쓰인다. 하늘이 준 것인데 어찌 함부로 하겠는가?'

청은 단사의 품질을 높였다. 사람들이 품질이 좋은 청에게만 몰리자 단사를 채취하던 사람들이 하나둘 떠나갔다. 그래서 청은 단사를 독점으로 생산해서 팔았다.

'부는 많을수록 좋은 것이다.'

청은 단사로 어느 정도 부를 이루자 하인들을 데리고 장사에 나섰다. 그녀는 중국인이 좋아하는 차와 포布를 매집하여 팔았다.

'물건은 싼 지방에서 사서 비싼 지방에서 팔아야 이익을 남긴다.'

청은 이익을 남기는 방법을 스스로 연구했다.

"여자가 장사를 한다는 말인가?"

남자들이 모두 그녀에게 관심을 기울였다.

"얼굴도 예쁜데다 과부라고 하는군."

상인들이 물건을 거래한다면서 은근히 수작을 했다. 그러나 청은 남자들의 수작을 단호하게 물리쳤다.

"과부 청이 심지가 굳다."

사람들은 청이 의연하게 대처하는 모습을 보고 감탄했다.

청은 단사를 채취해 혼자 부를 누리지 않았다. 그는 마을 사람들에게 부를 나누어주고 걸인들이 찾아오면 반드시 음식을 먹이고 옷을 입힌 뒤 자립할 수 있도록 돈까지 챙겨 보냈다.

'성인과 같은 여인이다.'

사방 백 리 안에서 그녀를 칭송하지 않는 사람이 없었다. 청은 부유한데도 자신은 비단옷을 입지 않았고 기름진 음식 대신 푸성귀로 만든 음식을 주로 먹었다.

"이제는 부자가 되었으니 호사를 누려도 되지 않느냐?"

시어머니가 청에게 물었다.

"어머니, 재산은 금세 모여들었다가도 금세 흩어지는 법입니다."

"부를 쌓아서 무얼 하려는 것이냐? 죽으면 아무것도 가져가지 못하지 않느냐?"

"어머님 말씀이 옳습니다. 이제 맛있는 음식도 먹고 좋은 옷도 입어야지요. 그러나 사치할 수는 없습니다."

청은 맛있는 음식을 먹고 좋은 옷을 입는 것은 허락했으나 사치는 허락하지 않았다.

청이 장사를 하러 다니는 동안 중국에는 전쟁의 피바람이 몰아쳤다. 진시황은 6국을 차례차례 멸망시켰다. 진군의 창칼 아래 한나라, 위나라, 연나라, 조나라가 무너지고 제나라도 짓밟혔다. 진나라는 이제 초나라를 공격할 준비를 하기 시작했다.

'전쟁 때문에 장사하기가 쉽지 않구나.'

청은 전쟁이 계속되자 골똘하게 생각에 잠겼다.

'전쟁 때는 군사가 가장 많다.'

청은 군사들에게 가장 필요한 것이 군량이라는 사실을 알게 되었다. 그러나 군량은 대부분 국가에서 징수해 군대가 호송했다.

'군량을 군대가 호송해도 부족할 때가 있을 것이다.'

청은 진나라의 대장군 왕전王翦을 찾아갔다. 그는 60만 대군을 거느리고 초나라를 공격할 준비를 하고 있었다. 그러나 그는 깊은 고민에 빠져 있었다.

"장군께서는 근심이 많은 듯합니다."

청이 인사를 하고 왕전의 안색을 살폈다.

"60만 대군을 거느리고 있는데 어찌 근심이 없겠소?"

"전쟁의 승패에 대한 근심이 아닌 듯합니다."

"내 근심이 무엇인지 알고 있소?"

"진왕은 의심이 많은 인물이라고 들었습니다. 그 점을 걱정하는 것이 아닙니까?"

왕전은 청의 말에 깜짝 놀랐다.

진나라의 대장군 왕전은 백기(白起), 염파(廉頗), 이목(李牧)과 함께 전국시대 4대 명장으로 꼽히는 인물이다.

"그대는 여인의 몸으로 위험을 무릅쓰고 장사를 하는데 그 까닭이 무엇이오?"

"위기를 기회라고 보기 때문입니다."

청이 잔잔하게 웃었다.

'예사 여인이 아니구나.'

왕전은 청이라는 여인에 대해 감탄하지 않을 수 없었다. 왕전은 과부 청에게서 진왕 정의 의심을 푸는 지혜를 얻었다. 그것은 의심이 많은 진왕 정에게 재물을 밝히는 소인배로 보이게 하는 일이었다.

"나를 찾아온 이유가 무엇이오?"

"초나라에 깊이 들어갔을 때 군량이 부족할 수도 있을 것입니다. 그때 저희가 군량을 공급하게 해주십시오."

"초나라에서 알면 목숨이 위태로울 것이오."

"저희 상단은 어느 나라든지 오갈 수 있습니다."

"좋소. 그렇다면 군량 10만 석을 초나라 땅 천중산天中山으로 운반하시오."

왕전은 과부 청과 계약을 했다.

"어머니, 군량을 공급하는 것은 위험한 일이 아닙니까?"

아들이 걱정이 되어 물었다.

"위험한 일일수록 이익이 많이 남는다."

청은 초나라 천중산으로 군량을 운반하기 시작했다. 왕전은 대군을 휘몰아 초나라 국경을 돌파하여 천중산에 이르렀다. 청은 과연 군량 10만 석을 준비하여 기다리고 있었다.

왕전은 청의 군량을 바탕으로 초나라군과 싸워 승리했다.

왕전이 60만 대군을 이끌고 출전하자 진나라 조정에서 그를 모함하는 상소가 빗발쳤다. 심지어 군량을 보내지 않는 자까지 있었다.

"왕전은 전쟁에는 능하나 재물을 좋아한다. 내가 땅을 많이 하사했으니 절대 반란을 일으키지 않을 것이다."

진 정왕은 왕전을 의심하지 않았다. 초나라는 진나라와 최후까지 항전했으나 결국 왕전의 군대에 패배하여 통일 진나라 시대가 열렸다.

청은 전쟁의 바람이 휘몰아치는데도 장사를 다녔다. 청이 항상 청상淸商이라는 깃발을 달고 장사했기 때문에 많은 사람이 알아보았다.

"저 깃발은 무언가?"

"청상이라고 쓰여 있는 것을 보니 과부 청의 상단이군."

"전쟁터도 두려워하지 않고 장사하다니 여장부야."

전쟁터에서 장사하던 군사들도 청에게 호의를 베풀었다.

제나라와 진나라가 전쟁을 벌이는 전쟁터에 이르렀을 때 한 장수가 물품을 압류하고 그녀의 상단을 억류했다.

"여러분이 전쟁터에서 전쟁하는 동안 고향에 있는 아녀자들은 어떻게 가족을 돌보겠습니까? 저는 여러분의 부인이나 딸, 여동생과 같은 아녀자입니다. 가족 때문에 장사를 나온 것이니 도와주십시오."

청은 진나라 장수와 군사들에게 호소했다. 군사들은 모두 고향을 떠나 전쟁을 하고 있었다. 그들은 청이 가족을 위해 장사한다는 말에 눈물을 흘렸다.

"맞다. 아녀자가 가족을 위해 장사하는데 막을 수는 없다."

진나라 군사들이 다투어 말하자 장수는 어쩔 수 없이 그들을 통과시켜주었다.

"비 땅의 청은 선녀와 같은 여자다. 그녀의 깃발을 보면 통과시켜 주어라."

청에 대한 소문이 널리 퍼지면서 오히려 그녀를 도와주려는 사람들이 많아졌다.

부자는 황제와 함께한다

청의 깃발은 중국 전역에 유명해졌다. 진시황은 마침내 천하를 통일했다. 아직도 곳곳에서 6국의 잔당이 항전하기는 했으나 수백 명 수준에 지나지 않았다.

'천하가 안정되었으니 안심하고 장사할 수 있구나.'

청은 대규모 상단을 이끌고 장사에 나섰다. 청은 직접 먼 길을 다니면서 장사하여 부를 축적했다.

천하가 통일되고 얼마 되지 않았을 때 진나라에 흉년이 들었다.

"전쟁으로 너무 많은 사람을 죽여서 하늘이 노한 것이다."

사람들이 진시황을 원망했다.

'흉년이 들었다고 사람들이 이렇게 죽어야 하는가?'

청은 장사를 하고 돌아오면서 수많은 사람이 굶어 죽어가고 있는 것을 보았다. 청은 집으로 돌아오자 많은 재산을 내놓아 굶주리는 사람들을 구제했다. 그러자 굶주리던 사람들이 모두 눈물을 흘리면서 고마워했다. 청에 대한 소문이 진시황에게도 들어갔다.

"파 땅의 여상女商이 부자라고 한다. 어떤 여자인가?"

진시황이 승상 이사李斯에게 물었다.

"단사를 팔아 부자가 된 여자라고 합니다."

이사가 의아한 표정으로 머리를 조아렸다.

"지금 몇 살이나 되었는가?"

"자세히는 모르나 60세 안팎일 것입니다."

"승상도 청에 대해 알고 있는가?"

"말만 들었을 뿐입니다. 절개가 굳은 여자라고 합니다."

"어떤 여자인지 궁금하구나. 그를 부르라."

진시황이 영을 내렸다. 사자가 말을 달려 파 땅에 있는 청에게 달려갔다. 진시황이 부른다는 말에 파 땅이 발칵 뒤집혔다.

"황제께서 무슨 일로 미천한 여자를 부르십니까?"

"나는 알 수 없으나 속히 가야 한다."

사자가 재촉하자 청은 수레를 타고 진나라 도읍으로 달려갔다. 황제가 부자라고 해서 직접 부르지는 않는다. 진시황이 청을 불렀다는 말이 퍼지면서 그녀 이야기가 중국에 파다하게 나돌았다. 그녀를 보기 위해 진나라 도읍 함양으로 가는 길이 메워졌다.

"청이 절세미인이라고 한다."

"청은 과부지만 열녀다."

청에 대해 온갖 소문이 나돌았다. 청이 지나갈 때는 군이나 현의 관리들이 마중을 나오고 군사들이 호위를 했다. 파 땅에서 함양까지는 수레를 타고도 여러 날이 걸렸다. 청은 함양에 이르자 여관女官들의 도움을 받아 단장한 뒤 진시황의 정전으로 들어가 꿇어 엎드려 절을 올렸다.

"그대가 파 땅의 청인가?"

진시황은 높은 곳에 앉아 있었다. 청은 감히 얼굴도 들지 못했다.

"그러하옵니다."

"얼굴을 들라."

"예."

"무슨 장사를 했는가?"

"처음에는 단사를 팔았고 나중에는 모든 물건을 팔았습니다."

진시황은 상업을 천시하는 정책을 펼쳤음에도 과부 청에게만큼은 관대했다. 수도 함양(咸陽)에 청을 불러 거주하게 했으며 사후에는 그녀의 비석까지 세워주었다.

"어찌하여 과부의 몸으로 장사를 했는가?"

"남편이 병으로 죽어 집안을 이끌 사람이 없었습니다."

"과부로 몸을 지키는 것도 쉽지 않았을 것이다. 자세히 얘기하라."

진시황이 영을 내렸다. 청은 과부가 된 이야기며 장사를 다니면서 겪은 이야기를 낭랑한 목소리로 아뢰었다. 청이 눈보라 속에서 장사를 다닌 이야기를 하고 비바람이 몰아칠 때 신용을 잃지 않기 위해 산을 넘은 이야기를 하자 진시황은 무릎을 치면서 감탄했다.

"청은 정녀다. 빈객으로 예우할 것이니 대궐에 머물도록 하라."

진시황은 청에게 연회를 베풀어주고 여회청대女懷淸臺를 지어 중국의 여자들이 청을 본받게 했다.

전쟁시대의 치부

전쟁은 부자를 망하게도 하고 가난한 사람을 부자로 만들어주기도 한다. 전쟁에서 가장 중요한 것은 병기와 군량이다. 병기와 군량을 팔아 부자가 된 사람들을 역사 속에서 얼마든지 찾아볼 수 있고 현재도 국제 무기 상인과 곡물 상인들이 암약하고 있다. 전국시대에는 과부 청을 비롯하여 범려, 백규, 조간, 의돈, 탁씨 등 많은 부자가 출현했다.

청이 장사를 하여 얼마나 많은 돈을 벌었는지는 알 수 없다. 그러나 〈화식열전〉에 이름이 오르고 진시황의 초대까지 받았다고 하니 대부호가 된 것은 틀림없는 일이다. 전쟁의 피바람이 몰아치던 전국시대 말기 그녀는 전쟁터까지 누비면서 장사를 했던 진취적인 여인이다. 또한 부자가 되려면 성실하게 일하는 것도 중요하지만 진취적이어야 한다는 것을 보여준 여인이다.

6

중국 최고의 목축업자

의돈(猗頓)

많은 사람이 부자를 부러워하고 부자가 되고 싶어 한다. 그러나 부자가 되는 사람들은 한정되어 있다. 부자는 얼핏 생각하면 특별한 사람들 같지만 하늘이 내린 것도 아니고 운이 유난히 좋은 것도 아니다. 부자는 그저 일반 사람들보다 조금 다른 생각을 하고, 일반 사람들보다 조금 운이 좋고, 일반 사람들보다 조금 더 열심히 살고 있을 뿐이다. 우리는 때때로 성실히 일하는데도 부자가 되지 못한 사람들을 보게 된다. 왜 성실하게 일을 하는데도 부자가 될 수 없을까?

세상은 공평한 것 같으면서도 공평하지가 않다. 어떤 사람은 부자로 태어나 아무것도 하지 않고 평생 사치와 향락을 누리다가 죽는다. 어떤 사람은 가난하게 태어나 평생 열심히 일해도 가난을 면치 못한다.

가난한 사람들은 대부분 이러한 사실에 실망하여 좌절에 빠진다. 열심히 일하는 사람이 부자가 되지 못할 때 부자를 증오하고 시기하게 된다. 그러나 누구에게나 기회는 있다. 기회를 어떻게 활용하느냐에 따라 인생이 달라질 뿐이다. 중국 전국시대 의돈猗頓이라는 사람을 통해 그 해답을 찾아본다.

열등한 인간에서 탈출하려면

노나라 의 땅에 돈이라는 가난한 선비가 살고 있었다. 사람들은 그를 의돈이라고 불렀다. 그는 학문을 열심히 하면 나라에 발탁되어 중요한 일을 할 수 있을 거라고 생각하여 학문에 전념했다. 노나라는 처음에 주무왕의 동생 주단공周旦公이 창업했으나 노장공 이후 나라가 기울어 삼환씨가 지배했는데, 공자마저 이들의 전횡을 막을 수 없었다. 삼환의 전횡으로 나라가 어지러워지고 이웃에 있는 초나라와 제나라의 핍박으로 백성은 도탄에 빠져 있었다.

의돈은 학문을 열심히 했으나 나라에 발탁되지 못해 점점 가난해졌다. 사람들은 집안일을 돌보지 않는 의돈을 손가락질하면서 비난했다.

'강태공도 80세에 주문왕을 만났다. 언젠가는 나에게 반드시 기회가 올 거야.'

의돈은 사람들의 손가락질을 받으면서도 이를 악물고 학문에 열중했다. 그러는 동안 혼인을 하고 아이들까지 낳았으나 의돈이 돈을 벌지 않았기 때문에 더욱 가난해졌다.

의돈의 부인은 현숙한 여자였다. 그녀는 시집을 때 가지고 온 패물을 팔아 가족의 끼니를 연명했으나 한계가 있었다. 의돈은 어느 날 자신 때문에 가족이 모두 굶주린다는 사실을 알게 되었다.

'천하가 나를 알아주지 않는데 학문을 해서 무엇을 하겠는가? 집안이 찢어지게 가난하여 조상의 제사도 지내지 못하고, 부엌에 땔거리도 없으며, 병든 아내를 돌보지 않으면 열등한 인간이라고 하지 않겠는가?'

의돈은 집안의 가난을 보고 비참했다. 수십 년 동안 학문을 했으나 끼니조차 때우지 못하는 집안 형편이 한심했다. 게다가 오랫동안 굶주린 탓에 부인은 병까지 앓고 있었다.

"내 이제 학문을 그만두고 돈을 벌어야겠소."

의돈이 부인의 앙상하게 메마른 손을 잡고 말했다.

"학문밖에 모르는 당신이 어떻게 돈을 벌겠어요?"

부인이 처연한 표정으로 말했다.

"아니요. 내가 반드시 부자가 되어 당신과 아이들을 부유하게 살게 할 것이오."

"말씀은 고맙지만 집안일은 제가 챙길게요. 당신은 학문만 하세요."

"집안이 가난하여 조상 제사도 제대로 지내지 못하면 어찌 남자라고 할 수 있겠소?"

"우리는 돈이 없으니 장사도 할 수 없고 땅이 없으니 농사도 지을 수 없어요. 무엇으로 돈을 벌겠어요?"

"내가 아직 병들지 않았으니 건강한 몸이 있소."

"돈을 벌려면 자본이 있어야 해요."

"친지들에게 빌려보겠소."

의돈이 어두운 얼굴로 말했다. 장사를 하거나 사업을 시작할 때 가

장 먼저 필요한 것이 이른
바 종잣돈으로 불리는 자금
이다. 의돈은 책을 모두 치
우고 이튿날부터 종잣돈을
빌리러 다녔다. 그러나 가난
한 그에게 돈을 선뜻 빌려
주는 사람이 없었다.

"종잣돈이 없으니 어떻
게 돈을 벌지?"

의돈은 크게 실망했다.

"돈이 없으면 품이라도
팔아야지."

누군가 저잣거리를 돌아
다니는 의돈에게 그렇게 말
했다.

중국 춘추전국시대 노나라의 거부(巨富) 돈(頓)은 의(猗)라는 고
을에서 태어나 의돈(猗頓)으로 불렸다.

"그래. 짐꾼이라도 해서 종잣돈을 모으자."

의돈은 저잣거리에서 삯일을 하고 지게를 지고 물건을 배달하는 등
허드렛일을 하면서 돈을 모았다. 부인도 아픈 몸을 이끌고 베틀에 앉
아서 베를 짰다.

'하루에 번 것 중 반드시 절반을 저축한다.'

의돈은 굳게 결심했다. 의돈은 3년이 지나자 돈을 약간 모아 땅을
샀다.

'이 땅에 농사를 지으면 우리 가족이 굶지 않게 될 것이다.'

의돈은 기뻐하면서 농사를 짓기 시작했다. 그의 꿈은 소박했다. 그는 해가 뜰 때부터 해가 질 때까지 부지런히 농사를 지었다. 비가 오면 물을 빼고 가뭄이 들면 물지게로 물을 져 날라다가 논에 뿌렸다. 가을이 되자 벼들이 누렇게 고개를 숙이기 시작했다. 그러나 낟알이 제대로 영근 것은 얼마 되지 않았고 대부분 쭉정이였다.

"벼들이 왜 이렇게 쭉정이가 많을까?"

의돈은 벼의 낟알을 보고 크게 실망했다.

"처음이라 그럴 거예요. 다음 해에는 농사가 더 잘될 거예요."

부인이 다시 의돈을 위로했다. 의돈도 어쩔 수 없는 일이라고 생각했다. 해가 바뀌어 봄이 되자 의돈은 좋은 볍씨를 골라 논에 뿌렸다. 볍씨에서 싹이 나오자 더욱 열심히 벼를 돌보았으나 가을이 되자 여전히 쭉정이들만 논에 가득했다.

'왜 농사가 안 되는 것일까?'

의돈은 쭉정이를 보면서 절망했다. 그는 성실하게 일하는 자신을 하늘이 돕지 않는다고 원망하면서 술을 마셨다.

부자에게서 배우다

사람들은 성공하기 위해 공부한다. 공부하는 것은 지식을 얻는 일이다. 부자가 되려면 부자의 지식을 배워야 한다. 의돈이 실망에 빠져 있을 때 도 땅의 상인 주공이라는 사람이 의 땅을 지나간다는 소문이 들려왔다. 주공이라는 인물이 천금의 부자라는 소문은 의돈도 들어서 알고 있었다.

"우리 고을에 주공이라는 분이 오셨다고 하니 그분을 따라다니면서 부자가 되는 법을 배워야 하겠소. 그는 천금의 부자라고 하오."

의돈이 부인과 상의했다.

"그분이 가르쳐주려고 하겠습니까?"

"사람이 정성을 다하면 어찌 하늘이 감동하지 않겠소?"

의돈은 부인에게 집안일을 맡기고 주공을 찾아갔다. 주공은 많은 상인을 거느리고 장사를 하고 있었다. 그가 거느린 상인들이 수백 명이나 되었고 수레도 수십 대였다. 하인들 때문에 의돈은 주공에게 접근할 수도 없었다.

'천금의 재산을 갖고 있다더니 풍모도 남다르구나.'

의돈은 멀리서 주공을 바라보기만 했다. 그날부터 의돈은 주공을 따라다니기 시작했다. 주공과 마주치면 인사만 올릴 뿐 아무것도 묻지 않았다. 그 대신 그는 하인들과 친하게 지내면서 궂은일을 다했다. 의돈을 거추장스럽게 생각하던 주공의 하인들은 차츰차츰 그에게 말도 건네고 음식도 나누어주었다.

의돈은 여러 해 동안 주공을 따라다니면서 장사를 배웠다. 얼마 후 중국을 떠돌며 장사하던 주공이 다시 의 땅에 이르렀다.

"자네는 몇 해 동안 나를 따라다녔는데 그 이유가 무엇인가?"

주공이 의돈을 불러 물었다.

"부자가 되는 법을 배우고 싶습니다."

의돈이 공손하게 대답했다.

도주공(陶朱公)은 월나라의 공신으로 재물을 백성에게 나눠
주고도 다시 대부호가 되었다고 한다.

"나를 따라다닌다고 배워
지겠나?"

주공이 빙그레 웃었다.

"잘 모르겠습니다. 그러나
대인의 일거수일투족을 보고
많은 것을 배우고 있습니다."

"저 사람들을 보게. 저 사
람들 중에는 나를 따라다닌 지
1년밖에 안 된 사람도 있고 3
년 된 사람, 10년 된 사람도
있네. 심지어 내가 장사를 시
작한 지 19년이 되었는데 19
년 동안 따라다닌 사람도 있
네. 그런데 나처럼 돈을 번 사
람은 없고 한결같이 고용인으로 지내고 있네. 자네는 왜 그렇다고 생
각하는가?"

의돈은 주공 밑에서 일하는 사람들을 살폈다. 그들은 행수가 지시
하는 일만 열심히 하고 있었다.

"의지가 없기 때문입니다."

"옳은 말이네. 자네는 의 땅 사람이 아닌가? 의 땅에 들어왔으니 집
으로 돌아가야 하지 않나?"

"대인께 부자가 되는 법을 배우고 싶습니다."

"의 땅에서 무엇을 했나?"

"대인, 저는 해가 뜰 때부터 해가 질 때까지 쉬지 않고 일합니다. 그런데도 소출이 적어 가난을 면하지 못하고 있습니다. 어떻게 해야 부자가 될 수 있는지 가르쳐주십시오."

"무슨 농사를 짓는가?"

"벼농사를 짓고 있습니다."

"비는 자주 오는가?"

"예. 물이 마르지는 않습니다."

"그렇다면 흙이 문제로군."

"예? 그게 무슨 말씀입니까?"

"토양에 문제가 있다는 말일세. 같이 가보세."

주공은 의돈의 논으로 갔다.

생각을 바꾸다

부자가 되려면 때때로 생각을 바꿀 필요가 있다. 우리는 이것을 역발상이라고 한다. 의돈도 생각을 바꾸지 않고 일상적인 방법으로 농사를 지어 실패한 것이다.

주공은 의돈의 논에 벼가 듬성듬성 자라고 잡초가 많은 것을 보고 혀를 찼다.

"이 땅은 사토沙土일세. 가느다란 모래로 이루어져 있어서 벼에 영양을 공급해주지 못하네. 이런 땅에는 땅콩을 심어야지 벼를 심으니 소출이 시원찮은 것일세. 그러나 굳이 곡식 농사를 지을 필요가 없네."

주공은 의돈의 논 뒤에 있는 산을 보았다. 산에는 잡목이 무성했다.

"그럼 이 땅에서 무엇을 해야 합니까?"

"목축을 하게. 다행히 비가 잘 와서 잡초는 잘 자라니 양을 키우면 성공할 것이네."

"대인의 가르침 감사드립니다."

의돈은 주공에게 큰절을 올렸다. 주공과 몇 시간 이야기를 나누는 데 그의 입에서 나오는 지혜가 마치 대하가 흐르는 것 같았다. 의돈은 주공에게 부의 원리를 배운 뒤 양을 사서 키우기 시작했다.

양은 고기와 젖을 먹을 수 있고 털을 이용할 수 있었다. 그가 성실했기 때문에 양은 점점 숫자가 불어났고 그는 부자가 되었다.

'지금까지는 축적이라고 할 수 있다. 이제는 재산을 증식할 때다.'

의돈은 한 사람이 양을 키우는 것보다 두 사람이 키우고, 두 사람이 키우는 것보다 열 사람, 열 사람보다 백 사람이 키우는 것이 훨씬 낫다고 생각했다. 의돈은 과부와 고아들을 거두어 일을 시켰다. 그들은 걸인이나 다름이 없어서 먹을 것과 입을 것만 제공해주어도 열심히 일했다.

전국시대는 전쟁이 그칠 날이 없었다. 군대가 출정하면 막대한 군량이 필요했고 소금에 절인 양고기도 중요한 군량이었다.

의돈은 양을 거의 방목했다. 해가 지면 우리로 돌아오게 하고 해가 뜨면 밖으로 나가 풀을 뜯게 했다. 양이 살이 찌자 전쟁하는 나라에 팔았다.

"양만으로 군량을 충당할 수 없소. 쌀을 가지고 올 수는 없소?"

노나라 군대의 장수가 의돈에게 물었다. 의돈은 잠시 생각에 잠겼다. 군량을 운반하면 목숨이 위태로울 수도 있지만 돈을 많이 벌 수 있었다.

"가지고 올 수 있습니다."

의돈은 군량을 운반해야 한다고 생각했다.

"군량을 운반하면 목숨이 위태로울 수 있소."

"그만한 위험을 각오하지 않고 어떻게 돈을 벌 수 있겠습니까?"

"군량을 운반해주면 막대한 사례를 하겠소."

의돈은 노나라의 군량을 운반했다. 비가 오거나 눈보라가 몰아치는 것도 상관하지 않고 군량을 운반하여 돈을 벌었다.

"군량을 운반하는 것은 위험한 일이 아닙니까?"

부인이 근심이 가득한 표정으로 의돈에게 물었다. 의돈이 살고 있는 노나라는 초나라의 침략을 받아 멸망할 위기에 놓여 있었다.

"나라가 전쟁을 하는데 백성 된 자로 어찌 가만히 있을 수 있겠소?"

의돈이 무겁게 한숨을 내쉬었다.

"이번 전쟁에서 초나라에 패하여 곧 나라가 멸망할 수도 있다고 합니다."

"왕조의 흥망성쇠는 언제나 되풀이되는 법… 우리 노나라도 망할 때가 된 것 같소."

"나라가 망하는데 돈을 벌어서 어디에 쓰겠습니까?"

"다 쓸모가 있을 것이오."

의돈은 군대에 군량을 납품하면서 곡식을 사서 땅속에 묻었다. 초나라는 진나라의 위세에 밀려 동쪽으로 이주하면서 노나라를 침략했다. 노나라는 패했고 노경공魯頃公이 폐출되어 멸망했다. 초나라는 노나라의 재물을 모조리 약탈하여 노나라 백성이 굶주리게 되었다. 노나라 백성은 굶어 죽고 얼어 죽었다.

전쟁상인

의돈은 땅속에 비축한 곡식을 꺼내 노나라 백성을 구제했다.

'이제 다시 장사를 해야 한다.'

전쟁이 지나가자 노나라 백성은 피폐하게 살았다. 의돈은 전쟁으로 폐허가 된 노나라에서 다시 장사를 했다. 의돈은 양을 팔아서 번 돈으로 쌀을 사들여 흉년이 든 지방에 가서 팔았다. 흉년이 든 지방에서는 소금을 사다가 다른 지방에 팔았다.

'이익이 가장 많은 일은 군량을 납품하는 것이다.'

의돈은 중국의 정세를 살피고 전쟁을 하는 나라에 군량을 납품하기 시작했다.

의돈이 활약하던 시기는 전국시대였다. 제나라가 연나라를 침공했고 연나라는 제나라에 복수하려고 부국강병책을 오랫동안 실시했다. 그 결과 군사들은 수십만에 이르렀고 군량은 충분히 모아졌다.

"과인이 선왕의 원한을 물려받은 지 어느덧 28년이 되오. 부모의 원수는 불구대천의 원수라고 했는데 과인이 이대로 늙어서 죽는다면 선왕의 원수도 갚지 못할 뿐 아니라 영영 국치를 씻을 수 없을 것이오."

연소왕燕昭王이 악의樂毅에게 말했다.

"임금의 원수는 신하의 원수입니다. 어찌 이를 갚지 않을 수 있겠습니까?"

악의가 머리를 조아리고 아뢰었다.

"때마침 제민왕이 포악하여 실정을 일삼고 있다 하니 절호의 기회인 것 같소. 과인은 군사를 일으켜 제를 치려고 하는데 그대의 뜻은 어떻소?"

"제나라는 민왕이 포악하다고 하나 인구가 많을 뿐 아니라 군사도 강한 나라입니다. 이런 제나라를 연나라 혼자서 치는 것은 무리입니다. 삼진三晉과 손을 잡고 또한 진秦나라를 끌어들이면 능히 제나라를 제압할 수 있습니다."

연소왕은 즉시 삼진과 진나라에 사신을 보내고 군사를 크게 일으켰다. 연소왕은 연군燕軍의 대장에 악의를 임명했다. 진나라에서는 백기가 대군을 거느리고 오고, 위나라에서는 진비晉鄙, 조나라에서는 염파, 한나라에서는 폭연暴鳶이 각기 대군을 거느리고 왔다.

연소왕은 악의를 5국 군사를 총괄하는 상장군에 임명했다. 백기와 염파는 천하의 맹장들이었다. 여기에 악의까지 가세했으니 5국 연합군은 그야말로 정병이라고 할 수 있었다.

연나라의 대장군 악의는 제나라를 파죽지세로 휩쓸었다. 제나라의 성 70개가 모두 연나라 수중에 떨어졌다.

"장군, 군량이 부족합니다."

장수들이 악의에게 고했다.

"연나라에서 군량을 호송할 수는 없다. 가까운 곳에 있는 부자들에게서 사들여라."

악의가 장수들에게 명령을 내렸다. 봉건시대에는 전쟁하면서 군량을 운반하는 일이 가장 어려웠다. 그러나 많은 군사가 소비하는 군량을 사들이는 일이 쉽지 않았다. 악의는 곡식을 구한다는 포고령을 널리 내걸었다.

"군량을 우리가 공급하겠소."

의돈은 연나라의 악의 장군과 담판을 짓고 군량을 공급했다. 의돈은 군량을 납품하여 많은 돈을 벌었다.

악의가 제나라를 휩쓸자 제나라는 풍전등화의 위기에 빠졌다. 이때 제나라에 전단田單이라는 소년 장군이 있었다. 그는 연나라 조정에 악의를 모함하여 축출하고 연나라군을 격파하기 시작했다. 연군은 전단에게 패하여 달아나기 시작했다.

전단은 연나라 군대를 맹렬하게 공격해야 했다. 그러나 성안에서 오랫동안 농성을 한 전단에게는 군량이 없었다.

"군량이 있어야 한다. 군량을 마련할 방책을 마련하라."

전단이 장수들을 불러놓고 지시했다.

"백성에게서 강제로 빼앗을 수밖에 없습니다."

"그러면 민심을 잃게 된다."

"백성도 먹을 식량이 없는데 자발적으로 내놓겠습니까? 상인들에게 곡식을 사야 합니다."

"곡식을 팔 상인이 있는가?"

"제나라 땅에도 여러 상인이 있습니다. 우선 제나라 땅의 곡식을 사들이십시오."

"곡식값은 무엇으로 지불
하는가?"

"연나라군에서 노획한 재
물로 지불하면 될 겁니다."

전단은 장수의 얘기대로
제나라 상인들에게서 군량을
사들였다. 그러나 제나라는
전쟁으로 곡식이 남아 있지
않았다.

"노 땅에 의돈이라는 상인
이 있습니다. 의돈은 대상이
라 몇 년 전부터 곡식을 사
모았다고 합니다."

소년 장군이라 불렸던 제나라의 명장 전단(田單)은 연나라
세력을 축출하는 데 큰 역할을 해서 공신에 임명되었다.

"의돈은 어디에 있는가?"

"여기서 2백 리 떨어진 곳에 있습니다."

"가서 정중하게 모시고 와라."

전단이 영을 내리자 장수들이 군사를 끌고 가서 의돈을 데리고 왔다.

"대인, 갑자기 이렇게 모시게 되어 죄송합니다. 부하들이 불손하지
는 않았는지요?"

전단은 의돈을 정중하게 군막으로 맞이했다.

"아닙니다. 이렇게 불러주셔서 감사합니다."

의돈은 전단을 살피고 공손하게 대답했다.

"그렇습니까? 감사한 이유가 무엇입니까?"

"장군께서 내가 가지고 있는 곡식을 사려는 것이 아닙니까?"

"맞는 말씀입니다만 나는 돈이 없습니다. 거래가 되겠습니까?"

"외상으로 거래하시겠다는 말씀입니까?"

"그렇소. 거래하시겠습니까?"

"담보는 있습니까?"

"없소."

의돈은 전단을 지그시 응시했다. 그는 연나라 군사의 침략으로 무너져가는 제나라를 살린 영웅이었다.

"곡식을 팔겠습니다."

의돈은 전단을 믿어야 한다고 생각했다. 그는 파죽지세의 연군을 대파한 명장이었다. 의돈은 전단에게 대대적으로 곡물을 공급했다.

"아버지, 돈도 받지 않고 곡식을 주었다가 돈을 안 주면 어떻게 합니까?"

아들이 걱정스러운 표정으로 물었다.

"우리가 곡식을 대주지 않으면 저들은 백성의 곡식을 강탈할 것이다."

"그럼 제나라 백성을 위해 곡식을 외상으로 파는 것입니까?"

"전단은 청렴한 장군이다. 곡식값을 많이 받지는 못하겠지만 떼이지는 않을 것이다."

의돈은 전단에게 많은 곡식을 실어다주었다. 그러나 곡식을 운반하는 일은 쉽지 않았다. 도로가 포장되어 있는 것도 아니고 강이나 하천에 다리가 놓여 있는 것도 아니었다.

"곡식은 백 리를 넘게 가져가서 팔면 손해다."

의돈은 아들에게 가르쳤다.

"그런데 왜 이렇게 멀리 곡식을 운반하는 것입니까?"

"이것은 이익을 바라고 하는 일이 아니다."

의돈은 이익이 남지 않는데도 전단에게 곡식을 운반해주었다.

전단은 군량이 안정적으로 공급되자 연나라군을 맹렬하게 공격하여 빼앗긴 성을 모두 수복하고 막대한 보상금까지 받아냈다. 전단은 보상금으로 의돈의 곡물값을 지불했다.

연나라가 물러가자 제나라의 대신들이 전단을 제나라왕으로 옹립하려고 했다. 그러나 전단은 사양하고 제양왕을 모셔다가 제왕에 추대했다. 제양왕은 전단을 안평군安平君에 봉하고 재상으로 임명했다.

"대인이 군량을 공급하여 우리 제나라가 전쟁에서 승리할 수 있었습니다. 감사드립니다."

전단은 의돈을 불러 사례하고 곡식값을 지불했다.

"감사합니다. 저는 누구에게나 물건을 파는 장사꾼입니다."

"아주 위험한 일을 하는데 그 까닭이 무엇입니까?"

"누군가 그러한 말을 했습니다. 돈이 없으면 열등한 인간이라고요."

의돈이 빙긋이 웃었다.

"돈을 많이 번 것으로 알고 있습니다. 죽은 뒤 그 돈이 어떻게 쓰일 거라고 생각하십니까?"

"모르겠습니다. 자손들이 어떻게 할지… 하지만 돈은 물처럼 흘러

의돈은 가난한 선비에서 중국 최고의 부자였던 범려와 견줄 만한 부호의 반열에 올랐다.

야 한다고 알고 있습니다. 한곳에 괴어 있으면 썩지요."

의돈은 공허하게 웃었다. 전단은 의돈이 돈을 많이 벌었으나 그 돈이 자기 돈이 아니라는 사실을 깨닫고 있다고 생각했다.

의돈은 왜 범려와 쌍벽을 이루는가

의돈은 범려에 못지않은 부자가 되어 도주공의돈부라는 명성을 얻게 되었다. 사마천의 〈화식열전〉에는 의돈이 목축업을 하여 부자가 된 것으로 기록되어 있다. 목축으로 범려와 쌍벽을 이룰 정도로 부자가 될 수 있을까.

한국은 고려시대나 조선시대에 목축을 크게 한 사람이 없다. 한국은 평민들이 비교적 채식 위주의 식생활을 했지만 중국은 육식이 중요한 식생활이었다. 특히 양고기는 중국인이 좋아하는 육류여서 푸줏간에서 흔히 팔았다. 그러한 까닭에 의돈이 목축을 하여 부호 반열에 오를 수 있었던 것이다.

의돈은 노나라 의 땅의 가난한 선비였으나 범려에게서 돈 버는 법을 배웠다.

7

재산을 나라에 바치는 이유

복식(卜式)

사마천은 부자들에 대한 이야기 〈화식열전〉을 짓고 국가의 경제정책을 위해 〈평준서平準書〉를 지었다. 평준은 물가조절 정책을 일컫는 것으로 한나라 대신 상홍양桑弘羊이 추진한 것이다. 상홍양은 물가가 오르는 것을 막아 고르게 안정시키기 위해 이와 같은 정책을 실시했다.

이를 위하여 소금과 철을 국가에서 싸게 사들여 백성에게 되파는 관상제도를 도입했다. 그러나 소금과 철을 담당한 관리들이 매입은 헐값에 하고 소매는 비싸게 하여 폭리를 취하면서 오히려 상업경제가 파탄에 이르고 백성이 도탄에 빠졌다.

국가가 소금과 철을 판매하기 시작한 초기에는 재정이 쌓여 국고가 억만금에 이르렀고 조정의 창고에 곡식을 쌓을 수 없어 노천에 쌓아두었다가 부패하는 일까지 벌어졌다. 그러나 얼마 지나지 않아 상인집단이 파산하면서 한나라의 국가경제도 파탄하기에 이르렀다.

〈평준서〉에 복식ㅏ式이라는 인물이 등장하는데, 목축으로 한나라의 대부호가 된 인물이다. 그는 키우는 양을 미처 셀 수 없어서 골짜기로 세어야 할 정도였다고 한다. 복식은 하남 사람으로 부모를 일찍 여의고 어린 동생과 함께 살고 있었다.

"의 땅의 돈이라는 사람은 목축으로 많은 돈을 벌었다. 그래서 도주공의돈부라고 하지 않는가?"

복식은 의돈 이야기를 듣고 그가 어떻게 돈을 벌고 어떻게 사용했는지 자세히 조사했다.

"훌륭한 스승이 있으면 부러워하지 말고 배워야 한다."

복식은 의돈에게서 부자가 되는 법을 배웠다.

'의돈은 목축으로 돈을 벌었다. 우리 고장도 산이 많아 농사를 짓는 것보다 양을 키우는 것이 낫다.'

복식은 자기 처지와 의돈을 비교해보았다. 의돈의 처지와 그의 처지가 크게 다르지 않았다. 한나라는 한무제漢武帝시대에 이르러 나라가 안정되고 있었다. 한고조 유방劉邦이 항우項羽와 천하를 놓고 쟁패를 벌일 때는 하루도 전쟁이 그칠 날이 없었다. 그러나 한나라가 건국되자 비로소 안정을 누리게 되었고 백성은 농사에 전념하여 풍년을 누렸다.

'나는 한고조 같은 영웅이 되지는 못할 것이다.'

복식은 때때로 한고조 유방에 대해 생각했다. 패현의 한낱 부랑자였던 한고조 유방은 중국 천하를 통일하여 금의환향하였다.

유방은 고향으로 돌아오면서 수레에 앉아 밖을 내다보았다. 불과

10년 전, 술이나 마시면서 거리를 배회하던 부랑자 시절을 떠올린 유방에게 가슴 뜨거운 감회가 밀려왔다. 산천이 눈에 익고 퇴락한 집들이 보이자 유방의 눈시울이 뜨거워졌다.

'산천은 10년이 지나도 변함이 없구나.'

유방의 고향 패읍에는 이미 거대한 행궁이 지어져 패궁이라고 불렸다. 패궁의 전각에 오른 유방은 당하에 도열한 문무

한고조 유방의 초상. 진나라 말기 항우와 4년간 쟁패해서 승리하여 천하를 통일하고 한(漢) 황제에 올랐다.

백관과 마을의 어른들을 돌아보았다. 사람들이 숨을 죽이고 그를 쳐다보고 있었다.

"마을의 어르신들이여, 벗들이여, 부녀자들이여, 소년들이여! 패현의 망나니 유방이 황제가 되어 돌아와 절을 올리겠습니다."

유방은 옥좌에서 일어나 두 손을 머리까지 들어 올리고 공손하게 허리를 숙여 절을 했다.

"만세, 황제폐하 만세!"

문무백관과 패현에서 특별히 초대받은 사람들이 일제히 만세를 불렀다.

"패현의 부로 여러분, 먼 길을 떠난 나그네는 언제나 고향을 그리

위하는 법입니다. 내가 비록 관중에 도읍을 두어 멀리 떨어져 있으나 절대 고향 산천을 잊지 않을 것입니다. 천 년이 지나고 만 년이 지난 먼 훗날이 되어도 나의 혼백은 패현을 그리워할 것입니다. 나는 패공이 된 이후 포악한 군주와 역적을 토벌하고 대한을 창업했습니다. 이제 패현을 영지로 삼아 자자손손 대대로 부세와 노역을 면제하겠습니다. 또한 오늘부터 잔치를 베푸니 마음껏 마시고 즐기십시오."

유방은 패궁에서 잔치를 크게 베풀어 고향의 부로와 자제들을 위로했다. 그 잔치에는 패현의 모든 사람이 참석하여 술과 음식을 들면서 황제인 유방과 흉금을 터놓고 담소를 나누었다. 유방은 취기가 오르자 축을 두드리면서 노래를 불렀다.

큰바람이 일어나니 구름이 높이 날리고
위엄을 사해에 떨치고 고향에 돌아온다.
어떻게 용맹한 장수를 얻어 태평성대를 이어갈꼬?

일개 부랑자에서 황제가 된 유방은 감격하여 눈물을 비 오듯 흘렸다. 패현 소년 120명이 검무를 추면서 노래를 불렀다. 유방이 이때 부른 노래는 〈대풍가大風歌〉로 불린다.

'한고조는 일개 평민인데도 천자가 되었다.'

복식은 대부호 의돈을 생각했고 한고조 유방을 생각했다. 그리고 그들을 본받아 부자가 되겠다고 뜻을 세웠다.

"가난뱅이가 무슨 수로 부자가 되겠다는 거야?"

"부자가 되는 것이 그렇게 쉬우면 나도 벌써 부자가 되었겠다."

사람들이 복식을 비웃었다. 한나라의 7대 황제로 즉위한 한무제 유철劉徹은 상홍양의 정책을 받아들여 소금과 철을 국가 관리들이 팔게 했다. 전에도 중요한 물품을 나라에서 전매한 일이 더러 있기는 했으나 국가의 완전한 독점은 없었다.

"소금을 나라에서 판다고? 그럼 우리는 무엇을 팔아?"

한나라 상인들은 펄펄 뛰었으나 방법이 없었다. 소금을 국가에서 팔자 국고는 안정되었으나 상인들이 가난하게 되었다. 많은 상인이 장사를 때려치우고 농사를 지었다.

'한고조 같은 인물은 될 수 없어도 부자는 될 수 있다. 사람은 뜻을 세우는 일이 중요하다.'

복식은 부자가 되기로 결심했다.

외로운 목동

복식의 부모는 가난하여 그들 형제에게 양 1백 마리밖에 남기지 않았다.

'양 백 마리는 보잘것없다. 그러나 백 마리도 적은 것은 아니다.'

복식은 동생과 함께 정성껏 양을 돌보기 시작했다. 양은 해 뜰 때 우리에서 내보내고 해 질 때 우리로 몰아오면 그만이었다. 양은 산에 있는 풀과 나뭇잎을 먹기 때문에 사료 걱정은 하지 않아도 되었다.

'장사를 한다고 반드시 부자가 되는 것은 아니다. 목축도 잘하면 얼마든지 부자가 될 수 있어.'

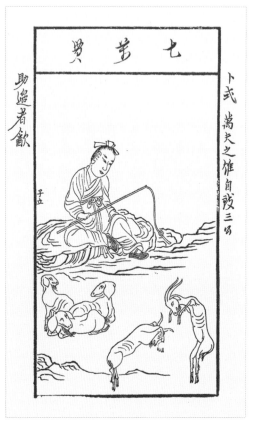

복식은 부모가 물려준 양을 키워가며 목축업으로 중국 최고의 거부가 된 의돈처럼 되고자 했다.

복식은 양을 자식 돌보듯 했다.

"형님, 양을 키워서 부자가 될 수 있을까요?"

동생이 걱정스러운 표정으로 물었다.

"많은 사람이 양고기를 먹는다. 그러니 양의 숫자가 많아지면 부자가 될 수 있어. 양의 숫자가 많아질 때까지 절대로 팔지 말자."

복식은 동생과 함께 양을 팔지 않고 번식만 시켰다. 양을 돌보는 것은 결코 쉬운 일이 아니다. 돌아오지 않는 양을 찾아다녀야 할 때도 있고, 맹수들로부터 양을 보호하기 위해 산에서 밤을 꼬박 새울 때도 있었다.

'아아, 이렇게 힘들게 목동 일을 해야 하는가?'

복식은 때때로 목동 일을 때려치우고 싶다는 생각을 했다. 그러나 그때마다 의돈과 한고조의 고사를 떠올리면서 참았다.

양은 번식이 빨랐다. 1백 마리가 금세 1천 마리가 되었다. 복식은 양이 1천 마리가 될 때까지 하나도 팔지 않았다. 양 1천 마리가 금세 2천 마리가 되고 5천 마리가 되고 1만 마리가 되었다. 그러는 동안 동생이 성인이 되어 장가를 갈 나이가 되었다. 동생은 성품이 착했으나 여자들이 가난한 목동에게 시집을 오려고 하지 않았다.

"우리 집 양을 백 마리만 남기고 동생에게 모두 주겠다."

복식이 고을 사람들에게 선포했다. 그러자 중매가 들어오고 동생은 혼인을 하게 되었다. 복식은 약속한 대로 양을 1백 마리만 남겨놓고 모두 동생에게 주었다.

"형님, 고맙습니다."

동생이 절을 하고 말했다.

"형제간에 무엇이 고마우냐? 아들딸 낳고 잘살아라."

복식은 동생을 분가시켰다. 복식에게 양은 1백 마리밖에 남지 않았다. 복식은 또다시 정성을 다해 양을 돌보았다. 양은 산비탈에서 풀과 나뭇잎을 먹으면서 잘 자랐다. 복식이 양들을 따라다니면서 돌보자 양들은 살이 찌고 계속 번식하여 1만 마리가 넘게 되었다. 몇 년이 지나자 동생이 빈털터리가 되어 돌아왔다.

"형님, 죄송합니다."

동생이 머리를 조아리고 사죄했다.

"괜찮다. 누구나 실패할 수 있으니 다시 시작하면 된다."

복식은 다시 1백 마리만 남기고 동생에게 자기 양을 모두 주었다.

"어째서 백 마리만 남기는 것입니까? 절반을 주고 절반을 남길 수도 있지 않습니까?"

부인이 불만스러운 표정으로 말했다.

"양을 키울 수 있는 땅이 있으니 그것만 해도 절반이 있는 셈이오. 우리가 이런 목초지를 어디서 구할 수 있겠소?"

복식은 불만을 이야기하는 부인을 달래고 양을 돌보면서 농사를 지었다. 그러나 그의 동생은 계속 실패하여 복식의 도움을 받았다.

"내가 형님의 도움을 계속 받았는데 무슨 낯으로 형님을 찾아가겠는가?"

복식의 동생은 더 찾아오지 않고 거지 노릇을 했다. 그 소문을 들은 복식이 찾아가 동생 일가를 데리고 왔다.

"우리는 형제다. 이제는 함께 살자꾸나."

복식의 동생은 감격하여 눈물만 흘렸다. 형제가 함께 일하자 그들은 더 많은 돈을 벌게 되었고 가난한 사람들도 도왔다. 복식 형제는 마을 사람들에게도 존경을 받았다.

신하 된 자의 의무

당시는 한무제의 시대였다.

"흉노는 누대에 걸쳐 우리 원수다."

한무제는 즉위하고 얼마 되지 않아 흉노와 전쟁을 선포했다.

"흉노는 세력이 막강하고 변경의 초원에 있어서 정복하기가 어렵습니다."

대신들이 일제히 반대했다.

"대한제국이 흉노에게 조공을 바칠 수 있는가?"

한무제는 크게 노했다. 한나라는 대대로 흉노와 원수처럼 지내고 있었다. 흉노를 정벌하러 갔던 한고조 유방이 흉노에게 포위되어 굴욕적인 화친을 맺은 한나라는 치욕을 씻기 위해 절치부심했다. 흉노는 한나라로부터 조공을 받아가면서도 국경을 침략했다. 한나라의 다른 황제들은 흉노를 두려워했으나 한무제는 달랐다.

한무제는 상인들의 선박과 자산에 세금을 매기고 고민령(告緡令)를 선포해 부자들을 통제했다.

한무제가 전쟁을 선포하자 조정이 발칵 뒤집혔다. 그들이 신처럼 받드는 한고조 유방이 흉노와 전쟁을 벌이다가 굴욕적으로 항복한 일이 있었기 때문에 흉노를 두려워했다. 흉노와의 전쟁은 태후와 조정의 반대로 바로 실현되지 않았다. 당시 한나라는 동방삭東方朔을 비롯해 사마천, 동중서董仲舒, 위청衛靑, 곽거병霍去病, 장탕張湯 등 쟁쟁한 현신이 많았다. 한무제는 군현제를 실시하고 고민령告緡令을 내려 상인들에게도 세금을 거두었으며 상홍양을 발탁하여 소금과 철을 국가에서 전매하게 했다.

상홍양은 암산의 천재로, 낙양의 장사꾼 아들이었다. 한 번 본 것을 외우지 못하는 것이 없고 암산을 잘하여 13세에 시중으로 발탁된 인물이다. 그는 나중에 술까지 국가에서 팔게 하여 상인들의 거센 반발을 불러왔다.

"소금과 철을 못 팔게 하더니 이제는 술까지 나라에서 팔아?"

상인들이 일제히 불만을 터뜨렸다. 상홍양은 상인들에게 민전세, 거선세 등 다양한 세금을 거두었다.

"나라에 세금을 내는 것은 당연한 일이다."

복식은 양을 팔아 이익을 낼 때마다 스스로 세금을 냈다. 그때 흉노가 다시 침입을 해왔다.

"흉노가 변경을 침략했다는 상주문이 올라왔소."

한무제는 변경에서 올라온 상주문을 보고 조회를 열었다.

"흉노의 침략은 으레 있는 일입니다."

대신들이 대응하지 말라고 아뢰었다.

"한나라가 해마다 조공을 바치는데도 침략하니 어찌 잠자코 있으라는 게요?"

"변경을 침략한 흉노를 질책하면 큰 전쟁이 일어날 것입니다. 전쟁은 득보다 실이 많습니다."

"아니요. 흉노에게 한나라가 더는 멸시를 당할 수 없소."

한무제는 장군 위청, 곽거병, 이광 등에게 흉노를 정벌하라는 영을 내렸다. 한나라에는 전쟁의 바람이 휘몰아치기 시작했다.

"아버지, 흉노와 전쟁을 한다고 합니다."

아들이 소식을 듣고 와서 복식에게 말했다.

"흉노는 우리 변경을 자주 침범했다. 반드시 토벌해야 한다."

복식이 깊은 생각에 잠겨 있다가 말했다.

"전쟁이 일어나면 군비가 많이 들어갈 것입니다."

복식은 이튿날 여행 준비를 하고 집을 나섰다.

"아버님, 전쟁이 일어난다는데 어딜 가십니까?"

"도읍에 다녀올 것이다."

"도읍에는 무슨 일로 가십니까?"

"천자께 상주문을 올릴 것이다."

복식은 한나라 도읍에 이르자 전쟁 자금으로 자기 재산 절반을 내놓겠다고 상주문을 올렸다. 복식의 상주문을 읽은 한무제는 고개를 갸우뚱했다. 전쟁이 일어나면 나라의 국고로 전비를 충당하지만 민간에서 자발적으로 돈을 내놓겠다고 한 것은 처음 있는 일이었다.

"복식이 누구인가?"

한무제가 대신들에게 물었으나 아무도 대답하지 못했다. 대신들도 복식이 누구인지 이름을 들어보지 못한 것이다.

"사자를 보내 누구인지 알아보십시오."

승상 공손홍公孫弘이 머리를 조아리고 대답했다.

"복식이 어디에 있는가?"

"도성에 올라와 있다고 합니다."

한무제는 사자를 보내 복식에게 묻게 했다.

"재산을 바치는 이유가 무엇인가? 혹시 관리가 되고 싶은가?"

사자가 복식에게 물었다. 사자의 질문에 복식은 황당했으나 천자를 대신해 묻는 질문이었다.

"저는 어려서부터 양만 키우고 농사를 지어 관리가 어떤 일을 하는

지 모릅니다. 관리가 되고 싶은 생각은 추호도 없습니다."

복식은 공손하게 대답했다.

"그렇다면 집안에 억울한 일이 있어서 고소를 하려고 하는가?"

"저는 평생 사람들과 시비를 다툰 일이 없습니다. 마을 사람들 중 가난하고 병든 사람이 있으면 도와주었습니다. 또 품행이 나쁜 사람이 있으면 바른 길로 이끌어 마을이 평화롭습니다. 제가 고소할 일이 어디 있겠습니까?"

"그렇다면 무엇 때문에 재산을 바치려고 하는가?"

"천자께서 흉노를 정벌하시니 현자는 마땅히 전쟁에 나가 죽어야 하고 부자는 창고에 쌓아놓은 재산을 내놓아야 승리할 수 있기 때문입니다."

사자가 복식의 말을 그대로 기록하여 궁으로 돌아와 한무제에게 보고했다. 한무제는 사자의 보고를 받고 깊은 생각에 잠겼다.

"훌륭한 인물이 아닌가? 그대는 어떻게 생각하는가?"

한무제가 승상 공손홍에게 물었다.

"이것은 인지상정이라고 할 수 없습니다. 전쟁이 일어나면 재산을 감추는 것이 보통인데 재산을 내놓는 것은 무엇인가 음험한 생각이 있기 때문입니다. 그의 청을 허락하지 마십시오."

공손홍의 직언에 따라 한무제는 복식의 청을 받아들이지 않았다. 한무제는 복식에게 고향으로 돌아가라는 영을 내렸다.

'재산을 나라에 바치겠다고 하는데 거절하다니…'

복식은 조정 대신들에게 실망했다. 그는 번화한 장안을 두루 구경

한 뒤 고향으로 발길을 돌렸다. 상인들은 소금을 관리들이 팔기 시작하자 아우성을 치고 있었다. 관리들이 소금을 팔면서 비리를 저질렀기 때문에 관리들은 부자가 되고 상인들은 몰락했다.

'나라에서 소금을 파는 것은 옳지 않다. 나라가 할 일이 있고 백성이 할 일이 있다.'

복식은 백성의 경제가 어려워지는 것이 관상 때문이라고 생각했다.

'사람들이 잘살고 못 사는 것은 부지런하고 부지런하지 않은 탓도 있지만 국가의 정책도 중요하다.'

복식은 소금을 국가가 전매하게 만든 상홍양 때문에 상업이 위축되고 있다는 것을 알 수 있었다.

양을 골짜기로 세다

복식은 고향으로 돌아와 농사를 짓고 양을 키웠다. 양을 키우는 일이 쉬운 것 같아도 쉽지 않았다. 병든 양이 있는데도 격리하지 않으면 수백 마리가 떼죽음을 당하기도 했다. 복식은 양이 병들지 않게 돌보고 풀을 잘 뜯을 수 있도록 관리했다. 그는 항상 양과 함께해서 양의 울음소리만 듣고도 어디가 아픈지 알 수 있었다.

흉노와의 전쟁은 더욱 치열해져 국고가 빌 정도가 되었다. 해가 바뀌자 전쟁을 피해 난민들이 몰려오고 흉년까지 겹쳐 농민들의 삶이 피폐해졌다.

"하남에 큰 흉년이 들었다고 합니다."

하남 근처에 양을 팔러 갔다가 돌아온 동생이 말했다.

"백성이 곤란을 겪고 있는가?"

복식은 흉년이 들었다는 말에 양을 돌보던 손을 멈추고 동생을 쳐다보았다.

"말도 마십시오. 벌써 굶어 죽는 사람들이 속출하고 있다고 합니다."

"나라에서는 구휼하고 있는가?"

"구휼하기는 하지만 양식이 턱없이 부족하다고 합니다."

"그럼 우리가 재산을 내어 이재민을 구하세."

복식은 동생과 상의하여 20만 전이라는 거액을 하남태수에게 보내 이재민 구호자금으로 사용하게 했다.

'복식이라는 촌부가 이러한 거금을 내놓았다는 말인가?'

하남태수는 복식의 동생이 가지고 온 20만 전을 보고 몸을 떨었다. 하남태수는 이재민 때문에 몸살을 앓고 있었다. 그는 20만 전으로 양식을 사서 백성을 구휼한 뒤 복식의 집을 찾아왔다. 복식은 그때 산골짜기에서 양을 돌보고 있었다.

'태수께서 이런 누추한 곳에 오시다니…'

복식이 황급히 태수를 맞아들인 뒤 차를 내왔다.

"거금을 내어 이재민을 구휼하셨으니 그들을 대신해 감사 인사를 드리러 왔습니다."

하남태수는 복식에게 정중하게 인사했다.

"당치 않은 일입니다. 당연히 해야 할 일을 했습니다."

복식은 옷도 허름하고 먹는 것도 검소했다.

'부자는 이렇게 검소하게 사는구나.'

복식은 양을 키워 부호가 되었지만 흉노의 잦은 침략에 나라가 궁핍해지자 많은 재산을 조정에 헌납하였다. 또한 나라에 흉년이 들었을 때는 이재민 구호자금으로 거금을 기부하여 한무제로부터 벼슬을 하사받기도 했다.

하남태수는 복식을 보고 감탄했다.

"양이 얼마나 됩니까?"

태수의 질문에 복식이 곤혹스러운 표정을 지었다.

"왜 그러십니까? 말씀해주시기가 곤란합니까?"

"아닙니다. 양의 숫자를 세지 않기 때문입니다."

"그럼 양이 얼마나 되는지 어떻게 아십니까?"

"골짜기로 셉니다. 양 한 골짜기… 두 골짜기… 지금 양이 일곱 골짜기 있습니다. 한 골짜기에 대략 만 마리가 있습니다."

하남태수는 복식의 말에 무릎을 쳤다. 그는 처음으로 복식 앞에서 자신이 왜소해지는 것을 느낄 수 있었다. 하남태수는 이재민 구호가 모두 끝나자 조정에 이와 같은 사실을 보고했다.

"복식은 전에도 재산을 내놓아 변방의 일에 쓰게 하려고 했다. 가상한 일이니 상을 내려야 한다."

한무제는 복식에게 노비 4백 명을 하사했다.

복식은 이마저 나라에 내놓았다.

"복식은 어진 인물이니 이런 사람은 널리 알려 백성을 교화하라."

한무제가 영을 내리고 복식을 불렀다. 복식은 한나라 황궁에 들어가 한무제에게 머리를 조아렸다.

"그대는 어진 인물이니 조정에 들어와 일하라."

한무제가 복식을 살핀 뒤 낮게 말했다

"신은 양을 키우는 일밖에 할 줄 아는 것이 없습니다. 관직은 당치 않습니다."

복식은 버슬을 사양했다.

"상림원에 양이 있다. 내 양을 돌보라."

한무제가 영을 내렸다.

관리경제와 시장경제

복식은 상림원 낭관이 되어 양을 돌보게 되었다. 여러 달이 지나 한무제가 상림원을 지나다가 양들이 토실토실 살이 찌고 번식을 잘하여 숫자가 늘어나 있는 것을 보았다. 한무제는 복식을 크게 칭찬하고 비결을 물었다.

"때에 맞춰 좋은 풀이 있는 곳에 풀어주고 병이 들면 자식을 돌보듯이 돌봐주면 됩니다."

복식이 공손하게 대답했다.

"사람은 어떤가?"

"사람을 키우는 것도 양을 키우는 것과 다르지 않습니다. 배고플 때 먹게 해주고 해가 지면 잠을 자게 해주어야 합니다. 백성을 배부르고 등 따듯하게 해주면 나라가 잘 다스려질 것입니다."

한무제는 그 말에 감탄하여 복식을 구지현령에 임명했다. 복식은 비록 작은 현의 현령이었으나 양을 돌보듯이 선정을 펼쳤다.

"구지현령이 정사를 어떻게 보는지 살펴보라."

한무제가 사자를 보내 복식의 정사가 어떤지 알아보게 했다. 한무제의 사자가 구지에 와서 복식의 정사를 살피자 지방민이 모두 칭송할 정도로 선정을 베풀고 있었다.

"복식을 성고현령에 명한다."

한무제가 영을 내렸다. 복식은 구지를 떠나 성고에 부임했다. 성고는 강이 있어서 조운漕運이 중요한 지역인데 복식은 조운마저 훌륭하게 처리했다.

"복식을 어사대부에 명한다."

한무제는 복식이 지방 관리로서 임무를 성실하게 수행하자 조정으로 불렀다. 이때 조정에서는 상홍양이 실시하고 있는 소금과 철의 전매에 대해 격렬한 논쟁이 벌어졌다. 상홍양의 정책은 곳곳에서 경제 파탄을 불러왔다.

한무제가 선언한 흉노와의 전쟁은 초기에 상당한 전과를 올리고 옛

상홍양은 상인 출신으로 경제관리에 등용된 인물로
국가에 의한 관리경제를 주장하였다.

땅을 수복하여 두 군을 설치하기까
지 했으나 전쟁은 끝나지 않았다.

상홍양의 관리경제도 파탄을 몰
고 왔다. 소금과 철의 국가 전매에
이어 술의 제조와 판매까지 국가가
맡게 되고 돈까지 제조했다. 한나라
는 물가가 폭등해 곳곳에서 도적
이 횡행하고 민란이 일어났다.

상홍양은 서역의 윤대에 둔전을
설치하여 흉노와의 전쟁 자금으로
쓰자고 제안했으나 복식은 강력하
게 반대했다.

이때 흉노와 전쟁을 하러 출정
했던 이광리李廣利 장군이 전군을 거느리고 흉노에 투항하는 사건이 일
어났다. 그러자 한나라는 큰 충격에 빠지고 조정이 발칵 뒤집혔다.

"이광리와 같은 역적이 없습니다."

"투항한 군사의 가족까지 모두 몰살해야 합니다."

조정 대신들이 벌집을 쑤신 것처럼 시끄러워졌다. 사마천은 이때
궁형을 당해 필생의 역작 《사기史記》를 집필하게 된다.

한무제는 이광리 항복사건이 발생하고 얼마 되지 않자 '윤대輪臺의
조칙詔勅'을 발표했다. 윤대의 조칙에는 상홍양이 서역의 윤대에 둔전屯
田을 열어 흉노와 전쟁을 준비하자는 제안에 '더는 전쟁을 하지 않고

백성을 쉬게 하여 부유하게 하겠다'는 한무제의 뜻이 담겨 있었다.

한무제는 뒤늦게 상홍양의 경제정책이 잘못되었다는 사실을 깨닫고 백성을 위하여 전쟁까지 하지 않겠다고 발표한 것이다.

"중상 이상의 상인은 대부분 파산했고 백성은 근근이 먹고살 뿐 재산을 모을 여력이 없습니다. 그런데 전매하는 관리들은 날이 갈수록 부유해지고 민전을 빼앗아 풍족해지고 있습니다."

소금과 철의 국가 판매를 중단하라는 상주문이 빗발쳤다. 이에 관리들도 상홍양을 옹호하는 상주문을 다투어 올렸다.

"조정의 비용은 정상적으로 거두는 세금으로 충당하는 것이 마땅한 일입니다. 그런데 상홍양은 관리들을 시장에 앉혀놓고 장사를 하고 있습니다. 상홍양을 죽이면 비가 내려 가뭄이 그칠 것입니다."

복식이 한무제에게 간언을 올렸다. 복식은 상홍양과 대립하다가 태자태부로 밀려났다.

상홍양은 관리경제를 주장했고 복식은 시장경제를 주장했다. 당시 시대 상황에서는 장단점이 있었으나 이 문제로 훗날 한나라 현량문학의 선비들과 궁정에서 대토론이 벌어지기도 했다. 상홍양은 대장군 곽광霍光과 대립하다가 연왕 유단劉旦을 즉위시키려는 반란을 일으켰으나 실패한 뒤 처형되었다.

상인에서 관리로

복식은 원래 목축업자였다. 목축으로 부자가 되어 어사대부가 되고 관내후에 책봉되었다. 그 후 어떤 벼슬에 올라갔는지 알 수 없으나 태자태부에 임명된 것을 보면 학문도 뛰어난 인물이라는 사실을 알 수 있다.

사마천은 〈평준서〉에서 복식을 집중적으로 다루어 상홍양의 관리 경제보다 복식의 시장경제를 지지한다는 뜻을 나타냈다.

상인이나 부자가 대신이 되는 일은 거의 없다. 그러니 복식은 목축 업자이면서 관리로 발탁된 특별한 사례라고 할 수 있다.

8

만고에 하나뿐인 부자

석숭(石崇)

도주공의돈부 만고일부석숭의 석숭石崇은 서진西晉 때의 인물이다. 서진은 《삼국지》로 유명한 사마의司馬懿의 손자가 조조의 후손이 세운 위나라를 찬탈하여 세운 나라다.

부는 목축을 하거나 장사를 하여 얻을 수도 있지만 권력을 이용해서도 얻을 수 있다. 자수성가를 하여 부를 얻은 사람들은 재물을 아끼고 검소하게 살지만 권력을 이용해 부를 얻은 사람은 사치와 향락을 일삼는다.

만고일부석숭이 중국 역사상 가장 유명한 부자로 불리는 것은 그의 치부보다 사치와 향락 때문이다. 그는 중국의 어떤 부자보다 사치와 향락을 일삼아 부귀를 표현할 때 그의 이름을 끌어댔기 때문이다.

부자들 가운데 검소하고 소박하게 사는 사람도 많지만 화려하고 호화롭게 사는 사람들도 적지 않다. 우리는 석숭에게서 부자의 또 다른 모습을 볼 수 있다.

가난한 아버지와 부자 아들

석숭은 발해의 남피 출신으로 어릴 때 이름은 제노다. 이름으로 추정하면 제나라 출신 노예라고 할 수 있다. 그러나 그의 아버지 석포石苞는 위나라 출신의 장수로, 중국에서 그러한 미남을 다시 볼 수 없다는 평가를 받을 정도로 뛰어난 귀공자로 알려져 있다.

석포는 문장도 출중하고 무예도 뛰어났다. 어릴 때부터 총명하여 천재라는 말도 듣고 재상이 될 인물이라는 평도 들었다. 사마의는 유난히 총명한 석포를 그다지 좋아하지 않았다.

사마의가 석포를 발탁하려고 하지 않은 것은 행실이 나빴기 때문이 아니라 지나치게 총명하여 자기 아들 사마사司馬師를 능가하지 않을까 걱정되었기 때문이다. 이는 간웅 조조가 사마의가 지나치게 영특하여 발탁하지 않았던 것과 같은 맥락이다. 사마의는 조조가 죽은 뒤에야 대도독이 되어 활약할 수 있었다.

"석포는 재능이 뛰어납니다. 재능이 있는 자를 쓰지 않으면 누구를 쓴다는 말입니까?"

사마의의 아들 사마사가 아버지 뜻에 반발하며 물었다.

"석포가 네 자리를 뺏으면 어떻게 할 것이냐?"

"석포를 다루지 못하면 제가 무슨 일을 할 수 있겠습니까? 사람은 제왕의 그릇이 있고 재상의 그릇이 있습니다. 석포는 제왕의 그릇이 아닙니다."

"네 뜻이 그렇다면 발탁
하라."

사마의는 어쩔 수 없이 허
락했다. 석포는 사마사에게
발탁되어 벼슬을 하기 시작
했다.

석포는 12, 13세 때 무예
와 학문으로 이름을 떨쳐 농
부였던 등애鄧艾와 함께 반란
을 일으켰다가 체포되어 곽
현신의 마부로 추락한 일이
있다. 그가 12, 13세에 반란
을 일으킨 것이 아니라 반란
자에게 연루된 것이다. 석포

삼국시대 위나라 사마의의 아들 사마사(司馬師). 석숭의 아버지
석포는 사마사에게 발탁되어 벼슬을 시작했다.

는 마부 노릇을 하면서 학문을 계속했다. 이 무렵 혼인을 하고 석숭을
낳아 제노라는 이름이 붙은 것이다. 석포는 청년 시절 불운했다. 그는
업 땅에서 철을 파는 장사를 했는데 많은 사람이 그가 장차 재상이 될
인물이라고 칭송했다. 석포는 사마사에 의해 위나라에 발탁되자 수많
은 군공을 세우고 승승장구해서 결국 조조의 후손인 조환曹奐에게 사
마염司馬炎에게 양위할 것을 요구하여 조조의 위나라가 망하고 서진이
건국된 것이다. 석포는 죽을 때까지 서진의 제왕들에게 충성했고 지방
을 다스릴 때는 선정을 베풀었다. 사람들이 예측한 대로 그는 서진의

재상이 되었고 대사마가 되어 군권까지 장악했으나 평생 검소하게 살다가 죽었다.

석숭은 아버지 석포가 가난하게 살아온 것이 불만스러웠다.

'아버지는 개국공신인데도 검소하게 살았다. 그렇게 살아서 무슨 재미가 있는가?'

석숭은 부에 대한 생각이 석포와 전혀 달랐다. 석숭은 아버지 석포의 영향으로 서진의 무제 때 벼슬을 시작해 태수 등을 지내고 혜제가 즉위한 뒤 중랑장 등의 벼슬을 거쳐 형주자사에 이르렀다. 그는 벼슬하면서 백성에게 선정을 베푸는 것보다 오로지 부정한 돈을 긁어모으는 데 혈안이 되었다.

"상인들이 어찌 형주를 그냥 지나가는 것이냐?"

석숭이 하루는 형주자사부의 관리들에게 물었다.

"대인, 무슨 말씀입니까?"

관리들이 어리둥절하여 석숭을 쳐다보았다.

"상인들이 형주를 지나가는데도 세금을 내지 않는다는 말이냐?"

형주의 관리들은 그때서야 상인들에게 달려가 세금을 징수했다.

"형주를 지나가는데 무슨 세금을 낸다는 말이오?"

상인들 중에는 터무니없는 세금 징수에 반발하는 이들도 있었다.

"상인놈이 감히 나를 거역해? 놈들을 모조리 잡아들여라."

석숭은 상인들을 잡아다 가혹하게 고문했다. 상인들은 피눈물을 흘리면서 막대한 세금을 바쳤다.

"이놈, 네가 어찌 이렇게 잘사는 것이냐?"

석숭은 자기 부하들까지 잡아다가 죄를 뒤집어씌우고 고문했다.

"나리, 어찌 소인에게 이러십니까?"

부하들은 당황하여 어찌할 바를 몰랐다.

"네가 뇌물을 받은 것을 알고 있다."

부하들은 석숭이 재물을 좋아하는 것을 알고 막대한 뇌물을 바치고 풀려났다. 석숭은 관리들을 모두 파직한 뒤 뇌물을 바치는 자들을 다시 임명했다.

"이런 관리는 형주가 생긴 이래 처음이다."

관리들은 석숭의 탐욕스러운 행태에 고개를 절레절레 흔들었다.

"형주를 지나가는 모든 사람에게 통행세를 거두라."

석숭은 온갖 방법을 동원해 돈을 긁어모았으나 그것으로 만족할 수 없었다.

"형주에 있는 부자들이 무엇으로 돈을 벌었느냐?"

"향료를 팔아 돈을 벌었습니다."

"오늘부터 향료무역을 중지시키라."

"예?"

"향료는 내가 독점으로 판매한다."

석숭은 향료무역을 독점하여 돈을 많이 벌었다.

사치와 향락의 날

석숭의 형주자사 임기가 끝이 났다. 석숭이 서진의 도읍 낙양으로 돌아오는데 재물을 실은 수레가 수백 대에 이르렀다.

형주에서 부자가 되어 돌아온 석숭은 서진의 황제 혜제와 가까이 지냈다. 그사이 사마염이 죽고 태자가 즉위한 것이다. 이때 황후는 가충賈充의 딸 가남풍賈南風이었는데, 황제가 황후 가씨를 총애하자 가씨가 권력을 휘둘렀다. 석숭은 개국공신의 아들이었기 때문에 가황후의 조카 가밀賈謐과 친하게 지내 24우友로 불리기까지 했다. 그러나 실제로는 석숭이 그에게 아부를 했다. 가밀은 황제 못지않은 권세를 누려 24명에 이르는 권세가가 그에게 아부를 한 것이다. 석숭을 비롯하여 아첨꾼들은 가밀이 탄 수레가 일으키는 먼지만 보아도 절을 할 정도였다.

이런 석숭은 문장가이자 시인이었다. 석숭은 하남현 서쪽 금곡에 거대한 장원을 짓고 문인 30명을 초대하여 성대한 시회를 열었다. 이 시회가 얼마나 유명했는지 금곡아회라고 불렸는데 석숭은 이때의 시를 모아 《금곡시서金谷詩序》라는 책을 엮고 서문을 썼다. 금곡원은 지극히 아름다운 계곡이었다.

역사에 금곡연회, 금곡아회, 금곡시회로 불리는 이 시회에서 석숭은 초대받은 문인들이 시를 짓지 못하면 벌주를 세 말 마시게 하였다. 이때부터 시회가 널리 퍼지게 되었고 벌주라는 말까지 유래하게 되었다. 이때 시로 가장 높은 평가를 받은 인물은 50세의 관중후關中侯 소소蘇紹였다. 시를 짓는 것은 아름다운 일이다. 그러나 석숭에게는 시를 짓는 일조차 부를 과시하는 행위에 지나지 않았다.

서진에는 석숭 말고도 대부호가 더 있었는데, 중호군 양수羊琇와 무제의 외숙이자 후장군인 왕개王愷가 그들이었다. 왕개 역시 권력을 이

석숭이 금곡원에서 애첩 녹주의 연주를 듣고 있는 모습을 묘사한 〈금곡원도(金谷園圖)〉

용해 부를 축적한 인물이다. 석숭은 화장실에서 냄새가 풍기는 것을 몹시 싫어했는데, 한번은 석숭의 연회에 초대받은 한 문인이 술을 마시다 화장실에 갔다. 그가 화장실 문을 열고 들어가자 아리따운 아가씨들이 있었다.

"미안하오. 침실인지 몰랐소."

깜짝 놀란 그는 아가씨들에게 재빨리 사과했다.

"대신, 침실이 아니라 화장실입니다. 냄새가 날까 봐 향수와 화장품 그리고 깨끗한 수건으로 접대하는 것입니다."

아가씨 10여 명이 화장실에서 상냥하게 접대했다. 손님은 제대로 볼일도 보지 못하고 황급히 연회장으로 돌아왔다.

하루는 왕개가 귀한 산호수를 얻어 자랑하기 위해 석숭을 초대했다.

"어떻소? 이렇게 귀한 산호수를 보았소?"

왕개가 거만한 표정으로 물었다.

"이게 뭐가 대단하다고…."

석숭이 웃은 뒤 산호수를 부숴버렸다.

"아니 이 귀한 것을 부수면 어떻게 하겠다는 거요?"

왕개가 얼굴이 붉어져 화를 버럭 냈다.

"하하. 내 집으로 갑시다. 내가 변상해주겠소."

석숭이 왕개를 달래 집으로 가서 창고를 열자 진귀한 산호수가 가득했다. 왕개는 수많은 산호수를 보고 입이 다물어지지 않았다.

"왕개의 연회에 갔더니 돼지고기를 주는데 사람의 젖을 먹여서 키운 돼지고기라고 합디다. 내 그런 고기는 생전 처음 먹어보았소."

하루는 석숭과 친한 문인이 와서 말했다.

"그렇다면 우리 집 달걀을 먹어보시오."

석숭이 대수롭지 않은 일이라는 듯 말했다.

"닭에게 특별한 것이라도 먹이셨습니까?"

"우리 집 닭은 황금가루를 먹였소."

손님은 달걀을 먹은 뒤 혹시라도 황금가루가 나올까 하여 집에 돌아와 볼일을 보았다는 말이 나돌기도 했다.

석숭은 시와 문장이 뛰어난 문인이었지만 부(富)를 과시하고 사치스러운 생활로 후대에 지탄을 받는 인물이다.

왕개는 그릇을 씻을 때 맥아당麥芽糖을 사용하게 했다.

"왕개가 맥아당을 사용한다고? 그럼 우리는 밀랍蜜蠟으로 그릇을 씻어라."

석숭이 하인들에게 명을 내렸다. 석숭과 왕개는 촛불로 밥을 하고 촛불로 고기를 구워 먹었다. 한번은 왕개가 자기 집 담벼락 40리를 비단으로 둘러쌌다. 그러자 석숭은 50리에 비단을 둘렀다.

석숭은 사치와 향락에 물들어 있었을 뿐 아니라 잔혹했다. 첩을 1백여 명 거느리고 하인만 8백여 명에 이르렀다. 처첩들 중에는 노래를

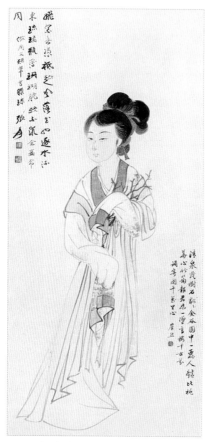

중국의 4대 미인으로 꼽히는 석숭의 애첩 녹주
(綠珠). 빼어난 미모에 피리를 잘 불었다고 한다.

하고 춤을 추게 하기 위한 기녀
들도 있었다.

"손님이 술을 마시게 권주가
를 해라."

석숭이 노래하는 기녀에게 명
을 내렸다. 그러나 기녀가 노래
를 잘 부르지 못하면 가차 없이
목을 베었다. 또 침상에 흰 천을
펴놓고 기녀들에게 걸어가게 한
뒤 자국을 남기면 밥을 주지 않
았고 자국을 남기지 않으면 밥
을 주었다.

부자의 말로

폭군이나 다름없는 석숭에게
는 애지중지하는 기첩 녹주綠珠
가 있었다. 녹주는 서진의 도읍
에서 손가락으로 꼽히는 미인이었다.

석숭이 부귀를 누릴 때 황후 가남풍이 권력을 장악하고 있었다. 가
남풍은 권력 욕심이 많아서 태자를 폐위시킨 뒤 독살했다. 또 아이를
낳지 못했기 때문에 거짓으로 잉태한 척하고 여동생이 낳은 아기를
자신이 낳았다고 선언했다. 그 사실이 밝혀지자 사마씨들은 분노하여

황궁으로 쳐들어갔다. 그들은 가황후를 독살한 뒤 혜제를 태상왕으로 봉하고 사마륜司馬倫을 황제로 옹립했다.

황후 가남풍의 세력이었던 석숭도 숙청당할 위기에 몰렸다. 혜제 사마륜은 그러잖아도 다른 형제들이 호시탐탐 황제 자리를 노렸기 때문에 불안했다. 그는 막대한 재력을 갖고 있는 석숭이 반란을 일으킬까 봐 제거하기로 결정했다.

"석숭을 제거해야 하는데 어떤 방법이 좋은가?"

사마륜이 장수 극양건을 은밀하게 불러 물었다.

"석숭이 사랑하는 애첩이 있습니다."

극양건이 머리를 조아리고 대답했다.

"애첩을 어떻게 하라는 것이냐?"

"석숭은 애첩을 지극히 사랑하니 대장군 손수孫秀에게 주라는 명을 내리십시오."

"황제가 어찌 그러한 명을 내리느냐?"

"손수 대장군이 가황후를 제거하는 데 공을 세웠다고 하면 될 것입니다."

"묘안이로다."

사마륜은 무릎을 치고 나서 조서를 내렸다. 손수는 석숭과 사이가 좋지 않았다. 그는 부하를 시켜 석숭에게 애첩 녹주를 내놓으라고 했다.

"손수가 어찌 내가 가장 사랑하는 애첩을 빼앗아 가는가?"

석숭은 기녀들 중 절세미인 15명을 골라 화려하게 치장시켰다.

"여기 미녀들은 서진에서 손가락으로 꼽는데, 이 중 아무나 데리고 가게."

석숭이 손수의 부하에게 말했다.

"녹주가 누구요? 나는 녹주를 데리고 오라는 명을 받았소."

"녹주는 안 되네."

"석숭이 황제의 명을 거역했다. 이자를 죽여라."

손수의 부하가 명을 내리자 군사들이 일제히 달려들어 석숭을 베었다. 서진 제일의 부자, 만고에 하나뿐이라는 부자 석숭은 이렇게 허망하게 죽고 말았다. 녹주는 석숭이 죽자 지붕에서 뛰어내려 자살했다.

지식인의 타락

석숭이 중국이나 조선에서 부자의 대명사로 널리 알려진 것은 그의 부가 제왕을 능가하고 실체적이기 때문이다. 서진시대의 부패와 타락을 경계하기 위해 《세설신어世說新語》나 다른 서책에 기록이 남아 있다. 중국인이나 조선인이나 석숭의 일화에서 부자의 삶을 엿볼 수 있는 것이다. 석숭은 부자로 살았으나 사치와 향락만 일삼았다. 그리고 그의 부는 당대에만 쌓였지 그가 죽고 나자 물거품처럼 사라졌다.

석숭이 자신의 별장 금곡원에서 연 시회는 중국 역사에서 두고두고 화제가 되었다.

"하남현 금곡의 골짜기에 내 별장이 하나 있는데, 어떤 곳은 높고 어떤 곳은 낮으며 청정한 녹향이 맴돌고 숲이 울창했다. 숲에는 온갖 과일나무와 대나무, 잣나무, 약초 따위가 가득했고, 물레방아

구영(九英)의 〈도리원금곡원도(桃李園金谷園圖)〉의 한 부분. 석숭은 화려한 금곡원에서 밤낮으로 연회를 베풀며 부를 과시했다. 호화롭던 금곡원의 풍경은 수많은 화가의 화재(畵材)가 되기도 했다.

와 연못이 있어서 눈을 즐겁게 하고 마음을 황홀하게 했다. 정서대장군征西大將軍인 왕후王詡께서 장안長安으로 돌아가게 되어, 내가 손님들을 초대하여 밤낮으로 연회를 베풀어 시를 지으며 놀았도다.

비파와 거문고, 생황과 축을 함께 연주하고 부賦와 시詩를 가지고 이별을 서술하게 하였는데, 시를 짓지 못한 이들에게 벌주로 술 세 말을 마시게 했도다. 사람의 수명이 영원치 않고 시들고 떨어지는 것이 언제인지 모르니 순서대로 사람들의 관호와 성명과 연기年紀를 적고 시詩를 지어 뒤에 붙이니, 후세의 호사가好事家들은 읽어볼지어다."

석숭이 쓴《금곡시서》의 서문이다. 상당히 명문이라고 할 수 있는데 사치와 향락만 일삼았으니 기이한 일이 아닐 수 없다.

석숭은 시인이자 문장가이자 무인이었다. 그는 청주와 서주의 군사를 지휘하는 정로장군에 임명되어 있었으나 사치와 향락만 일삼았다. 그가 재물을 모으는 데 혈안이 되고 사치와 향락을 일삼다가 죽은 것은 쓸쓸한 일이 아닐 수 없다.

9

돈에 미친 바보

소굉(蕭宏)

부는 권력이다. 그러다보니 돈에 집착하는 사람들이 적지 않다. 그러나 돈은 물처럼 흘러야 한다. 중국에서는 돈이 샘처럼 솟아나와 물처럼 흘러야 한다는 뜻으로 샘 천泉자를 사용한 시기도 있었다.

중국의 유명한 희곡 〈간전노看錢奴〉는 돈의 노예라는 뜻인데 간전노는 주州의 절반을 소유했을 정도로 부자였으나 한 푼도 안 풀고 반 푼도 안 쓴다는 신조를 갖고 있었다. 그러나 그는 너무나 인색하여 두부 한 모를 살 때도 깎아서 사고, 죽을 때는 관을 굳이 살 필요 없이 말구유에 넣고, 말구유가 작아서 들어가지 않으면 도끼로 반 토막을 내되, 자기 뼈가 튼튼해서 도끼 이가 빠질지 모르니 옆집 도끼를 사용하라고 아들에게 말하기도 했다. 그는 자신이 죽은 뒤 관을 사용하는 것까지 아까워한 것이다.

그러나 돈을 아무리 많이 소유하고 있어도 결국 죽으면 다른 사람

양무제(梁武帝) 소연(蕭衍)의 초상. 제나라 화제(和帝)를 폐위시키고 왕이 되어 48년 동안 왕위를 지킨 인물이다. 소굉은 왕을 형으로 둔 부유한 황족이었으나 매점매석 등을 해서 재산을 불리고 시녀를 1천 명 거느리며 호화롭고 탐욕스러운 생활을 했다.

에게 넘어간다. 그러니 돈은 죽을 때 가져갈 수 없다는 불변의 진리를 깨달아야 한다.

돈벌레라고 불린 사내

소굉은 양梁나라 무제의 동생이다. 소씨 일가는 난릉 출신으로 무인 집안이다. 그들은 남제南齊의 방계로 아버지 소순지蕭順之는 남제의 초대 황제 소도성蕭道成의 동생이다. 남제는 남조南朝시대의 두 번째 왕조로, 북제와 구별하여 남제라고 한다. 남조의 군벌왕조인 송宋의 장군 소도성이 송나라 순제에게서 양위를 받고 제위에 올라 남제를 창건했는데, 소굉은 소도성의 동생 소순지의 아들인 것이다. 그들 형제는 모두 문무에 출중해 형인 소연蕭衍은 경릉팔우竟陵八友로 불리기도 했다.

태어날 때부터 황족이었던 소굉도 문무에 출중했고 특히 재물을 좋아했다. 그는 황족이었기 때문에 기본적인 재산을 갖고 있었다. 그런데도 남제의 참군參軍이라는 벼슬에 있으면서 재산을 모으는 일에 열중했다.

소굉이 재산을 모으기 위해 첫 번째로 한 일은 매점매석이었다. 그는 남제 곳곳에 여관을 짓고 상인들을 머물게 했다. 상인들에게서 정보를 얻고 물건을 사들여 저장했다가 값이 오르면 팔았다.

"도대체 너는 왜 재물이 필요한 거냐? 지금도 재물을 충분히 갖고 있지 않냐?"

큰형인 소의가 물었다.

"재물을 죽을 때 가져가는 것도 아니니 욕심을 부릴 필요가 없어."

셋째형 소연이 얼굴을 찡그렸다.

"형들은 몰라요. 돈이나 재물을 모으는 게 얼마나 재미있는지 알아요? 전쟁에서 싸워 이기는 것보다 훨씬 재미있다고요."

소굉은 두 형을 비웃듯이 말했다.

"그렇게 재산을 모아서 뭘 하게?"

"재물로 산을 만드는 것이 내 소원이에요."

소굉의 말에 두 형은 고개를 절레절레 흔들었다. 그러나 그들 형제는 우의가 나쁘지는 않았다.

"내가 아들이 없으니 네 아들을 나에게 보내라."

하루는 소연이 소굉에게 말했다.

"형님, 내 아들을 양자로 삼겠다는 거요?"

소굉이 눈살을 찌푸리면서 물었다.

"그래. 너는 아들이 여럿이지 않느냐?"

"내 아들을 그냥 달라는 겁니까?"

"조건이 무어냐? 설마 돈이라도 달라는 거냐?"

"형의 재산 중 약간을 떼어주시오."

"하하, 결국 돈이로구나. 이놈아, 돈이 아무리 좋기로서니 아들까지 팔 셈이냐?"

"누가 아들을 판답니까? 그동안 먹이고 입히느라고 돈이 들어갔으니 보상을 좀 하라는 것이지요."

"알았다. 돈 좋아하는 놈이니 돈을 주마."

소연은 소굉에게 적지 않은 돈을 주기로 하고 그의 아들을 양자로 받았다.

"조건이 하나 더 있습니다. 형님 딸을 저에게 주십시오."

"누구를 말하는 것이냐? 옥요를 말하는 것이냐?"

소연의 딸 소옥요는 태어날 때부터 음탕하다는 말을 듣고 있는 요부였다.

"그렇습니다. 형님이 옥요 때문에 골치 아파하지 않았습니까? 신랑 은균을 싫어하니 제가 데리고 있겠습니다."

"그 아이는 내 딸이지만 행실이 나쁘다고 소문이 파다하다. 너도 소문을 들었을 텐데 왜 데리고 있겠다는 것이냐?"

"제가 양주에서 데리고 있으면 형님에게 나쁜 소문이 들리지는 않을 것입니다. 돈만 약간 주십시오."

"알았다."

전장(錢莊)은 오래전부터 중국 각지에서 운영되었던 환전(換錢)을 업으로 하는 일종의 작은 은행 같은 곳이었는데, 환전 운영은 고리대금업자들의 주요 사업장으로 활용되기도 하였다.

소연은 딸 소옥요를 소굉에게 보내면서 상당한 재산을 딸려 보냈다. 소옥요와 소굉은 뜻이 잘 맞았다. 그들은 함께 머리를 맞대고 재물 모으는 방법을 연구하다가 정을 통했다. 두 사람은 숙질간인데도 부부처럼 한 방에서 지내고 함께 밥을 먹고 함께 다녔다.

"돈을 버는 것은 전장錢莊이 최고예요."

소옥요가 소굉에게 속삭였다.

"돈을 빌려주고 이자를 받는 것 말인가?"

"그렇죠."

"돈을 떼어먹는 놈들은 없을까?"

"호호. 계약서를 쓰면 되지 무슨 걱정이에요?"

소옥요의 제안에 따라 소굉은 전장을 열고 고리대금업을 하기 시작했다.

목숨보다 더 귀한 돈

고리대금업은 봉건시대에 재산을 모으는 데 가장 효과적인 방법이었다. 소굉은 가난한 백성에게 돈을 빌려주고 고리를 받아 재산을 늘리기 시작했다. 돈을 갚지 않으면 딸을 빼앗아서 팔고 종으로 삼기도 했다. 하루라도 이자가 늦어지면 집을 빼앗아버리는 일도 비일비재했다.

"소굉은 전충(錢蟲, 돈벌레)이다."

사람들이 소굉의 집을 향해 침을 뱉었다.

소굉이 고리대금으로 돈을 벌 때 남제의 황제 소보권蕭寶卷은 폭정을 일삼고 있었다. 소보권은 밤에 황궁을 나가 백성을 닥치는 대로 살해하고 부녀자들을 겁탈했다. 남제의 황실과 조정 대신들은 포악한 황제 때문에 전전긍긍했다.

"황제가 갈수록 악정을 일삼고 있다."

소굉의 큰형인 소의가 형제들에게 불만을 털어놓았다. 그는 성격이 다혈질이어서 대신들 앞에서도 함부로 황제를 비난했다.

"형님은 조심하셔야 합니다. 황제가 우리를 죽일지도 모릅니다."

소연이 소의를 만류했다. 소연은 정치적 야망을 갖고 황제의 동정을 조심스럽게 살피고 있었다.

"황제가 죽이러 온다면 그대로 당하지는 않을 것이다."

소의는 오히려 큰소리를 쳤다.

'형님 때문에 무슨 일이 일어날지 모르겠구나.'

소연은 소의의 말에 걱정이 되었다. 소보권은 주색에 빠져 조정에서도 대신과 황실 사람들을 마구 죽였다. 소의도 술에 취해 소보권을 맹렬히 비난했다. 결국 소의의 거친 말들이 황제의 귀에까지 들어갔다.

"소의가 황실이라는 이유로 황제를 비난했다. 이는 역모죄와 같다."

황제 소보권이 군사를 보내 소의를 살해하면서 남제의 도읍이 발칵 뒤집혔다. 소의가 거친 말을 했어도 황제의 일족이었기 때문이다.

"역모를 범하면 삼족을 멸해야 한다."

소보권이 소굉 형제들까지 몰살하려고 하자 그들은 바짝 긴장했다.

"황제를 죽이지 않으면 우리가 죽는다."

소연은 형제들을 불러 상의했다. 형제들이 모두 황제를 두려워하여 감히 반란을 일으키려고 하지 않았다.

"네가 반란에 참여하면 돈을 많이 주겠다. 황궁에 있는 보물 절반을 주마."

소연은 소굉부터 설득했다.

"좋습니다. 서류로 약속해주십시오."

"이런 미친놈, 목숨이 왔다 갔다 하는데 그까짓 돈이 문제냐?"

소연은 서류를 써주고 형제들을 이끌고 군사를 일으켰다. 소연과 소굉은 노도처럼 남제의 도읍 건강으로 진격하면서 동조 세력을 모았다. 소굉은 돈밖에 관심이 없었으나 소연은 문인으로서도 명성이 있었다.

"황제는 걸주桀紂보다 더 잔혹하다."

소연은 유력자들을 포섭하여 건강으로 진격한 뒤 황제 소보권을 죽이고 황제의 동생인 소보융蕭寶融을 화제和帝로 옹립했다. 그러나 그는 허수아비 황제였고 실질적인 권력은 소연이 장악했다. 소굉은 약속대로 황궁의 보물 절반을 가져갔다.

화제는 황제가 되었으나 사촌형제들 때문에 전전긍긍했다. 처음에는 난폭한 황제를 죽이고 자신을 황제로 추대하여 감격했으나 군사들의 삼엄한 감시를 받게 되었다.

'이놈들이 언젠가 나를 죽일 거야.'

화제는 소연이 두려워 잠을 이루지 못했다. 남제의 대신들이나 자사도 소연이 임명했다. 환관과 궁녀들도 그의 지시를 따르지 않았다.

"황제는 덕이 없으니 소연에게 양위하라."

소보권이 죽은 지 1년이 되자 소연의 무리가 화제를 위협하기 시작했다.

"내가 무슨 잘못이 있어서 물러나는가?"

화제는 물러나려고 하지 않았다. 그러자 소연의 장수들이 그를 옥좌에서 끌어냈다. 결국 화제는 소연에게 양위하고 파릉왕으로 강등되어 쫓겨났다. 그는 얼마 후 소연이 보낸 군사들에게 살해되었다.

소연은 황제가 되자 나라 이름을 양나라로 바꾸었고 남제는 2대 만에 역사 속으로 사라졌다. 소굉은 임천왕에 봉해지고 양주자사에 임명되었다.

황제의 동생이 된 소굉은 더욱 많은 재물을 축적하게 되었다. 벼슬을 얻으려는 자들이 뇌물을 가지고 찾아오고, 재판에서 이기려는 자들이 진귀한 보물을 수레에 가득 싣고 찾아왔다. 소굉은 벼슬을 팔고 뇌물을 받아 막대한 부를 축적했다.

남제에 진백지陳伯之라는 인물이 강동자사로 있었다. 그는 소연이 남제의 황제를 죽이고 스스로 황제가 되어 양나라를 건국하자 처음에는 이를 지지하는 척하다가 북위로 망명하여 양나라와 대립하게 되었다. 양무제는 자기 동생인 소굉을 대장군에 임명하여 진백지를 토벌하게 했다.

'전쟁을 하게 되면 나는 막대한 손해를 보게 된다. 전쟁을 하지 않고 이기는 방법이 없을까?'

소굉은 전쟁의 승패보다 전쟁 비용으로 막대한 재물이 소모되는 것을 더 아까워했다. 소굉은 안휘성 수양 땅에 이르자 군대를 멈추게 하고 진백지에게 편지를 보냈다.

"길을 잃었을 때 뒤를 돌아보는 것은 성현들이 하는 것이고 길을 잘못 들었을 때 멀리 가기 전에 돌아오는 것은 경전에 있는 말이다."

소굉의 편지를 받은 진백지는 감격하여 투항했는데 이로써 미도지반迷途知返이라는 고사성어가 유래했다. 소굉은 편지 한 장으로 막대한 전쟁 비용이 낭비되는 것을 막았다.

소굉은 4년 후 양무제의 명을 받고 또 북벌에 나섰다.

"또 전쟁인가? 왜 전쟁을 하여 재물을 낭비하는가?"

소굉은 어떻게 하든 전쟁을 하지 않고 승리하기 위해 지혜를 짜냈다. 그는 군사들을 화려하게 치장했다. 군사는 위용이 삼엄하고 장비가 화려하여 북방 사람들이 1백 년 만에 처음 보는 것이라고 했다. 소굉은 북위의 군사들이 자기 군사들 모습을 보면 저절로 도망갈 것이라고 생각해 그런 묘안을 짜낸 것이다.

그러나 낙구에 이르렀을 때 세찬 비바람이 불자 그의 군사들은 모두 흩어져 달아나고 결국 패전하고 돌아왔다. 소굉의 군사들이 패전한 것은 소굉이 전쟁 비용을 아끼느라고 군사훈련조차 제대로 하지 않았기 때문이다.

3억 전을 쌓아놓은 창고

소굉은 양주자사로 20년을 보내면서 막대한 재물을 긁어모았다. 그는 돈을 모으고 친조카인 소옥요와 사통하면서 사치와 향락을 일삼았다. 거느린 첩이 1천 명에 이르고 재물을 쌓아둔 창고가 1백여 칸에 이르렀다.

'소굉은 간전노다.'

사람들이 모두 소굉을 비난했다. 간전노는 돈의 노예라는 뜻이다. 양무제의 아들 소종蕭綜은 '전우론錢愚論'을 지어 돈만 아는 바보라고 비웃었다.

"임천군왕 소굉이 반란을 일으키려고 집 안에 병장기를 잔뜩 쌓아놓고 있다."

소굉이 반란을 일으킨다는 소문이 파다하게 퍼졌다.

"돈만 아는 소굉이 반란을 일으키려고 한다고?"

황제 소연은 믿으려고 하지 않았다.

"창고에 병장기가 가득하다고 합니다."

아들 소종이 말했다.

"돈벌레가 어찌 돈이 되지 않는 일을 한다는 말이냐?"

"소자가 군사를 끌고 가서 잡아들이겠습니다."

소종이 군사를 이끌고 양주로 달려갔다.

"이상하게 조용한걸."

군사들이 양주로 달려갔지만 자사부 시위 군사들밖에 없었다. 반란을 일으키려면 많은 군사가 있어야 하는데 자사부가 조용했다. 소종의 군사들이 자사부 대문을 발로 차고 들어갔다.

"이놈들아, 이게 무슨 짓이냐?"

소굉이 맨발로 달려 나와 항의했다.

"임천왕이 반란을 일으킨다는 밀고가 있어서 잡으러 왔소."

소종이 소굉을 쏘아보면서 퉁명스럽게 내뱉었다.

"태자야, 숙부에게 무슨 짓이냐?"

"숙부는 무슨…."

소종은 소굉이 병장기를 쌓아두고 있다는 창고를 강제로 열었다. 병장기가 숨겨져 있다는 창고를 열자 엄청난 양의 돈이 쏟아져 나왔다.

"이게 뭐야? 다 돈 아니야?"

군사들은 창고에 가득 쌓여 있는 돈을 보고 경악했다. 소종도 입을 벌리고 할 말을 잃었다.

"이놈들아, 왜 남의 창고를 열어?"

소굉이 펄펄 뛰었다.

"돈이 모두 얼마요?"

"3억 전이다."

소굉이 펄펄 뛰었으나 군사들은 다른 창고도 모두 개봉했다. 창고에는 비단을 비롯하여 온갖 진귀한 물건들이 가득했다. 소종은 실망하여 황궁으로 돌아와 보고했다.

"소굉의 창고에 3억 전이 있었다고?"

"그러합니다. 숙부님 창고에는 돈과 재물밖에 없었습니다. 병장기는 보이지 않았습니다."

"그럼 반란을 일으키려고 한 것이 아니지 않느냐?"

"그렇습니다. 반란을 일으키려고 한 것은 아닙니다. 숙부님은 간전노일 뿐입니다."

"하하! 소굉의 돈과 재물을 모두 돌려주라."

양무제가 호탕하게 웃으면서 말했다.

소옥요는 은예의 아들 은균과 어릴 때 혼인했으나 부부 사이가 좋지 않았다. 그녀는 은균의 얼굴을 보는 것도 싫어하여 삼촌인 소굉과 계속 사통했다. 두 사람은 부부처럼 정을 통하여 양나라에 소문이 파다해 양무제의 귀에까지 들어갔다.

'옥요가 기어이 일을 저질렀구나.'

양무제가 혀를 찼다.

"아버지가 알았으니 우리를 죽일 거예요."

소옥요는 양무제가 무서워 얼굴이 하얗게 변했다.

"그럼 어떻게 하지?"

"반란을 일으켜 아버지를 죽여요."

소옥요와 소굉은 반란을 일으키려고 했다. 그러나 그들이 거사를 일으키기도 전에 양무제의 군사들이 들이닥쳐 그들을 잡아갔다.

"천하에 못된 것들! 숙질간에 이게 무슨 짓이냐?"

양무제는 노발대발하여 소굉과 소옥요를 꾸짖었다.

"아버지, 저희는 비록 숙질간이나 서로 사랑합니다. 저희를 용서해 주세요."

소옥요가 엎드려서 간청했다.

"닥쳐라!"

"형님은 황제가 되어 천하를 다스리고 있습니다. 제가 좋아하는 것은 돈과 재물, 옥요뿐입니다. 이렇게 살다가 죽게 해주십시오."

소굉이 간절하게 청했다.

"에이 추한 것들…."

양무제는 혀를 차고 그들을 용서했다. 소굉이 북위와 국경이 가까운 양주를 방어하고 있어서 절대적으로 그가 필요했다.

양무제에게는 아들이 없었다. 그는 소굉의 아들 소정덕을 양자로 들여 후사를 잇게 하려고 했으나 나중에 아들 소종을 낳게 되자 소정덕을 서풍후로 삼고 식읍을 5백 호 준 뒤 추방했다. 소정덕은 이 일에 불만을 품고 누이인 장락공주와 사통하여 아들을 낳았다.

임천군왕 소굉은 양주자사로 20여 년 있으면서 오로지 재물을 모으는 일에만 매달렸다.

"후후, 이게 웬 횡재냐?"

소굉의 창고에 3억 전이 있다는 사실을 알게 된 도둑들이 벽을 뚫

중국 화가 정운붕(丁雲鵬)의 〈달마도(達磨圖)〉. 양무제는 후기에 불교에 심취해 불사(佛事)에 열중하며 정사를 소홀히 했다고 한다. 《벽암록(碧巖錄)》에는 양무제가 남경(南京)을 방문한 달마대사(達磨大師)와 나눈 유명한 문답이 남아 있다.

고 침입하여 돈을 꺼내다가 쓰기 시작했다. 소굉이 평생 모은 돈을 하찮은 도둑들이 갖다가 펑펑 쓴 것이다.

양무제는 양나라를 건국한 초기에는 바른 정치를 하고 선정을 베풀었다. 그러나 후기에 이르면 불교에 심취해 정사를 돌보지 않았다. 후경의 난이 일어났을 때 소정덕은 그와 내통해 양무제가 패하도록 만들었다. 양무제의 군사는 6개월이나 포위되어 싸웠으나 결국 패했고 양무제는 연금되었다가 굶어 죽었다.

소굉의 막대한 재산은 아들이 상속했으나 양나라가 멸망하면서 그의 돈과 재물은 흔적도 없이 사라졌다.

부자의 흥망

소굉처럼 돈을 좋아하는 사람도 흔치 않을 것이다. 물이 흐르지 않고 고이면 썩듯이 창고에 쌓여 있으면 부패하게 된다. 소굉이 활약하던 시대는 군벌의 시대다. 군사로 권력을 장악하여 덕으로 다스리지 않고 총칼로 다스리니 나라는 당대나 2, 3대에 이르러 멸망했다.

왕조가 흥망성쇠를 되풀이하듯이 부자도 흥망성쇠를 되풀이했다. 서진의 석숭은 사치와 향락을 누렸으나 시를 지어 후대에 이름을 남겼다. 소굉은 시로 문명을 날리지도 않았고 돈만 좋아하며 조카와 사통하다 더러운 이름을 후대에 남겼다.

석숭과 소굉 모두 당대 최고의 부자라는 말을 들었으나 졸부에 지나지 않았던 것이다.

10

중국 해상무역의 왕자

포수경(蒲壽庚)

부는 대부분 권력과 상업으로 축적하게 된다. 상업은 주로 시장에서 하지만 먼 거리를 오가는 무역이 이루어지고 바다를 건너 나라와 나라 사이에 해상무역이 이루어지기도 한다. 중국에서 해상무역으로 유명한 인물은 포수경蒲壽庚이다. 중국이 춘추전국시대와 한나라 시대를 지나 수당隋唐에 이르고 다시 송나라 시대에 이르자 상인들의 활동은 더욱 활발해지고 해상무역도 활기를 띠었다.

장보고(張保皐, ?~846)는 완도에 청해진을 설치하고 일본과 당나라뿐 아니라 아랍과도 무역을 했다. 그러나 신라의 권력투쟁으로 장보고가 죽고 청해진이 폐지되면서 해상무역은 약화되었다. 고려가 건국된 뒤 다시 무역이 이루어져 송나라는 물론 아랍까지 무역이 시작되었으나 고려인 가운데 해상무역으로 돈을 번 부자는 기록에 남아 있지 않다.

고려는 무인정권이 들어서고 몽골의 침략을 받으면서 나라가 더욱

포수경(蒲壽庚)은 송나라 말부터 원나라 초기에 해상무역을 해서 큰 부자가 인물이다. 남송토벌에 큰 공을 세워 원나라로부터 행성중서승(行省中書丞)에 임명되기도 했다.

위태로워졌다. 고려가 원나라의 침략을 받고 있을 때 중국 복건 지역에 포수경이라는 인물이 있었다. 복건은 중국의 동남쪽으로 대만과 가까워 일찍부터 해상무역이 발달해 있었다.

　포수경은 아랍인으로 6대조 포맹종蒲孟宗이 사천에서 광주로 이사한 뒤 송나라 신종의 눈에 띄어 상서좌승의 벼슬에 올라 송나라 귀족이 되었다. 포수경은 중국에 귀화한 아랍인인 것이다.

바다를 향한 소년의 꿈

　포수경은 언덕에 올라서서 망망대해를 우두커니 바라보았다. 송나라는 물난리가 크게 나서 많은 사람이 굶어 죽고 도적들이 횡행하고 있었다. 포수경은 복건의 천주泉州에서 가난하게 태어나 어릴 때부터 바닷가에서 뛰어놀고 바다에서 자맥질을 하면서 자랐다. 그의 몸에서는 언제나 생선 비린내와 짭조름한 소금 냄새가 풍겼다. 학문과 무예를 배운 뒤에는 물고기를 잡거나 산으로 돌아다니면서 사냥을 하는 것이 하루 일과였다. 그러나 포수경은 물고기를 잡거나 사냥하는 생활에 만족할 수 없었다.

천주 일대에는 외국의 배들이 자주 드나들었는데 그는 물건을 사고파는 외국인들을 보면서 그들이 살고 있는 나라와 지방에 대해 호기심을 가졌다. 외국인들은 포수경에게 좀 더 넓은 세상이 바다 건너에 있다는 것을 알려주고 있었다.

'나는 평생 물고기만 잡고 살 수는 없어.'

포수경은 부모와 마을 사람들이 살아가는 모습에 실망했다. 천주는 어부들이 물고기를 잡아 생계를 유지하기도 했으나 일본과 고려, 인도의 배가 드나들기 때문에 외국과 교역이 활발하게 이루어졌다.

송나라에서는 외국과 교역을 엄격하게 금지했다. 그러나 풍랑을 만난 배들이 피선을 하거나 부서진 배를 수리하기 위해 천주에 정박할 때 주로 거래가 이루어지다가 대규모 상단이 생기면서 나라의 법을 어기고 과감하게 물건을 사고팔았다.

포수경은 물고기를 잡는 틈틈이 활을 쏘고 말을 탔다. 아버지 포인빈蒲仁賓이 배를 운영하면서 장사를 했으나 시장에는 나가지 않았다.

"장사꾼의 자식이 활쏘기나 말 타기를 배워서 어디에 써먹어?"

"공연한 짓이야. 커서 해적밖에 더 되겠어?"

마을 사람들이 포수경을 보고 비웃었다.

'사람들이 아무리 나를 비웃어도 나는 활쏘기와 말 타기를 배울 것이다.'

포수경은 이를 악물고 궁술과 검술을 연마했다. 학문도 틈틈이 했다.

"형, 뭘 하고 있는 거야?"

하루는 포수경이 아득한 수평선을 바라보는데 동생 포수영이 포수경의 어깨를 툭 치면서 물었다.

"저 바다 건너에 여러 나라가 있다고 하지 않냐? 나는 바다를 누비면서 장사를 하고 돈을 벌고 싶다."

포수경이 망망대해를 바라보면서 말했다.

"바다가 얼마나 위험한지 알아?"

"나는 상인이 되고 싶어. 이 좁은 천주에서 일생을 보내는 것은 너무 무의미해. 나는 반드시 바다로 나갈 것이다."

"바다로 나가겠다고? 바다에서 고기나 잡는 어부가 될 거야?"

포수영이 콧방귀를 뀌었다.

"야, 너 나와 함께 바다에 나가지 않을래? 외국과 장사를 하면 많은 돈을 벌 수 있어."

포수경이 진지하게 포수영을 설득했다. 포수영은 잠시 생각에 잠겼다. 포수영도 포수경과 함께 무예를 연마했기 때문에 같이 지내는 일이 많았다.

"형이 한다면 나도 하겠어."

포수영이 깊은 생각에 잠겨 있다가 말했다.

"좋아! 약속한 거야."

포수영과 굳게 약속한 포수경은 아버지와 어머니에게 바다의 상인이 되겠다는 뜻을 밝히고 허락해줄 것을 청했다.

"네 뜻이 그렇다면 어쩔 수 없구나."

포수경은 배를 한 척 구입하여 가까운 포구의 상인들과 장사를 하기 시작했다. 마음에 맞는 배꾼들도 구하고 배를 운행하는 법도 배웠다. 배를 운행하는 것은 큰 파도를 만날 위험이 있기 때문에 기후를 살피는 일도 중요했다. 그는 언제 큰 바람이 불고 언제 큰비가 오는지 일일이 조사하여 기록했다. 페르시아에서 오는 거대한 상선도 직접 배에 들어가서 살피고 외국인들과 대화할 수 있게 여러 나라 말도 배웠다.

"어째서 바다에서 장사하려는 것이냐? 바다는 위험하지 않느냐?"

아버지 포인빈이 포수경에게 물었다.

"우리 선조는 아랍에서 왔습니다. 얼굴 생김도 다르고 눈도 파랗습니다. 아무리 학문을 열심히 해도 큰 벼슬을 할 수 없습니다. 그럴 바에야 바다를 누비면서 돈을 벌어 큰 부자가 되겠습니다."

포수경이 포부를 밝히자 포인빈은 전답을 팔아 상선을 마련해주었다.

꿈은 이루어진다

포수경은 상선이 마련되자 배꾼들을 모집하고 그들과 함께 장사할 준비를 하기 시작했다. 고려와는 오래전부터 무역을 해왔기 때문에 큰 문제가 없었다.

"처음 장사는 고려 인삼이다."

고려 인삼은 중국인에게 인기가 많았다. 그러나 고려 인삼은 값이 비쌌기 때문에 수입 자금이 필요했다. 포수경은 자금을 마련하기 위해 부자들에게 돈을 빌리러 다니기 시작했다.

"담보도 없는데 무엇을 믿고 돈을 빌려주겠나? 다른 사람에게 가 보게."

마을의 부자들은 포수경에게 돈을 빌려주지 않았다. 포수경은 전장 錢莊을 찾아갔다.

"돈을 갚지 못하면 제 목숨을 취하셔도 좋습니다."

"자네 목숨이 무슨 가치가 있나?"

전장의 주인들도 거절했다.

"자네는 참으로 집요하군. 자네가 이토록 집요하니 성공할 것이라고 믿겠네."

마을의 부자 중 심대인이라는 사람이 그에게 2만 냥이라는 큰돈을 빌려주었다.

"감사합니다. 반드시 성공하여 돈을 갚겠습니다."

포수경은 빌린 돈으로 고려인이 좋아하는 상아와 후추를 사서 배에 실었다.

'이제 본격적으로 장사를 시작한다.'

포수경은 상선을 이끌고 고려의 도읍에서 가까운 예성강 포구로 향했다. 그는 뱃전에서 바다를 응시했다.

'날씨가 좋지 않구나.'

배는 어느덧 망망대해로 나아갔다. 사방이 온통 넘실대는 파도와 잿빛 하늘일 뿐 뭍이 보이지 않았다. 망망대해로 나아간 지 두 시간도 되지 않아 비가 내리기 시작했다. 그러자 포수경의 얼굴이 어두워졌다. 시간이 흐를수록 빗줄기는 점점 굵어졌다. 물결도 거칠게 배를 때리고 배가 나뭇잎처럼 흔들리기 시작했다. 선원들의 얼굴에도 불안한 그림자가 드리워졌다.

포수경은 비를 맞으면서 망망대해를 노려보았다.

"좌포 우로!"

"우포 좌로!"

선장은 바람이 바뀔 때마다 선원들에게 지시를 내렸다. 포는 돛을 말하는 것이다. 상선은 선장의 지시를 받으면서 곡예를 하듯이 물결을 타고 앞으로 나아갔다. 선원이 수십 명이나 탈 수 있도록 설계된 배지만 망망대해에 이르자 한낱 조각배에 지나지 않았다.

"비가 점점 더 거세게 쏟아지고 있습니다."

선장은 빗줄기가 굵어지자 포수경에게 말했다.

"하하! 빗줄기가 굵어야 한번 싸울 맛이 나지 않겠소?"

포수경은 유쾌하게 웃음을 터뜨렸다. 그는 조금도 불안해하지 않았다. 빗줄기와 파도는 밤이 깊도록 계속되었다. 포수경은 피로가 산처럼 밀려왔다. 그러나 선장은 피로감을 전혀 느끼지 않고 선원들을 지휘했다.

"대포를 내리라!"

선장은 바람이 더욱 사나워지자 큰 돛을 내리게 했다. 대포는 큰 돛이고 소포는 작은 돛이다. 거친 폭풍우 속에서 돛을 세우면 배가 뒤집어진다. 바람과 빗줄기는 새벽이 되어서야 그쳤다. 바람과 파도가 거짓말처럼 잠잠해지자 포수경은 바닥에 쓰러져 잠이 들었다. 포수경이 눈을 뜨자 어느 사이에 밤이 되어 있었다. 포수경은 하루 종일 잠을 잔 것이다. 갑판으로 나오자 배가 빠르게 앞으로 나아가고 있었다.

"순풍입니다."

선장이 포수경을 보더니 웃으며 말했다. 포수경은 검푸른 바다와 하늘을 쳐다보았다. 하늘에는 별이 빼곡하게 들어차 있었다.

"풍랑과 싸우느라 고생이 많았소."

포수경이 선장에게 인사를 했다.

"가장 위험한 태풍이 8월에 올라오는 태풍입니다. 보통 남쪽에서 오는데 그 시기만 지나면 나머지 태풍은 충분히 싸워 이길 만합니다."

선장이 잔잔히 웃으면서 말했다. 이튿날은 바람이 전혀 없어서 순풍에 돛을 달고 예성강 포구에 도착했다.

포수경은 예성강 포구에 상륙하자 개성상인을 만났다. 그는 개성상인에게 상아와 후추를 넘기고 앞으로 계속 거래할 것을 약속했다. 그는 개성상인에게 상아와 후추를 넘긴 돈으로 인삼을 사들였다.

고려에서 중국으로 돌아올 때는 순풍이어서 이틀밖에 걸리지 않았다.

"고려인삼이 귀하니 세 배는 받아야 합니다."

선장이 포수경에게 말했다.

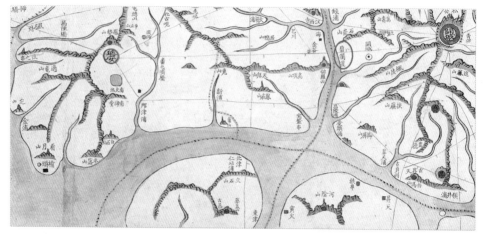

〈대동방여도(大東方輿圖)〉 중 벽란도(碧瀾渡). 포수경은 황해도 예성강 하류에 있던 고려시대의 국제 무역항인 벽란도에 입항해서 싣고 온 상아와 후추를 팔고 고려인삼을 사들였다.

"아닙니다. 너무 많은 이익을 취하면 사람들이 우리와 거래하지 않습니다."

포수경은 고려인삼이 수삼이었기 때문에 오랫동안 보관할 수 없어 갑절의 이익만 남겼다.

해적을 토벌하다

포수경은 고려와 무역을 계속했다. 고려의 개성상인들은 신용을 무엇보다도 중요하게 생각했다. 포수경은 개성상인들에게서 신용과 상술을 배웠다. 포수경이 고려에 주로 파는 물건은 차와 종이, 상아, 후추 등이었다. 고려에서는 주로 인삼을 수입하여 팔았다. 특히 가을은 인삼을 수확하는 철이어서 싼 가격에 매입해 많은 이익을 얻을 수 있었다.

상선도 여러 척 구입하여 운행했다.

'고려와만 무역하는 것은 한계가 있다.'

포수경은 무역하는 나라를 점점 넓혀갔다. 무역하는 데는 풍랑을 만나는 일이 많았기 때문에 목숨을 걸어야 했다. 게다가 해적들까지 활개를 쳤다.

"해적 때문에 장사를 할 수 없습니다. 물건도 빼앗기고 사람도 죽임을 당했습니다."

선장이 빈 배로 돌아와 보고했다.

"고생 많았소. 해적을 토벌하는 방법을 연구해봅시다."

포수경은 중국 해안을 노략질하는 일본 해적 때문에 골머리를 앓았다. 그는 송나라 조정에 해적을 토벌해줄 것을 청했으나 조정에서는 특별한 조치를 취하지 않았다.

'조정을 믿을 수 없어.'

포수경은 송나라 조정에 실망했다. 그는 광주의 관군을 동원하고 사병을 양성하여 대대적인 해적 토벌에 나섰다. 그는 3개월 동안 해적선 1백여 척을 격파하여 가라앉히고 수백 명의 목을 베었다.

"이제 당분간 해적이 날뛰지 못할 것이다."

포수경은 비로소 안심하고 무역을 할 수 있었다.

포수경은 무역으로 막대한 부를 축적했다.

포수경이 부를 축적한 것은 고려의 인삼과 인도의 후추를 수입하면서부터였다. 고려인삼은 그 효능이 중국에 널리 알려져 있었고, 인도의 후추는 향신료로 중국에서 고가에 팔렸다.

세상은 넓다

포수경은 페르시아로 장사를 떠나려고 출항 준비를 했다.

"이번에는 어디를 다녀올 생각이냐?"

아버지 포인빈이 출항 준비를 하는 포수경에게 물었다.

"아랍입니다."

"아랍은 만 리가 넘는 뱃길이 아니냐?"

"그렇기는 합니다만 큰 어려움은 없을 것입니다."

"큰 바다로 나가면 풍랑을 만나게 될 것이다."

"목숨을 걸지 않으면 큰 이익을 얻을 수 없습니다."

"고려에서 인삼을 사오는 것은 이해할 수 있지만 아랍까지 가서 되파는 것은 너무 멀지 않느냐?"

포인빈이 근심스러운 목소리로 물었다.

"맞습니다. 풍랑을 만나지 않는다고 해도 해적들의 습격을 받으면 위험할 수 있습니다."

형인 포수성이 말했다.

"해적은 이미 토벌했습니다. 너무 걱정하지 마십시오. 세상이 얼마나 넓은지 한번 살펴보겠습니다."

포수경이 결의에 차서 대답했다.

"그래. 무사히 돌아오너라."

"제가 다녀올 동안 집안을 부탁드립니다."

포수경은 아버지와 형 그리고 가족의 배웅을 받으면서 출항했다.

'순풍을 만나야 하는데….'

포수경은 점점 멀어지는 선착장을 바라보면서 무겁게 한숨을 내쉬었다. 아랍까지는 배로 수십 일이나 걸리는 길이었다. 언제나 배가 출항할 때는 다시 돌아올지 모른다는 비장한 생각이 들고는 했다.

"돛을 올려라!"

포수경은 깃발이 바람에 날리는 것을 바라보다가 명령을 내렸다.

"돛을 올려라!"

갑판장이 선원들에게 명령을 내리자 선원들이 일제히 대답하고 돛을 올렸다. 바람에 돛이 활짝 펼쳐지면서 배가 빠르게 나아가기 시작했다. 망망대해로 나아가자 포수경은 가슴이 탁 트이는 기분이었다.

포수경은 뱃전에 서서 어릴 때를 생각했다. 6대조인 포맹종이 성서좌승이라는 높은 벼슬을 지내면서 송나라의 귀족이 되었으나 피부색이 다르고 눈이 파래서 어릴 때는 손가락질을 받고 따돌림을 당했다. 포수경은 아이들에게 따돌림을 당하면서 학문을 열심히 하고 무예를 익혔다. 그는 벼슬을 하는 일이 쉽지 않다는 것을 깨닫고 상인이 되었으나 후회하지 않았다. 이번에는 고려인삼과 송나라의 자기를 배에 잔뜩 실었다. 시간이 있을 때는 사마천의 〈화식열전〉을 읽었다.

'사마천은 정말 훌륭한 사람이구나.'

포수경은 사마천의 〈화식열전〉을 읽고 감탄했다.

'모든 인간은 부를 얻기 위해 일한다.'

〈화식열전〉에 있는 글자 하나하나가 삶의 양식이 되었다.

'땔나무를 30리에 가져가서 팔지 말고 곡식을 1백 리 밖에 팔지 말라고?'

그것은 싼 물건을 멀리 가서 팔면 이익이 나오지 않는다는 뜻이었다. 해상무역은 두 달이나 석 달이 걸리는 일이었다. 값싼 물건을 가지고 가서 팔면 손해를 보기 때문에 비싸고 귀중한 물건인 자기나 비단을 인도나 아랍에 가서 팔고 아랍에서는 양탄자 따위를, 인도에서는 후추를 가져다가 중국에 팔아야 했다.

이튿날은 비가 왔으나 바람이 불지는 않았다. 돛을 내리고 조심스럽게 항해하자 새벽에 비가 그쳤다. 선원들은 순풍에 배를 맡기고 잠을 잤다. 그러나 새벽이 되자 파도가 일고 배가 흔들렸다. 포수경은 뱃전으로 뛰어나갔다. 바다는 캄캄했고 파도가 산처럼 높았다.

'심상치 않은데…'

포수경은 선원들을 깨워 풍랑에 대처하기 시작했다. 새벽이 가까워지면서 바람이 더욱 거칠어지고 파도가 높아졌다. 그러나 곧바로 날이 밝아왔다. 폭풍우는 밤이 될 때까지 사납게 몰아쳤다.

'오늘은 폭풍우가 더 심하구나.'

포수경은 선원들과 함께 하루 종일 폭풍우와 싸웠다. 밤에는 파도가 집채처럼 높아져 배가 가랑잎처럼 흔들렸다.

'아아, 폭풍우가 이제야 그치는구나.'

포수경은 선원들과 함께 배가 파손된 곳을 살피고 부상자들을 치료했다. 음식을 먹은 뒤에는 선적한 자기도 살폈다. 자기는 절반이나 파손되어 있었다.

포수경은 고려를 비롯해 인도와 아라비아까지 오가며 해상무역을 했다. 긴 항해 시간에는 책을 읽으며 지식을 쌓았고, 여러 나라의 무역항을 드나들면서는 국제정세를 살펴 식견을 넓혀갔다.

배가 아랍에 도착한 것은 한 달이 지났을 때였다. 한 달이 걸려 인삼과 비단과 자기를 팔았다. 중국의 자기는 유럽에서 인기가 많아서 페르시아인은 그것을 다시 유럽에 팔았다. 포수경은 페르시아 일대에서 장사하면서 국제정세까지 살폈다.

'몽골군이 무척 강하구나.'

포수경은 몽골군이 서하는 물론 중국의 동북지역을 휩쓸고 아랍지역까지 휩쓸고 있다는 것을 알게 되었다. 그는 몽골군이 송나라까지 침공할 것이라고 생각하자 우울해졌다.

정보가 돈이다

포수경은 복건으로 돌아오자 아버지와 형에게 몽골군 이야기를

칭기즈칸의 손자로 제5대 칸이자 원나라의 시조가 된 쿠빌라이(忽必烈). 몽골족인 쿠빌라이가 중국의 원나라를 세우면서 다양한 인종의 인재를 기용했다. 아라비아인의 피가 흐르는 포수경도 쿠빌라이의 포용정책 때문에 망해가는 송나라를 버리고 원나라의 손을 잡을 수 있었다.

했다.

"몽골군은 장차 송나라를 침략할 것입니다."

"그렇다면 우리는 송나라를 위해 싸워야 하지 않느냐?"

"송나라는 조정이 부패하여 도와도 소용이 없습니다."

"그러면 어떻게 해야 하느냐?"

"때를 보고 은인자중해야 합니다."

포수경은 상인으로서 역할에 충실했다.

송나라에서는 포수경을 천주의 무역사무를 총괄하는 제거시박사提舉市舶司에 임명했다. 제거는 책임자를 말하는 것이고 시박은 상선을 의미하는 것이었다. 포수경은 정국이 어지러웠으나 오로지 해상무역에만 30년 동안 전념하여 많은 부를 축적했다. 이때 몽골군이 대대적으로 송나라를 침략하기 시작했다.

'바다는 내가 장악해야 한다.'

포수경은 다시 해적을 모조리 토벌했다. 그러자 송나라에서는 그를 민광초무사闦廣招撫使에 임명했다. 그러나 몽골군과 전쟁이 더욱 치열해지고 있었다. 송나라는 부패하여 몽골군을 제대로 방어하지 못했다. 몽골군은 복건까지 육박해왔다.

몽골은 전 세계를 제패한 칭기즈칸이 죽고 쿠빌라이가 즉위해 있었다. 그는 자기 조정에 중국인을 기용하고 종교를 탄압하지 않았다. 이에 무슬림의 출중한 인물들이 쿠빌라이 정권에서 활약하게 되었다.

송나라의 충신 진의종과 장세걸은 몽골군에 패하여 복건까지 내려온 뒤 총동원령을 내렸다. 포수경에게도 선박과 군비를 강제로 징발하려고 했다.

'망해가는 송나라에 충성할 필요는 없다.'

포수경이 고뇌에 잠겨 있을 때 쿠빌라이 정권의 무슬림인들이 그에게 밀사를 보내왔다.

"원나라와 손을 잡으라."

"원나라?"

포수경은 의아하여 밀사를 쳐다보았다.

"몽골제국이 원나라를 건국했다. 송나라를 멸하는 데 공을 세우면 함께 부귀를 누릴 것이다."

"내가 원나라 황제를 배알할 수 있겠소?"

"물론이다."

포수경은 밀사를 따라가 쿠빌라이 칸을 배알하고 예를 올렸다. 그는 쿠빌라이 칸이 영웅이라는 것을 알아보고 해상무역의 자유를 원했다. 쿠빌라이 칸은 포수경의 청을 들어주었다.

"아버지, 이제 우리는 원나라와 손을 잡아야 합니다."

포수경은 천주로 돌아와 가족과 상의했다.

"송나라를 배신한다는 말이냐?"

"제가 장사를 하면서 들은 정보에 따르면 이제 원나라가 세상을 지배합니다."

"동생의 말이 맞습니다. 송나라는 회복이 불가능합니다."

"너희 뜻이 그렇다면 내가 어찌 반대하겠느냐?"

포수경의 아버지도 반대하지 않았다. 포수경은 가족의 동의를 얻자 사병들과 관군을 수하로 이끌고 송나라를 공격했다. 포수경까지 원나라에 가담하자 송나라는 더 저항할 수 없었다.

송나라는 원군에 토벌되어 비참해졌다. 진의종은 불과 7세인 단종을 모시고 최후까지 원나라군에 항거했으나 패하게 되자 단종을 끌어안고 바다로 뛰어들었다.

'진의종이 충신이구나.'

포수경은 그들의 장례를 후하게 치러주었다.

부자의 기상

원나라는 중국 전역을 지배하게 되었고 포수경은 복건행성 중서좌승의 벼슬까지 올랐다. 포수경은 남송 말기와 원나라 초기 중국의 해상무역을 주도하여 부를 축적했다. 아랍에서 귀화했으나 진취적인 기상을 갖고 있어서 부자가 될 수 있었다.

부자는 어떤 사람이 되는가. 중국 역사 속의 부자들을 살필 때 대부분 진취적인 기상을 갖고 있었다. 범려, 의돈, 과부 청을 비롯하여 많은 부자가 치열하게 장사를 하고 자신 앞에 닥치는 위기에 주저앉지 않았다. 백규가 말했듯이 부자가 되려면 전쟁하듯이 해야 한다.

포수경은 무역으로 돈을 벌기 위해 풍랑에 목숨을 걸고 해적과도 싸웠다. 부자가 되려면 포수경과 같은 기상이 있어야 하는 것이다.

11

백성을 부자로 만드는 재상

사안(謝安)

세계 어느 나라나 가난한 사람이 부를 축적하기는 쉬운 일이 아니다. 가난한 사람들은 그날그날 연명하고 빚을 지지 않으며 살아가는 것도 다행으로 생각한다. 그래서 많은 사람이 관리가 되려고 한다. 관리가 되면 벼슬이 올라갈수록 부를 축적하게 된다. 이는 관리가 되면 부자가 되는 데 훨씬 가까워진다는 사실을 의미한다.

백성이 풍요롭게 살고 부를 이루는 것은 개인의 노력도 중요하지만 국가 정책이 좌우할 때가 많다. 누가 재상이 되느냐에 따라 왕조가 흥하기도 하고 쇠락하기도 한다.

안평중晏平仲은 제나라 임금들이 모두 포학하고 무도한데도 제나라를 잘 이끌었고 인상여藺相如는 강대국 진나라의 위협을 막아내고 조나라를 강대한 나라로 만들었다. 그는 염파 장군과 함께 문경지교刎頸之交라는 고사성어를 남기면서 조나라를 이끌었으나 그가 죽자 조나라는 무너졌다.

국가의 재상을 할 재목

동진東晉은 서진이 무너진 뒤
세워진 나라였다. 사마의의 후손
인 사마염이 세운 서진은 팔왕의
난으로 혼란에 빠졌고 이 틈을 노
려 북방의 호족이 침입하자 멸망
했다. 사마의의 후손 중 하나인
사마예司馬睿가 양자강 이남에서
일어나 건업에 도읍을 정하고 진
나라를 부흥했는데 역사가들은
이를 동진이라고 불렀다.

사안(謝安)은 젊어서부터 명망이 높았으나 은둔생활을
하면서 풍류를 즐기다 마흔이 넘어서야 조정에 나갔다.

사안謝安은 하남성 양하 출신으로 어려서부터 총명하고 학문이 뛰
어났다. 그는 절강성의 회계에 살면서 은인자중隱忍自重했다. 그러나 학
문이 뛰어나고 도량이 커서 회계산의 현자, 회계산의 은자라는 소문이
널리 퍼졌다. 그는 당대의 대학자 왕희지王羲之 등과 교유하면서 문학
을 논하고 시를 지으면서 살았다.

사안은 귀족 가문 출신이었기 때문에 일찍부터 명성이 높았다. 동
진의 황제가 여러 차례 벼슬에 나오라고 권했으나 응하지 않자 황제
가 그를 금고형에 처했다. 사안은 아랑곳하지 않고 기생들을 불러 시
회를 즐겼다.

"사안은 반드시 조정에 나올 것이다. 기생과 어울리고 있으니 세상을 버린 것은 아니다."

황제가 예언했으나 사안은 여전히 기생들과 풍류를 즐겼다.

하루는 왕희지 등과 뱃놀이를 갔는데 갑자기 풍랑이 높이 일어 배가 크게 흔들렸다. 사람들이 모두 우왕좌왕하면서 돌아가자고 소리를 질렀다. 사안은 호탕하게 웃으면서 아랑곳하지 않고 시를 읊었다. 파도가 더욱 높아졌다.

"사공, 파도가 이렇게 높으니 돌아가야 하지 않는가?"

왕희지가 얼굴이 하얗게 변해서 소리를 질렀다. 왕희지는 필체로 명성을 떨쳤으나 파도가 높이 일자 제정신이 아니었다.

"파도가 높아서 배가 뒤집어지는 것이 아니라 당신들이 일어나서 우왕좌왕하니 배가 뒤집어지는 것이다. 이래서야 살아서 돌아가겠는가?"

사안이 혀를 차자 사람들이 그제야 자리에 앉았다. 사람들은 그때 이미 사안이 재상이 되면 나라를 안정시킬 것이라고 말했다.

세상에 나오면 작은 풀

동진에 환온桓溫이라는 유명한 정치가가 있었다. 그는 사안의 명성을 듣고 몇 번이나 찾아와 조정에 나와 벼슬하라고 권했는데 사안은 그때마다 사양했다.

"남자라면 마땅히 조정에 나가 뜻을 펼쳐야 하지 않습니까?"

조카 사현이 사안에게 물었다. 사현은 사안이 제자처럼 애지중지하는 조카였다.

사안이 풍류를 즐기는 모습을 그린 〈동산보첩도(東山報捷圖)〉

"조정에 나간들 무엇을 하겠느냐? 왕조가 하루아침에 일어나고 무너지지 않느냐?"

사안이 얼굴을 찡그리며 말했다. 사안이 살고 있던 시대는 부침이 심해 수많은 왕조가 무너지고 세워지고 있었다.

"그럼 왕조가 무너질까 봐 조정에 나가지 않는 것입니까? 모름지기 배운 자는 그것을 백성을 위하여 써야 한다고 하지 않았습니까?"

사현의 말에 사안의 얼굴이 굳어졌다.

"네가 나를 가르치는구나."

사안은 마침내 은둔 생활을 접고 조정에 나아가기로 했다. 동진의 실력자 환온이 여러 사람을 거느리고 회계산으로 사안을 찾아왔다. 그때 어떤 사람이 환온을 알아보고 원지초遠志草를 선물했다.

"이것은 원지라는 약초인데 소초小草라는 이름으로 불리기도 하오. 어떤 때는 원지로 불리고 어떤 때는 소초로 불리는데 그 까닭이 무엇이오?"

환온이 사안에게 물었다. 사안이 대답을 하지 못하고 있는데 학륭이라는 사람이 나섰다.

"산에 있으면 원지라고 부르지만 세상에 나오면 소초가 되는 것입니다."

학륭의 말은 은근히 사안을 비꼬는 것이었다. 사안은 자신이 이제 작은 풀과 같은 존재가 되었다고 생각했다.

"학륭의 말이 틀리지는 않지만 악의는 없소."

환온이 부드럽게 말했다.

재상이 하는 일

사안은 사마라는 벼슬로 시작하여 명성이 높아졌다. 그는 일 처리가 공평무사했고 조금도 빈틈이 없었다. 그는 빠르게 벼슬이 승차하여 재상이 되었다.

사안이 재상으로 있을 때 사안의 고향에서 장사꾼 모씨가 파초선을 팔기 위해 왔는데 비도 오고 비싸서 팔리지 않았다.

"오늘도 파초선을 팔지 못했소?"

여관 주인이 모씨의 행색을 보고 혀를 찼다.

"예. 파초선이 도무지 팔리지 않습니다."

"여관비도 여러 날이 밀렸는데 어쩔 작정이오? 하루 이틀 밀린 게 아니니 봐줄 수도 없고…."

"죄송합니다. 아무래도 고향으로 돌아가야 할 것 같습니다."

"고향이 어디라고 그랬소?"

"하남의 양하입니다."

"양하라면 재상 사안과 같은 고향이 아니오? 재상을 아시오?"

"그분이야 학문이 높아서 존경만 하고 있지요. 실제로 뵌 적은 없습니다."

"그럼 내일 한번 찾아가 보시오. 재상이 팔아줄지 모르지 않소?"

모씨는 그날 밤 잠을 이루지 못했으나 이튿날 아침 일찍 사안을 찾아갔다. 사안의 집에는 문객들이 많았다. 몇 시간을 기다려서야 겨우 그의 차례가 되었다.

"양하에서 왔다고? 내 고향에서 왔군. 고향에는 풍년이 들었나?"

사안은 고향 이야기를 이것저것 물었다.

"그래, 무슨 일로 나를 찾아왔나?"

"저는 고향에서 파초선을 팔러왔습니다. 비가 오고 날씨가 덥지 않아 파초선이 팔리지 않았습니다. 염치없지만 파초선을 맡길 테니 노잣돈이라도 융통해주십사 하고 왔습니다."

"파초선을 보여주게."

모씨는 파초선을 갖다가 사안에게 보여주었다.

"훌륭한 파초선이로군. 한 개에 얼마인가?"

사안은 모씨에게 파초선 몇 개를 샀다.

"내일부터 우리 집 앞에서 파초선을 팔게. 장사가 잘될 걸세."

모씨는 사안에게 파초선값을 받고 물러나왔으나 노잣돈을 마련하지 못해 찜찜했다. 그래도 다음 날 아침 파초선을 가지고 사안의 집 앞으로 가서 팔기 시작했다. 그런데 이상하게 파초선이 날개 돋친 듯이 팔렸다.

"왜 사람들이 갑자기 파초선을 찾는 거지?"

모씨는 파초선을 다 팔자 사안의 집에 들어가 인사를 올렸다. 사안은 한가하게 파초선을 흔들면서 손님들을 접대하고 있었다.

"그렇구나. 동진의 재상인 사안이 파초선을 흔들면서 손님들을 접대하니 손님들이 모두 파초선을 사는구나."

모씨는 비로소 파초선이 잘 팔린 까닭을 알게 되었다.

"파초선은 다 팔았는가?"

차례가 되어 모씨가 사안에게 인사를 하자 그가 웃으면서 물었다.

"재상님 덕분에 모두 팔았습니다."

"다행이군. 덥지도 않은데 파초선을 흔드느라고 혼났네."

사안이 부채를 내려놓으면서 호탕하게 웃었다.

"어찌 저 같은 일개 백성에게 이와 같은 은혜를 베푸십니까?"

모씨가 감격하여 물었다.

"재상의 일 중 가장 중요한 것이 백성을 부유하게 하는 일이네. 나
는 당연한 일을 했으니 은혜라고 생각하지 말게."

사안은 웃으면서 노나라 재상 공의휴公儀休 이야기를 들려주었다.

가진 자가 소비를 해야 한다

춘추시대 노나라에 공의휴라는 재상이 있었다. 하루는 그가 퇴청하
여 돌아오자 먼 친척이 큰 생선을 가지고 왔다.

"재상이 되어 나라살림을 하느라고 얼마나 힘이 드십니까? 조금이
라도 보탬이 되고자 좋은 생선을 한 마리 가져왔습니다."

친척이 절을 하고 말했다.

"말은 고맙네만 도로 가져가게."

공의휴가 정중하게 사양했다.

"왜 그러십니까? 생선 한 마리가 약소해서 그러십니까?"

"그렇지가 않네. 나는 나랏일을 하기 때문에 녹봉을 받네. 이 녹봉
은 쌀도 사 먹고 옷도 사 입고 생선도 사 먹으라고 주는 것일세. 내가
재상이라고 생선을 공짜로 먹으면 녹봉은 어디에 쓰고 생선장수는 누
구에게 생선을 팔아서 가족을 부양하나?"

공의휴가 부드럽게 말하자 친척은 감격하여 돌아갔다.

하루는 공의휴가 퇴청하여 돌아오자 부인이 저녁을 차렸다. 공의휴가 국을 먹는데 유난히 맛이 좋았다.

"부인, 이게 무슨 국이오?"

공의휴가 놀라서 부인에게 물었다.

"아욱국입니다. 왜 그러십니까?"

"국이 참 맛있소. 내일도 사다가 끓여주면 고맙겠소."

"사올 필요가 무어 있습니까? 뒤뜰에 잔뜩 심었는걸요."

"뭐요?"

"당신이 선물이 들어오는 것을 절대 받지 못하게 하니 어떻게 해요? 여종과 밭을 일구어 아욱을 심었지요."

공의휴는 그 말을 듣자마자 뒤뜰로 가서 아욱밭을 갈아엎었다.

"영감, 노망이 들었소?"

부인이 펄쩍 뛰었다.

"녹봉을 받는 나라의 재상이 채소를 사먹지 않고 키워서 먹으면 채소장수는 누구에게 채소를 판다는 말이오?"

공의휴가 엄중하게 말했다.

하루는 공의휴가 등청하려고 하는데 부인이 비단옷을 입혀주었다.

"비단옷을 사왔소? 참으로 좋소."

공의휴가 기분이 좋아 말했다.

"당신이 청렴해서 재산이 없는데 어찌 비단옷을 사겠어요? 집안에 베를 잘 짜는 여종이 있어서 함께 비단을 짰어요."

"누가 당신에게 비단을 짜라고 했소?"

공의휴는 화를 내면서 비단옷을 벗어던졌다.

"내가 손수 베를 짜면 시장에 나가서 살 필요가 없으니 우리 집안 살림에 도움이 될 것입니다."

부인이 새침하게 말했다.

"나는 나라에서 녹봉을 받고 있소. 녹봉을 받는 관리가 비단을 사지 않으면 시장의 상인들은 누구에게 비단을 판다는 말이오?"

공의휴가 부인에게 단호하게 말했다. 공의휴의 말은 건전한 소비와 소비 촉진에 대한 이야기다.

공의휴는 청렴한 재상으로 나라를 잘 이끌었다.

"재상님, 말씀 잘 알아들었습니다."

모씨는 사안에게 절을 하고 나오면서 감동했다. 사안은 처음에 환온 밑에서 사마라는 벼슬로 관직을 시작했는데, 일을 잘하고 청렴했기 때문에 점점 벼슬이 높아졌다. 환온은 동진에서 군벌로 승승장구했고 사안도 벼슬이 높아져 승상이 되었다.

세상을 꿰뚫어보는 혜안

환온은 군사를 장악하자 은근히 나라를 탈취하려는 야망을 품었다. 그는 자기 야망을 실현할 때 사안이 방해가 될 것을 우려하여 군중으로 불렀다.

"가지 마십시오. 환온이 반드시 승상을 죽일 것입니다."

사안의 부하들이 반대했다.

"내가 가지 않으면 환온은 더욱 날뛸 것이다."

사안은 환온의 군중에 가서 태연하게 일을 보았다. 사안의 태도가 너무나 당당했기 때문에 환온은 감히 사안을 죽일 수 없었다.

환온은 황제가 되려는 야망을 숨기지 않고 구석九錫의 예禮를 하사해달라고 청했다. 구석은 아홉 개 보물을 일컫는 것으로 그것을 받으면 황제가 될 수 있었다.

'나라를 찬탈하면 백성이 고통스러워진다.'

사안은 환온의 청을 들어주는 체하면서 이를 하사할 때 내리는 조서를 작성하게 했다. 그런데 대문장가가 조서를 작성해서 올리면 사안이 퇴짜를 놓고 다시 쓰게 했다.

'문장이 틀린 곳이 없는데 왜 다시 쓰라는 것인지?'

문장가는 사안의 심중을 이해할 수 없었다. 그러는 동안 환온이 갑자기 병들어 죽음으로써 그의 야망은 실현되지 않았다.

'재상은 환온이 죽을 때를 기다렸구나.'

문장가는 사안의 지혜에 감탄했다.

전진前秦은 오호로 불리는 저족이 세운 나라였다. 저족 추장 부견符堅은 장안을 공격하여 점령한 뒤 나라 이름을 진秦이라고 하였다. 전진은 오호십육국시대에 가장 강대한 나라로, 재상 왕맹王猛의 주도로 전연前燕을 멸망시키고 이어 전량前涼을 멸망시켜 하북 일대를 평정한 뒤 동진을 침략해왔다. 전진 황제 부견은 1백만 대군을 이끌고 달려왔다. 이에 동진의 승상 사안은 10만 대군을 이끌고 전진군과 맞섰다.

동진군은 비수淝水에 진을 쳤으나 대도독인 사안이 어떠한 명령도

동진(東晉)의 명장 환온(桓溫)이 죽자 사안은 동진의 모든 군정 실권을 쥐게 된다. 하지만 전진(前秦) 왕 부견이 1백 만 대군을 이끌고 동진을 침략해오면서 비수대전(淝水大戰)이 벌어진다.

내리지 않아 장수들을 당황하게 만들었다. 장군과 지략가들이 다투어 사안에게 달려와 명령을 내려줄 것을 청하고 자신들의 의견을 말했으나 사안은 한마디도 하지 않았다. 이틀이 지나자 사안이 비로소 장군들과 장수들을 모아놓고 군령을 내리는데 조금도 빈틈이 없었다.

마침내 비수대전淝水大戰이 벌어졌다. 전진의 1백만 대군이 총공격을 감행하자 동진군은 배수의 진으로 맞섰다. 사안은 뒤에서 한가하게 바둑을 두고 있었다.

얼마나 시간이 지났을까. 바둑을 두고 있는 사안에게 조카 사현이 서찰을 가지고 들어와서 바쳤다. 사안은 서찰을 읽고 표정 변화 없이 담담하게 바둑을 계속 두었다.

"무슨 서찰입니까?"

바둑을 두던 사람이 물었다.

"비수에서 우리가 이겼다고 하는군요."

바둑을 두던 사람은 사안의 태연한 태도에 놀랐다.

그 무렵 동진에서는 배계裴啓라는 인물이 지은 《어림語林》이라는 책이 널리 읽혔다. 학문을 하는 사람들은 반드시 《어림》을 읽어야 할 정도로 유명한 책이었다. 유도계라는 사람이 하루는 사안을 찾아가 《어림》에 있는 시를 읽었다. 사안은 그에 대해서 이렇다 저렇다 말이 없다가 한참 뒤 입을 열었다.

"그대도 결국 배계의 학문을 하는가?"

사안은 배계를 비평하지 않았으나 유도계를 비판함으로써 배계의 《어림》까지 비판했던 것이다. 유도계는 얼굴이 붉어져 돌아갔다. 그의 입을 통해 사안이 배계를 비평했다는 말이 파다하게 나돌았다. 그날 이후 《어림》이라는 책은 다시 읽히지 않았고 《어림》에 있는 시를 인용하는 사람도 없었다.

부를 얻는 방법

사안은 정토대도독이 되어 15개 주를 평정하고 병으로 죽었다. 그러나 그는 20여 년 동안 벼슬에 있으면서 백성의 부유한 삶을 이루기 위해 노력했다. 그가 재상으로 있는 동안 동진은 영토가 넓어졌고 백성은 태평성대를 누리게 되었다.

"사람들은 누구나 부귀를 원합니다. 부를 얻으려면 어떻게 해야 합니까?"

사안의 조카 사현이 물었다.

"검소하고 절약해야 한다."

"절약하면 부귀를 얻을 수 있습니까?"

"절약하고 검소하되 인색하지 말아야 한다."

사안의 말은 누구나 실천할 수 있을 것 같지만 실제로는 쉽지 않다.

부자는 근검절약으로 이루어진다. 부지런히 일하고 아끼어 저축한다. 저축하면 재산이 쌓이고 증식하기가 쉬워진다. 아끼는 것을 절약이라 하고 정도에 지나칠 정도로 아끼면 인색하다 하여 구두쇠라고 부른다.

12

권력에 빼앗긴 부

심만삼(沈萬三)

천 리 길도 한 걸음부터라는 속담이 있다. 천 리를 걸어서 가라고 하면 사람들이 대부분 아득한 거리 때문에 질색하게 된다. 그러나 한 걸음 한 걸음 가다가 보면 천 리에 이르게 되고 천 리에 이르고 나면 얼마든지 갈 수 있다는 생각을 하게 된다.

부자가 되는 것도 마찬가지다. 한 푼 두 푼 절약하고 모으다보면 천금이 되고 어느 사이에 부자가 된다. 중국의 부자들 중 상당수는 권력을 통해 부를 쌓고 절반은 스스로 노력해서 부를 이뤘다.

부자는 일정한 시간이 지나면 빠르게 재산이 증가한다. 돈이 돈을 벌어들인다는 속담이 있듯이 천금이 만금이 되고 만금이 억만금이 된다. 그러므로 부자는 천금을 모을 때까지가 가장 중요하다.

부지런한 자가 성공한다

심만삼沈萬三은 원나라 말엽 강
남의 대부호였다. 절강 오흥 출
신으로 지금도 곳곳에 그의 유적
이 남아 있다. 그러나 심만삼은
처음부터 부자가 아니었다. 몽골
족이 원제국을 세우고 중국을 통
치한 지 채 1백 년이 안 되었으
나 이미 쇠퇴해가고 있을 때 심
만삼은 가난한 농가에서 태어났
다. 그러나 그는 어려운 처지인
데도 공부하면서 미래에 대해 생
각하고는 했다.

심만삼은 원나라 말기 강남의 대부호로 그가 손님을 대
접할 때 먹었다는 만삼제(萬三蹄)란 음식이 유명하다.

'사람들은 모두 부귀하기를 원한다. 나 역시 평범하게 일생을 마칠
것이 아니라 큰 부자가 되어 세상의 모든 부귀를 누릴 것이다.'

심만삼은 어릴 때부터 부자가 되는 것을 갈망했다. 당시 부자가 되
는 방법은 높은 관리가 되거나 농사를 짓거나 장사를 하는 것뿐이었
다. 그는 원나라에서 관리가 되는 것을 원하지 않았다. 원나라 관리들
은 한인을 차별했고 한인들도 원나라 관리들에게 반발했다.

'부자가 되려면 무엇을 해야 할까?'

심만삼이 살고 있는 마을은 심씨 집성촌이었으나 대부분 가난하게
살고 있었다. 그러나 다른 마을에는 비옥한 농토를 갖고 있는 지주들

이 많았다. 심만삼은 지주가 되기로 결심했다. 그러나 지주가 되려면 땅이 있어야 했다.

'농사를 지으려고 해도 땅이 없으니 어떻게 하지?'

심만삼은 마을을 돌아다니면서 땅을 살폈다. 그러나 농사를 짓는 땅은 모두 비쌌고 산비탈의 척박한 땅만 남아 있었다.

'그래. 이 땅을 개간하자.'

심만삼은 불모지를 헐값으로 사들여 개간하기 시작했다.

"곡식을 심을 수 없는 땅을 개간해서 뭐 해?"

사람들이 심만삼을 비웃었으나 심만삼은 하루도 거르지 않고 비탈진 산에서 돌을 골라내고 억센 풀을 뽑았다. 손이 부르트고 허리가 끊어질 듯이 아팠으나 개간지는 조금씩 늘어났다. 그는 비가 오거나 눈이 와도 쉬지 않고 일했다.

'농민들이 가난하게 사는 것은 게으르기 때문이다.'

심만삼은 사람들이 부지런하게 일하는 이유를 알 수 있었다. 그가 부지런히 일하는 것을 본 어머니가 돕기 시작했다. 그러나 동생들은 화전을 개간하는 것을 중노동이라면서 달가워하지 않았다.

'언젠가는 너희가 나를 따라올 것이다.'

심만삼은 동생들에게 강제로 일을 시키지 않았다. 심만삼은 개간지에 콩이나 밀 같은 밭곡식을 심었다. 개간지에서 나온 소출은 얼마 되지 않았다. 그러나 몇 년이 지나자 점차 소득을 올릴 수 있었다.

심만삼은 개간지에서 나온 소출로 노예들을 샀다. 흉년으로 거지가 되어 떠돌아다니는 사람들이 많았기 때문에 그들을 노예로 받아들였다.

'한 사람이 땅을 개간하는 것보다 열 사람이 개간하는 것이 더 낫고 열 사람보다 백 사람이 더 낫다.'

노예들은 심만삼이 대우를 잘해주자 열심히 일했다. 그러나 그들은 자신들이 땅을 개간하는 데 동원되자 불만이 많았다.

"너희는 내가 부자가 되기를 원하느냐? 가난한 자가 되기를 원하느냐?"

심만삼이 노예들에게 물었다.

"부자가 되기를 원합니다."

"그렇다면 나를 따르라."

심만삼은 노예들을 동원하여 땅을 개간해 농사를 지었다.

땅에 돈을 쏟아 붓다

심만삼은 절강 일대에 사는 심씨 일가를 모두 동원하여 땅을 개간했다. 그가 동원한 심씨 일가는 수백 명에 이르렀다. 그렇게 개간한 땅에서 첫해에 보리 60~70석을 수확하고 이듬해 여름에는 밀과 보리 2백 석, 가을에는 콩과 팥 3백 석을 수확했다. 이러한 방법으로 논을 개간한 뒤 벼를 심어 수백 석을 수확하니 5년이 지나자 1천 석이 넘는 부자가 되었다.

심만삼은 수확한 곡식을 팔아 다시 땅을 사들여 농사를 짓고, 농사지은 곡식을 팔아 다시 땅을 사들였다. 10년이 지나자 심만삼은 상당한 부자가 되어 있었다.

"자네가 땅을 개간하고 전답을 늘려 큰 부자가 되었다는 말을 들었네."

하루는 강남 제일의 부자라는 육도원이 찾아왔다.

"그렇습니다."

심만삼은 육도원을 정중하게 맞아들였다.

"왜 자네는 자꾸 땅을 사들이는가?"

"땅에서 곡식을 수확하기 때문입니다."

"곡식은 이제 충분하지 않은가?"

"중국은 흉년 때문에 굶주리는 사람들이 많습니다. 아무리 많이 생산해도 풍족하지 않습니다."

심만삼은 육도원과 많은 이야기를 나누었다. 육도원은 전장과 장사로 많은 돈을 번 사람이었다.

"나는 강남 제일의 부를 갖고 있네. 이것을 망하지 않고 후손들에게 물려줄 방법이 있겠는가?"

"작은 부는 오래 유지될 수 있으나 큰 부는 하늘이 정하는 것입니다. 부를 나누십시오."

"그렇다면 자네에게 내 재산의 절반을 맡기겠네."

"어찌 저에게 맡기십니까?"

"자네는 아직 혼인을 하지 않았고 나에게는 딸이 있네. 내 재산을 더 늘릴 수 있겠나?"

심만삼은 가슴이 철렁할 정도로 놀랐다. 그러나 육도원의 청혼을 거절하고 싶지 않았다. 그의 딸을 본 일이 없었으나 심만삼도 이미 혼인할 때를 지나 있었다.

수향(水鄕)으로 유명한 강남의 주장(周庄). 주장은 운하가 발달한 지역으로 약 9백 년의 역사를 지니고 있다. 주장은 강남의 대부호 심만삼의 지원으로 크게 발전하게 된다.

"최선을 다하겠습니다."

심만삼은 육도원의 청혼을 받아들였다.

'아내가 이렇게 미인이라니…'

혼인을 하고 보니 육도원의 딸은 미인이었고 귀하게 자란 여인이었다. 심만삼은 육씨와 혼인한 뒤 소주에 있는 주촌周村으로 이사했다. 주촌은 송나라 때 관직을 지낸 주적이라는 사람이 낙향하여 살면서 주촌이라고 불렀고, 심만삼이 이사하여 마을이 커지자 진시鎭市라고 불렀다. 물이 많은 고장이라 운하가 발전하고 수향水鄕으로 유명했다. 주촌 인근에서는 면과 비단이 많이 생산되었다.

심만삼은 주촌에서 비단과 면을 수집해 팔면서 계속 땅을 사들였다. 그는 항주에서 북경으로 운하를 통해 장사하면서 막대한 돈을 벌어들여 강남의 대부호가 되었다.

'부는 물처럼 흘러야 한다.'

심만삼은 많은 재산을 소유하게 되자 이를 증식하는 방법을 골똘하게 생각했다. 절강 인근에는 오나라, 양나라, 송나라의 도읍이었던 금릉이 있어서 인구도 많고 양자강을 통해 조운이 활발하게 이루어져 일찍부터 조운이 발달해 있었다. 송나라 말경과 원나라 초기 부자로 명성을 떨쳤던 포수경은 복건성 일대에서 무역으로 부자가 되었다.

심만삼은 매일 같이 상선들이 드나드는 소주를 오갔다.

"주인님은 매일 같이 어디를 다녀오십니까?"

심만삼의 부인 육씨가 차를 따르면서 물었다.

"강에 나갔다가 왔소. 강에서 장사를 크게 하는 것 같소."

"장사를 크게 하고 싶으세요?"

"그렇소. 장인어른과 재산을 늘리겠다고 약속했소."

"그럼 비단이나 면을 수집하세요. 이 지역은 비단이 특산물이니 값이 싸요. 비단을 잔뜩 수집한 뒤 남경이나 다른 지역에 파세요."

"알겠소. 당신이 아주 좋은 방법을 이야기해주었소. 고맙소."

"아녀자의 일이니 너무 귀담아듣지 마세요."

"장사를 다니면 한 달도 걸리고 두 달도 걸릴 텐데 괜찮겠소?"

"저는 집안을 돌보면서 아이들을 키울게요."

심만삼은 육씨와의 사이에서 아들을 셋이나 낳았다. 아들은 육씨가 모두 혼자서 키우고 있었다.

지주에서 무역으로

심만삼은 이튿날부터 비단을 대대적으로 수집했다. 상단에서 일하는 사람이 수백 명이나 되었기 때문에 한 달 동안 수집하자 비단이 산처럼 높이 쌓였다.

"비단은 비싼 물건이니 관리를 잘해야 한다."

심만삼은 상단 관리자들에게 지시했다. 비단을 모두 수집하자 배에 선적하여 양자강을 거슬러 올라가기 시작했다. 비단을 실은 배가 15척이나 되었기 때문에 장관이었다. 심만삼은 뱃전에 서서 장강을 거슬러 올라가는 상선의 하얀 돛을 보고 흡족했다.

에야, 에야, 노를 젓자

장강의 선들바람

낭자의 치맛바람

치마를 흔들어서

구슬땀을 식히누나

에야, 에야, 노를 젓자.

배꾼들의 낭랑한 노랫소리가 하늘 높이 울려 퍼졌다. 강을 거슬러 올라가기 때문에 여러 날이 걸렸다. 심만삼은 남경에 이르자 상관을 마련하고 비단을 하역했다. 남경은 인구도 많고 상인들도 많았다. 심만삼은 비단을 모두 팔고 소주 일대에 흉년이 들었기 때문에 곡물을 사가지고 돌아왔다. 그래서 비단을 팔아서도 이익을 남기고 곡식을 팔아서도 이익을 남겼다. 심만삼은 무역선을 운영하여 돈을 더 많이 벌었다.

심만삼은 주장周庄에 주로 살았는데 전설에 따르면 심만삼이 젊었을 때 죽어가는 청개구리를 구한 일이 있었다. 그러자 청개구리가 보은하기 위해 취보분을 주었다. 취보분은 은화를 넣으면 은화가 가득 차고 금화를 넣으면 금화가 가득 차는 보물이었다. 심만삼이 청개구리 덕분에 부자가 되었다는 것이다. 심만삼이 부유해지자 후대에 만들어진 전설이다.

심만삼은 부자가 되자 문인들과 화가들을 후원했다. 학문이 높은 선비들을 초빙하여 아이들을 가르치기도 했다.

'재물은 물처럼 흘러야 한다.'

심만삼은 부를 축적하자 더 많은 돈을 벌기 위해 안달하지 않았다. 그가 문인들이나 화가들과 한담을 나눌 때도 무역선은 운행되었고 상관도 운영되어 부가 계속 늘어났다.

그러나 부를 축적하는 그의 앞길에 불안한 그림자가 드리워지기 시작했다. 원나라는 한족을 융화시키지 못하고 부패해져 갔다. 원나라는 중앙집권세력이 부패하고 몽골족과 한족 간에 갈등이 커졌다. 특히 부가 몽골족에게 일방적으로 쏠리고 토호들이 농민들을 착취하자 농민들의 불만이 더욱 커졌다.

'관리들의 착취가 너무 심하다.'

심만삼은 원나라가 위기에 빠지고 있다고 생각했다. 왕조가 무너질 때가 되면 부패와 수탈이 심해져 도처에서 도적들이 일어난다.

"양식을 풀어 굶주린 백성을 구제하라."

심만삼은 하인들에게 지시해 자기 창고에 있는 식량을 나누어주기 시작했다. 도적들이 일어나면 가장 먼저 습격을 받는 것이 부자들이었다. 심만삼이 양식을 풀자 굶주리던 농민들이 절을 하면서 고마워했다. 하남 일대는 원나라의 통치 기반이 약해서 곳곳에서 민란이 일어났다.

"아버님, 민란이 일어났다는데 우리는 어찌합니까?"

아들 심영이 물었다.

"돌아가는 상황을 지켜보아야 한다. 장사성張士誠이 성공하면 장사성을 지원해야 한다. 그러나 앞일은 아무도 모른다."

심만삼은 장사성의 행보를 주의 깊게 살폈다. 장사성은 원나라 토벌군에 밀려 소주를 점령했다. 심만삼의 주촌이 있는 곳이었다.

"장사성이 군량을 원합니다."

사돈인 막단이 달려와서 말했다.

"장사성이 이곳을 점령하고 있으니 어쩔 수 없다."

심만삼은 두 아들 심왕과 심무에게 군량을 실어다가 주도록 지시했다. 심왕과 심무는 운하로 막대한 쌀을 실어다주었다.

심만삼은 홍건적의 반란으로 장사하는 일이 어려워졌다. 그는 홍건적과 관군의 움직임을 면밀하게 살폈다. 통치의 본거지가 하북지방인 원나라는 반란군이 하남 일대에서 일어났기 때문에 효과적으로 대응하지 못했다.

"군사들은 들어라! 우리는 원제국을 물리치고 한인의 나라를 건설할 것이다. 백성은 들어라! 원제국은 몽골에서 일어난 오랑캐의 나라로 우리 한인들을 핍박해왔다. 이제 하늘의 명을 받아 내가 원제국을 토벌할 것이니 그대들은 나를 따르라! 나를 따르는 자에게는 하늘의 복이 함께할 것이나 나를 따르지 않는 자에게는 재앙이 내릴 것이다!"

민란을 주도한 또 한 사람인 주원장이 군사들과 백성에게 포고문을 발표했다.

천하가 대란에 빠지다

심만삼은 주촌에서 주원장이 선포한 글을 자세하게 읽었다. 주원장이 도탄에 빠진 천하를 구하겠다고 선언한 것이다.

'주원장이 일개 도적이 아니라는 말인가?'

심만삼은 집 앞에 있는 쌍교를 걸으면서 생각에 잠겼다.

'주원장 옆에 현사賢士가 있는 것 같구나.'

심만삼은 주원장이 예사롭지 않은 인물이라고 생각했다. 총관이 상인 몇을 거느리고 오는 것이 보였다.

"대인…."

총관 양운이 허리를 숙여 인사했다.

"총관…."

"예. 대인."

"사람을 풀어서 주원장 쪽을 잘 살펴보게."

"예."

명(明)나라의 초대 황제 주원장(朱元璋)의 초상. 주원장은 홍건적 곽자흥(郭子興)의 사위가 되면서 두각을 나타내다가 1368년 원나라를 몰아내고 명나라를 세워 중국을 통일했다.

"곡식을 사들이는 것은 어떻게 되었나?"

"지역마다 곡식을 사들여서 보관하고 있습니다."

"도적들에게 빼앗기지 않도록 각별하게 신경써야 하네."

"예. 모두 믿을 만한 자들에게 맡겼습니다."

"곡식의 주인이 누구인지 밝혀지면 안 되네."

"명심하고 있습니다. 각 지역 상단과 전장에서는 어르신이 주인이라는 것을 모릅니다."

심만삼은 전장을 심가전장沈家錢莊이라고 이름 지었기 때문에 그의 본명을 알고 있는 사람이 많지 않았다. 심만삼은 곳곳에서 군웅들이 일어나는데도 장사를 계속했다.

주원장이 포고문을 발표하자 군사들과 백성이 속속 주원장 진영으로 몰려와 남경 공략에 참여했다. 남경에서는 전투가 치열하게 벌어졌다. 원제국도 필사적으로 주원장의 군사들을 방어했다. 그러나 박주에 거점을 마련한 유복통劉福通이 한상동의 어린 아들 한임아를 황제로 추대하여 대송大宋이라 칭하고 개봉을 점거하여 원나라와 치열하게 싸웠기 때문에 원나라는 주원장 군사와 싸우는 원군에 증원군을 보낼 수 없었다.

주원장은 치열한 공방전 끝에 남경을 점령했다.

"대인, 남경이 주원장의 손에 떨어졌습니다."

총관 양운이 허겁지겁 달려와서 보고했다. 심만삼이 아이들의 스승으로 초빙한 왕행과 차를 마시고 있을 때였다.

"그런가? 주원장의 책사가 누구인지 알아보게."

"예."

양운이 허리를 숙이고 물러갔다.

"주원장은 어떤 사람입니까?"

왕행이 조용히 차를 마시다가 물었다.

"천자가 되려는 사람인 것 같습니다."

심만삼은 쓸쓸하게 말했다.

"주원장이 마음에 들지 않으십니까?"

"주원장은 도적 출신입니다."

심만삼은 잘라 말했다.

주원장이 남경을 점령하자 원제국에 충성을 바치던 강무재康茂才가 십만 군사를 이끌고 투항해왔다. 주원장으로서는 백만 대군을 얻은 것이나 다름없었다.

'하늘이 주원장을 돕는구나.'

강무재가 투항했다는 소식을 듣고 심만삼은 탄식했다.

주원장은 남경을 점거하자 군사들과 백성에게 다시 포고문을 발표했다.

"원나라는 한족을 수탈하고 우리 한의 백성은 기아와 질병으로 유리걸식하고 있다. 사방에서 도적이 일어나 백성이 도탄에 빠져 신음하고 있다. 지금 내가 군사를 이끌고 남경에 온 것은 전란을 평정하고 백성을 안태시키기 위해서다. 산림에 숨어 있는 현인은 높이 등용하고 원의 폐정은 혁신할 것이다. 나의 관리와 군사들은 절대로 백성에게 민폐를 끼치는 일이 없도록 하라. 전란이 평정되었을 때 크게 상을 내리리라."

심만삼은 주원장의 포고문을 보고 더욱 맥이 풀리는 기분이었다.

"대인, 마음을 편히 가지십시오. 원나라는 더욱 망해갈 것이고 군웅들의 전쟁은 계속될 것입니다. 누구든 천하를 안정시켜야 하지 않습니까?"

부인 육씨가 심만삼을 위로했다.

"부인 말이 옳소. 천하가 안정되어야 백성이 편히 살 수 있소"

심만삼은 마음을 가다듬기로 했다.

주원장의 포고는 강남 일대에 널리 퍼져 그동안 재야에 흩어져 있던 현사들이 주원장 진영으로 몰려왔다. 이때 주원장을 찾아온 사람들 중에는 후일 4사四師라고 불리는 유학자가 넷 있었다. 이들은 유기劉基,

송렴宋濂, 장일章溢, 섭침葉琛으로 주원장의 명明나라가 유교儒敎를 국교로 하는 계기가 되었다.

주원장의 참모 이선장李善長은 농민군 반란 대장에 지나지 않던 주원장에게 제왕지도를 가르쳤다.

"원이 유복통의 군사와 싸울 때 백성을 안정시키고 나라를 세울 기틀을 마련해야 합니다."

이선장은 주원장이 북진하는 것을 반대하고 남쪽을 평정하면서 정부를 설치할 것을 권유했다. 당나라를 세운 이세민이 장안을 먼저 공격한 것과 같은 방식이었다. 비록 정식으로 나라를 세우지는 않았으나 이선장의 권고에 따라 주원장은 남경에서 행정 체제를 갖추고 백성을 다스리는 한편 군사들을 양성하고 군비를 비축했다.

'주원장이 민심을 얻고 있어.'

심만삼은 하남 일대가 달라지는 것을 보고 놀랐다.

이때 유복통이 지휘하는 대송 군사들이 원나라 군사에 대패했다. 대송은 이로써 자취도 없이 사라졌다. 그러나 무한武漢지방에는 진우량陳友諒이라는 영웅이 등장하여 국호를 한漢이라고 칭하고 서서히 세력을 넓히고 있었다.

'주원장과 장사성도 감당하기 어려운데 영웅이 또 일어났는가?'

심만삼은 하남 일대가 춘추전국시대로 돌아가고 있다고 생각했다.

주원장은 파양호鄱陽湖에서 진우량의 군사들을 격파하기로 하고 대규모 수군과 병선을 준비했다. 그러나 전쟁 준비에는 막대한 자금이 들어가게 되었다.

'절강은 장사성이 통치하고 있지만 심만삼이라는 거부가 있다. 그는 남경 일대에도 부를 갖고 있다.'

주원장은 비밀리에 사람을 보내 심만삼에게 자금을 지원할 것을 요청했다.

"장사성이 알게 되면 목숨을 잃게 됩니다."

총관 양운이 반대했다. 그러나 주원장 세력도 만만치 않았다. 혹시라도 주원장이 천하를 장악하면 몰살을 당할 수도 있었다.

주원장은 파양호에서 진우량의 대군에 맞서 화공(火攻) 작전을 펼쳐 대승리를 거둔다.

"지금 지원하지 않으면 훗날 주원장에게 죽임을 당할 것이다."

심만삼은 비밀리에 막대한 자금을 보냈다. 심만삼의 지원을 받은 주원장은 병선을 수백 척 제조하여 진우량을 공격할 준비를 했다.

파양호에는 수십만 대군과 병선이 집결했다. 주원장은 몇 년에 걸쳐 진우량군과 싸우다가 병선과 수군이 완비되자 대선단을 이끌고 파양호로 짓쳐 들어갔다. 진우량군과 주원장군은 치열하게 전투를 벌였으나 주원장군의 승리로 끝났다.

파양호의 결전은 적벽대전 이후 중국 역사상 가장 거대한 수전이었다.

진우량의 한군을 격파하자 이선장은 주원장에게 오왕吳王으로 등극할 것을 권유했다. 남경이 옛 오나라 땅이었기 때문이다. 주원장은 신하들의 간청을 받아들이는 형태로 오왕에 등극하여 이선장을 우상국右相國, 진우량의 군사를 격파하는 데 혁혁한 공을 세운 서달徐達을 좌상국에 임명했다.

'허, 강남에 오나라가 두 개 생겼군.'

심만삼은 주원장이 국호를 오나라로 정하자 씁쓸했다. 장사성도 오왕으로 등극하여 옛 월나라 땅에서 활개를 치고 있었다. 주원장은 오왕으로 등극한 이듬해에 중국을 통일하기 위해 동정東征에 나섰다.

"병사들은 들어라! 그대들은 어떠한 일이 있어도 백성을 살육하지 말라. 백성의 가옥을 불태우거나 재물을 약탈하는 자는 처형한다."

주원장은 출정하는 군사들에게 엄하게 명령을 내렸다. 주원장의 포고령은 곧바로 심만삼에게 전달되었다.

"장사성의 충실한 신료들은 들어라. 그대들은 천시를 잘 헤아려 귀순하라. 칼을 버리고 투항하면 모두에게 명작名爵과 상여賞輿가 있으리라. 장사성의 백성은 들어라. 그대들이 가업에 충실하고 우리 군사를 환영한다면 나의 양민이 될 것이다. 전산방사田産房舍를 소유한 자들은 그대로 소유를 인정할 것이며 부귀와 귀천에 따라 공평하게 세금을 징수할 것이다. 그 외에는 어떠한 세금도 걷지 않을 것이다. 나는 그대들을 대를 이어 고향에 안주하게 하고 일가의 안락을 보장할 것이다."

주원장은 장사성의 신하들과 지방의 유력자들에게 격문을 보내 자기편으로 끌어들이는 정책을 취했다.

"주원장의 포고령에 강남의 유력자들이 술렁이고 있습니다."

양운이 주장으로 와서 심만삼에게 고했다.

"우리도 장사성과 관계를 끊는다."

심만삼은 장사성과 단절했다. 주원장의 포고에서 장사성이 멸망하고 명나라가 일어날 것이라고 예측한 것이다.

중국은 명나라로 통일되었고 주원장은 명태조가 되었으며 남경은 명나라의 도읍이 되었다.

'세상이 주씨 천하가 되었구나.'

심만삼은 새로운 나라가 건국되자 안도했다.

권력자의 눈에서 벗어난 부자

장사는 나라가 안정되어야 잘된다. 그러나 창업보다 어려운 것이 수성이다. 주원장은 명나라를 건국하자 남경에 대규모 축성을 하기 시작했다. 남경 일대에서 돌과 목재가 운반되었고 수많은 장정이 동원되었다. 축성 비용도 막대하게 들어갔다.

"심대인께서 남경성 축성을 도와주어야 하겠소."

주원장의 책사이자 개국공신인 이선장이 심만삼을 불러서 말했다.

"얼마나 부담해야 합니까?"

심만삼은 떨떠름한 표정으로 물었다. 막대한 군량까지 대주었는데 축성 자금까지 요구한 것이다.

"그동안 우리에게 군량을 주었으니 남경성 삼분의 일만 맡으시오."

남경성을 건축하는 데는 막대한 자금이 들어간다.

'이자들이 내 돈을 그냥 갖다가 쓰려고 하는구나.'

심만삼은 기분이 나빴으나 내색할 수 없었다.

"그럼 제가 공사까지 감독합니까?"

"그렇소. 강남의 부호니 새 나라를 위해 할 수 있지 않소?"

"알겠습니다."

심만삼은 남경성을 쌓기 시작했다. 남경성 축성은 거대한 토목공사였다. 심만삼은 집에도 가지 않고 축성 공사에 몰두하여 마침내 완성할 수 있었다.

'이런 대역사를 내가 완성하다니…'

남경성이 완공되자 심만삼은 감탄했다. 역사에 동원된 수많은 장정도 기쁨을 감추지 못했다.

"폐하, 수고한 장정들에게 향응을 내려주십시오."

심만삼은 기쁨을 감추지 못하고 주원장에게 청했다.

"일개 백성이 감히 천자에게 향응을 청할 수 있느냐? 이자는 부자니 장차 나라를 어지럽힐 것이 분명하다. 잡아다가 처형하라."

주원장이 대로하여 영을 내렸다.

"백성이 돈이 많은 것은 불법이 아닙니다. 부자라고 해서 심만삼을 죽일 수는 없습니다."

황후 마씨가 반대했다.

"백성이 어찌 임금보다 부자가 될 수 있소? 그것만으로도 좋지 않소."

"불길하십니까?"

"그렇소. 강남의 부자는 불길하오."

남경성(南京城)의 성곽. 남경성은 동서로 약 5.7킬로미터, 남북은 약 10킬로미터에 이르는 장대한 성이다. 심만삼은 남경장성을 완성하고도 주원장에 의해 귀양을 가게 된다.

"그러시다면 귀양을 보내십시오."

주원장은 황후의 말을 듣고 심만삼을 운남으로 귀양 보내라는 명을 내렸다.

심만삼은 남경성을 축조하고도 귀양을 가게 되었다.

'부자보다 권력이 더 무섭구나.'

심만삼은 운남으로 끌려가면서 비통했다. 주원장은 이때 강남 부자 대부분을 오지로 숙청했다. 그는 부자들이 재력을 바탕으로 반란을 일으킬까 봐 두려웠던 것이다. 이때 심만삼은 재산의 절반을 잃었다.

부자의 족적

심만삼은 이후 기록에서 사라졌다. 그러나 삼씨 일가는 여전히 막대한 부를 누리고 있었다. 주원장이 명나라를 개국한 지 19년이 되었을 때 심만삼의 손자 심장과 심자가 옥사에 연루되어 심장이 옥에서 죽었다. 심씨 일가의 부는 크게 흔들렸고 증손자인 심덕전 등이 남옥의 반란에 연루되면서 손자 여섯 명과 사위 고학문 일가가 몰살되어 심씨 일가는 완전히 몰락하게 된다.

이렇듯 심만삼 일가는 주원장 시대에 몰락했으나 서서히 재기한다. 심만삼은 중국 역사에서 10대 부자로 불리지만 권력자에게 죽임을 당했기 때문에 자세한 행적은 밝혀지지 않고 있다. 그러나 그가 살았던 소주의 주장을 비롯하여 청나라 건륭제 때 후손인 심본인沈本人이 건축한 심청沈廳 등이 옛날의 부귀와 영화를 그대로 보여주고 있다.

13

환관이 거두어들인 부

유근(劉瑾)

　여불위가 말한 것처럼 권력을 갖는 것은 부자가 되는 일이다. 역사상 수많은 사람이 권력을 가지면서 천문학적인 부를 쥐게 되었다.

　중국 〈인민일보〉가 중국 역사상 10대 부자를 발표한 일이 있다. 1위는 명나라의 환관 유근, 2위는 청나라 때의 부패한 관리 화신, 3위는 중국 근대화 때의 송자문, 4위는 차를 팔아 부자가 된 오병감, 5위는 서한 문제 때의 탐관오리 등통, 6위는 동한의 외척 양기, 7위는 진시황의 생부 여불위, 8위는 서진 때의 석숭, 9위는 원나라 말기와 명나라 초기의 심만삼, 10위는 월나라 출신 범려였다.

　1위에서 8위까지가 권력자의 친척이나 외척이고 탐관오리다. 이들이 부를 축적한 수단은 매관매직과 수탈이다. 그러므로 부패자나 탐관오리의 부를 살피는 것은 큰 의미가 없으나 진정한 부의 가치를 따져보고 사악한 부자의 말로가 어떤 것인지는 살펴볼 필요가 있다.

환관 유태감과의 만남

명나라 무종(武宗)의 환관 유근(劉瑾)은 권세를 휘둘러 부를 축적한 대표적 탐관오리다.

유근劉瑾은 원래 성씨가 담으로 중국 섬서성 홍평 출신이다. 그는 어려서 집안이 가난하여 제대로 먹지도 못하고 자랐다. 우여곡절 끝에 명나라 도읍 북경으로 올라와서 걸인 행각을 하면서 돌아다녔다. 명나라는 부패한 관리들 때문에 백성의 수탈이 심했고 흉년과 질병으로 굶주린 백성이 찬 바람이 불면 낙엽처럼 쓰러져 뒹굴었다.

"거지 떼들이 도성으로 몰려오지 못하게 하라."

환관들은 군사를 배치하여 걸인들을 쫓았다. 걸인들은 할 수 없이 성 밖을 떠돌다가 굶어 죽기 일쑤였다.

유근은 운 좋게 성안으로 들어와 대갓집을 돌아다니면서 걸식했다. 대갓집을 찾아다니면서 문을 두드려 찬밥을 얻어먹은 것이다.

"더럽게 왜 여기 와서 얼씬 거려?"

대가의 문지기들은 음식을 나누어주기는커녕 오히려 몽둥이를 휘둘러 쫓았다.

'쳇, 먹을 것도 안 주면서 사람을 몽둥이로 패네.'

유근은 대갓집에서 버린 음식 쓰레기를 뒤져 허기진 배를 채우고는 했다. 그래도 날씨가 따뜻할 때는 견딜 수 있었으나 겨울이 오면 견디기 어려웠다. 북경은 한겨울에 맹렬한 추위가 엄습했다. 유근이 하루는 추위를 견디다 못해 대갓집 대문 앞에서 웅크리고 앉았다. 그날 따라 눈까지 자욱하게 내려 잠잘 곳이 없었다.

'아아, 배불리 먹고 따뜻한 곳에서 잠을 잤으면 소원이 없겠다.'

유근이 추위에 몸을 떨면서 억지로 잠을 자다가 눈을 뜬 것은 왁자한 소리 때문이었다.

"이놈! 너는 누군데 남의 집 대문에서 잠을 자는 것이냐?"

대문이 열리는 소리가 들리고 태감 옷을 입은 사내가 호통을 쳤다. 그의 뒤에는 우락부락한 호위병들이 눈을 부릅뜨고 있었다.

"걸, 걸인입니다."

유근은 공포에 질려서 재빨리 대답했다.

"다른 곳으로 가라."

태감 옷을 입은 사내가 냉랭하게 흘겨보며 말했다.

"태감 나리, 먹을 것 좀 주십시오."

유근이 재빨리 태감 옷을 입은 사내의 바지를 잡았다.

"놓아라!"

"나리, 소인은 홍평에서 왔습니다."

태감 옷을 입은 사내는 유근의 손을 뿌리치고 가다가 걸음을 멈췄다.

"홍평에서 왔다고?"

"예."

"언제 왔느냐?"

"작년에 올라왔습니다."

"이 아이를 데려다가 먹을 것을 주고 씻겨서 옷을 갈아입혀라. 퇴청하여 볼 것이다."

태감 옷을 입은 사내가 집사에게 지시했다. 유근은 그렇게 하여 태감 집에 있게 되었다. 태감은 이름이 유전으로 자금성 어서방에서 일하고 있었다. 성품이 조용하고 모나지 않아 음모와 모략이 심한 자금성에서도 환관들 사이에 군자라는 말을 듣고 있었다.

"어쩌다가 걸인이 되었느냐?"

유태감은 그날 밤 퇴청하여 집으로 돌아오자 유근을 불러 물었다. 더러운 옷을 벗기고 새 옷을 입히자 유근은 의외로 얼굴이 곱상했다.

"부모님이 병으로 돌아가시어 걸인이 되었습니다."

"네 이름이 무엇이냐?"

"근입니다."

"성은 무엇이냐?"

"담가입니다."

"고향 얘기를 해봐라."

유태감은 차를 마시면서 유근에게 지시했다. 유근은 고향 홍평에서 살던 일을 이야기했는데, 유태감이 살던 곳에서 50리밖에 떨어지지 않은 곳이었다.

"말을 참 잘하는구나."

유태감은 유근의 이야기를 들으면서 눈물이 맺히는 것을 느꼈다. 유태감도 집안이 너무 가난하여 고향을 떠나 거지 노릇을 하다가 거세하고 환관이 된 것이다.

"나리, 저를 환관으로 만들어주십시오. 은혜는 죽어도 잊지 않겠습니다."

유근이 이야기를 마치고 넙죽 엎드려 절을 했다.

"환관이 무엇인지 아느냐?"

"대궐에서 일하는 사람입니다."

"왜 환관이 되려고 하느냐?"

"환관이 되면 맛있는 음식을 배불리 먹을 수 있습니다. 부귀영화를 누리고 싶습니다."

유근의 말에 유태감은 가슴이 답답해져 오는 것을 느꼈다.

"당분간 내 집에서 심부름이나 해라."

유태감은 유근을 거두어 집에서 종으로 부렸다.

말 잘하는 아이의 처신법

유근은 차를 나르고 마당을 쓸고 잔심부름을 했다. 유근은 의외로 총명하여 일을 잘했다. 무엇보다 그의 부인이 아들을 삼고 싶다고 할 정도로 살갑게 굴었다. 말씨가 상냥하여 하인들이 모두 그를 좋아했다. 유근은 처신하는 법을 몸에 익히고 있었다.

"저 아이를 우리 양자로 삼아요."

부인이 유태감을 졸랐다.

"저 아이는 환관이 되고 싶다고 하지 않소?"

"환관이 되어도 상관이 없어요. 우리가 늙어 죽으면 누가 우리 제사를 받들어요. 제삿밥도 못 얻어먹는 귀신이 되고 싶지는 않아요."

부인이 유태감을 계속 졸랐다. 유근은 불과 아홉 살인데 유태감 부인의 어깨를 주무르고 안마를 하는 등 마음에 쏙 들게 했다.

"아직도 환관이 되고 싶으냐?"

유태감이 유근을 불러 물었다. 유근이 유태감의 집에 온 지 몇 달이 되었을 때의 일이다.

"예."

"내서당에 넣어줄 것이다. 그전에 거세를 해야 한다. 몹시 아플 것이다."

"그래도 괜찮습니다."

"너의 이름이 근이라고 했지? 너를 내 양자로 들일 것이다."

"감사합니다."

"너는 이제부터 유근이다. 알겠느냐?"

"예. 아버님께 효를 다하는 아들이 되겠습니다."

"하하. 그래라."

유태감은 유쾌하게 웃고 이튿날 유근을 데리고 가서 내서당에 넣었다. 내서당은 어린 환관의 교육과 황궁의 서류를 담당하는 기관이었다.

"왕공공, 내 양자요. 잘 좀 부탁드리겠소."

유태감은 내서당의 환관 왕삼에게 뇌물을 주면서 인사했다.

"유공공, 우리끼리 이러실 필요 없습니다."

왕삼은 사양하는 체하면서 유태감의 뇌물을 받았다.

"근아, 태감 나리들을 잘 받들어라."

유태감은 유근의 머리를 쓰다듬어주고 집으로 돌아왔다. 그는 서창에서 일하면서 틈틈이 유근을 들여다보고는 했다. 유근은 거세할 때 몹시 힘들어했으나 잘 견디었다.

입속의 혀

유근은 유태감이 든든한 후원자가 되어 다행이라고 생각했다. 태감끼리는 동병상련이라 친하게 지내고 웬만한 허물도 덮어주었다. 내서당에는 항상 어린 환관 수백 명이 교육을 받고 있었다. 환관들이 가장 먼저 받는 교육은 예절교육이었다. 궁중에 있는 수많은 비빈과 환관, 조정 대신들의 직책을 외워야 했고 그들에게 깍듯이 인사해야 했다.

다음에는 글을 배워야 했다. 황제나 비빈들의 처소에 배치될 때를 대비하여 모르는 글이 없어야 했다. 3개월에 한 번씩 시험을 보는데 불통이면 엄중한 처벌을 받고 아둔한 자는 내서당에서 쫓겨나기도 했다.

유근은 이때마다 항상 우수한 성적을 받았다.

"유태감의 양자가 공부를 썩 잘하는군."

내서당의 책임 환관인 왕삼은 유근을 볼 때마다 기분이 좋은 표정으로 웃었다.

"모두 왕공공 덕분입니다. 늘 감사하게 생각합니다."

"그래, 유태감은 잘 있느냐?"

"예. 항상 왕공공을 은공으로 생각하고 큰아버지처럼 모시라고 했습니다."

유근은 자신보다 나이가 많은 환관들을 깍듯이 받들었다.

"하하, 유태감이 별소리를 다하는구나."

유근은 내서당에서 3년 동안 교육을 받고 시종 일을 5년 동안 했다. 그는 왕상의 일을 거들면서 황궁과 조정이 어떻게 움직이는지 파악했다.

'황제의 권력을 대리하는 것이 동창과 서창이다. 그러나 서창은 폐지되었으니 동창이 최고 권력을 가지고 있다.'

유근은 언젠가는 동창을 장악할 것이라고 생각했다. 명나라는 환관이 황궁에만 3천 명에 이르렀고 외부에서 일하는 환관들까지 합치면 1만 명이 넘었다. 동창은 처음에 조정 대신들의 부패와 반역 등을 염탐하는 기관이었으나 권력이 집중되면서 제독동창이 황제와 같은 권력을 갖고 있었다.

유근은 젊은 시절에는 뛰어난 면모를 보이지는 않았다. 그는 언제나 동료 환관들을 돕고 자기 아래에 있는 환관들을 엄격하게 대했다. 환관들은 유근의 이러한 활약 때문에 그를 좋은 사람이라고 불렀다. 유근은 40세가 되었을 때야 비로소 요직 중의 요직인 태자궁의 환관이 되었다. 그는 어린 태자에게 글을 가르치면서 자신에게 복종하라고 세뇌했다.

'태자는 장차 황제가 될 몸이다. 그가 황제가 되면 나는 이인자가 될 수 있다.'

유근은 미래의 권력을 위해 주위의 환관들을 포섭했다. 태자에게 향하는 암투를 막아내고 그를 독살 위험에서 구하기도 했다. 태자가

환관(宦官)은 지근거리에서 왕을 보위하고 시중을 드는 일을 맡다보니 자연히 권력을 갖게 되었다. 1621년에는 명나라에서 환관을 모집했는데 전국에서 2만여 명이 모여들었다고 한다.

병들어 괴로워할 때는 침상을 지켜보면서 뜬눈으로 밤을 새웠다.

마침내 명효종이 죽고 태자인 주후조가 즉위하여 명무종이 되었다. 그리고 유근은 황제가 가장 총애하는 환관이 되었다. 그는 즉시 동창을 장악하고 서창을 다시 창설한 뒤 이들을 감시하는 내행창을 신설했다.

동창은 환관 마영성, 서창은 환관 곡대용이 제독으로 있었다. 그러나 유근이 황제의 총애를 받았기 때문에 실질적으로 환관의 우두머리는 유근이었다.

유근은 권력을 장악하자 숨겨놓은 발톱을 드러내기 시작했다. 자신에게 적대적인 환관에게 죄를 뒤집어씌워 제거했다. 그가 우두머리로 있는 내행창에는 수시로 환관들이나 궁녀들이 잡혀 들어와 고문을 당하고 처형되었다.

조정의 요직에 있는 대신들도 하나씩 숙청하여 제거했다.

'유근에게 잘 보여야 내 자리가 유지된다.'

동창의 제독 마영성이 막대한 금을 갖다가 바쳤다.

'유근에게 잘못 보이면 개죽음을 당한다.'

서창의 제독 곡대용도 금과 은을 바쳤다. 동창과 서창의 제독이 금은보화를 갖다 바치자 조정 대신들도 다투어 금은보화를 바쳤다.

'황제는 어리니 유희에 빠지게 해야 한다.'

유근은 어린 황제인 명무종을 궁녀들과 음란한 유희에 빠지게 했다. 불과 15세밖에 되지 않은 황제에게 술을 마시게 하고 취한 황제에게 궁녀들이 발가벗고 시중을 들게 했다. 혈기방장한 황제는 매일 같이 궁녀를 품에 안고 환락에 빠져 지낼 뿐 정사를 돌보지 않았다. 그는 골치 아픈 정사는 모두 유근에게 일임했다.

"폐하께서는 굳이 정사를 보실 필요가 없습니다. 미인들과 즐기시면 귀찮은 나랏일을 신이 모두 처리하겠습니다. 신과 같은 환관이 있는 것은 폐하를 돕기 위해서입니다."

"상소문도 네가 처리하겠느냐?"

"폐하를 대신하여 처리할 테니 안심하십시오."

"천자의 마음을 잘 헤아린다."

명무종은 유쾌하게 웃으면서 정사를 유근에게 일임하고 자신은 주색에 탐닉했다.

유근은 어린 황제가 자신에게 전권을 위임하자 권력을 휘둘렀다. 황제는 보위에 오른 뒤 정사를 돌보는 것보다 사냥을 하고 전쟁놀이를 하는 것을 좋아했다. 그러자 대신들이 정사를 보라고 요구했다. 대신들이 아니더라도 환관들이 농단을 부리는 것을 누구나 알고 있었다.

"어린 황제를 시중드는 환관 무리가 성총을 어지럽히고 국사를 농단하고 있습니다."

명무종(明武宗)은 효종의 뒤를 이어 1505년 황제가 되었으나 유근의 농락에 넘어가 유희에 빠졌다.

조정 대신들이 환관들을 탄핵했다.

"유건劉健과 사천謝遷이 비록 대학사이기는 하나 천자를 가벼이 여깁니다. 마땅히 파직하여 고향으로 돌려보내소서."

유근은 황제에게 아뢰어 두 대학사를 파직했다.

"환관이 감히 대학사를 파직할 수 있소? 이는 나라를 망치는 일입니다."

한림원 학사들이 일제히 분개하여 벌떼처럼 들고일어났다. 어사 대선과 장흠을 비롯하여 학사 스물한 명이 상주문을 올렸다.

"학사들이 엉뚱한 사람을 모략하고 있습니다."

유근은 명나라의 대표적 철학자였던 왕양명(王陽明)의 상주문에 격분해 그를 고문하고 귀양을 보냈다.

유근은 학사들을 내행창으로 잡아들여 가혹하게 고문한 뒤 정장을 때렸다. 정장은 곤장을 때리는 것이다. 어사 대선은 곤장을 맞다가 죽었고 장흠은 곤장을 맞고 사흘 뒤 죽었다.

양명학의 창시자인 왕양명王陽明은 어사 대선을 구하기 위해 상주문을 올렸으나 오히려 유근에게 끌려가 가혹한 고문을 당한 뒤 귀주로 귀양을 갔다. 학사 스물한 명이 가혹하게 고문을 당하거나 죽임을 당하자 명나라 조정은 공포에 떨기 시작했다.

"벼슬을 얻으려면 유근에게 잘 보여야 한다."

명나라 조정에 소문이 파다하게 퍼졌다. 이에 명나라 부호들이 다투어 그에게 돈을 바치고 벼슬을 얻었다.

"현령은 10만 냥, 자사는 50만 냥."

관직에 공식적인 가격까지 붙었다. 이에 진사 정만鄭曼이 불만을 품고 상주문을 올렸다.

"놈을 잡아다가 죽여라."

유근이 부하들에게 지시했다. 유근의 부하들이 정만을 잡아다가 가혹하게 고문했다.

"나를 무슨 죄로 잡아들인 것이냐?"

정만은 눈을 부릅뜨고 환관들을 쏘아보았다.

"무슨 죄를 지었다고 하면 좋겠느냐?"

유근이 그를 쏘아보면서 소리쳤다.

"나는 죄가 없다."

"내가 죄가 있다면 있는 것이다."

"그래. 나에게 무슨 죄를 덮어씌울 것이냐? 네 마음대로 해보아라. 고자놈에게 머리를 조아릴 줄 알았느냐?"

"그래. 나는 거세를 했지만 너는 거세를 하지 않아 네 어미와 통정했느냐?"

"무, 무슨 소리냐?"

"네 놈의 죄는 네 어미와 여동생과 통정한 것이다."

"닥쳐라. 나는 그러한 일이 없다. 선비를 모욕하지 마라."

"내가 있다면 있는 것이다. 너는 천참만참의 형벌을 받을 것이다."

유근은 진사 정만에게 패륜의 죄를 뒤집어씌워 천참만참형에 처했다. 정만은 수많은 사람이 지켜보는 가운데 3,600여 회 칼질을 당해 죽었다.

환관들의 암투

유근은 뇌물을 받아 많은 부를 축적했다. 그의 창고에는 금은이 가득 쌓였다. 유근은 왜 이렇게 부를 축적한 것일까. 유근은 어릴 때 걸인 생활을 하면서 떠돌아다녔다. 그때의 배고픔과 추위 때문에 재물에 집착했다.

"유태감께서는 재물을 너무 밝히는 것이 아니오?"

환관인 장영張永이 불만스럽게 말했다. 이때 권력을 휘두르던 환관
은 유근을 비롯하여 여덟 명이었는데 세간에서는 그들을 여덟 호랑이
라고 하여 팔호八虎라고 불렀다. 장영도 팔호의 한 사람이었다.

"장영이 감히 나를 비난해?"

유근은 장영을 벼르기 시작했다. 그러나 장영의 세력이 컸기 때문
에 조심스럽게 다루어야 했다.

"유근이 태감을 벼르고 있소."

환관들이 은밀하게 유근과의 대립을 부추겼다. 그러나 장영도 유근
과 함부로 맞서지 못해 눈치만 살피고 있었다.

유근의 부하들이 섬서성의 군사 지휘관인 양일청에게 뇌물을 요구
했다.

"환관이 돈을 걸을 데가 없어서 지방 군사 지휘관에게 돈을 요구하
는가?"

양일청은 유근 부하의 뇌물 요구를 거부했다. 부하가 유근에게 양
일청을 모함했다.

"양일청을 관직에서 쫓아내라."

유근은 양일청을 파직했다.

"환관놈이 군지휘관을 파직하다니…."

양일청은 분개하여 치를 떨었다.

황제 명무종은 정사를 유근에게 일임한 뒤 미인과 술, 전쟁놀이에

빠져 지냈다. 황제인 자신을 장군에 임명하고 직접 전쟁터에 출정하기도 했다.

"폐하께서 직접 출정하실 필요가 없습니다. 장군들에게 맡겨도 충분하니 출정하시면 안 됩니다."

조정 대신들이 일제히 황제의 출정을 반대했다.

"역대 군주들 중 출정한 제왕이 얼마나 많은가?"

황제는 억지로 출정을 감행하여 적과 직접 싸워 한 명을 죽이기도 했다.

"내가 적군 한 명을 죽였다."

황제가 기고만장하여 장수들에게 소리를 질렀다. 황제는 이외에도 여러 차례 출정하여 도성이 몇 달씩 비고는 했다. 유근은 황제가 도성을 비우면 자신이 대리하여 명나라를 다스렸다. 황제가 개선하여 돌아오자 조정 대신들이 일제히 성 밖으로 마중을 나갔다. 황제는 진눈깨비 때문에 진흙탕이 되자 대신들에게 무릎을 꿇는 예절을 하지 말라고 영을 내렸다.

"황상께서 원정에서 돌아오면 신하들은 예를 다해야 합니다. 어찌 신하들에게 불충을 저지르라고 하십니까?"

대신들은 진흙탕에 무릎을 꿇고 절을 올리겠다고 주장하고 황제는 거절하는 일이 되풀이되었다. 황제는 대신들이 절을 올리려고 하자 말을 타고 이궁離宮으로 달려갔다. 북경 성 밖의 이궁은 황제가 낮에는 사냥을 즐기고 밤에는 미녀들과 음란한 행위를 벌이는 궁전이었다.

유근은 황제가 돌아왔으나 여전히 국사를 전횡했다. 명나라에서는 명무종을 좌황제坐皇帝, 유근을 입황제立皇帝라고도 불렀다. 명무종은 앉아 있는 황제, 유근은 서 있는 황제라는 뜻이었다.

"육가가 부자라는 것이 사실이냐?"

유근은 북경에서 전장을 하는 육인에게 눈독을 들였다.

"예. 도성 최고의 부자라고 합니다."

"육가를 초대하라. 나랏일로 상의할 일이 있다고 하라. 육가를 위해 잔치도 준비하라."

유근은 부하 장채에게 영을 내렸다. 장채가 육인의 집에 달려가 초대를 하고 잔치를 준비했다. 육인은 마침 성 밖에 나가 있었다. 유근이 초대했다는 말을 듣고 황급히 도성으로 들어오려고 했으나 마침 폭설이 쏟아졌다. 말이 달리지를 못하고 수레가 미끄러졌다.

권력자에게 맞선 죄

육인은 결국 유근의 연회에 참석하지 못했다.

"나랏일을 상의한다는데 오지 않다니 불순한 의도를 갖고 있는 것이 분명하다."

유근은 이튿날 육인을 내행창으로 잡아다가 가혹하게 고문했다. 내행창은 동창과 서창보다 더 무서운 곳이었다. 육인은 혹독하게 고문을 당한 뒤 재산 절반을 바치고 풀려났다. 그러나 그는 내행창에서 무슨 일을 당했는지 입을 꾹 다물었고, 얼마 후 죽었다. 육인에 대한 소문이 퍼지자 장안의 부자들이 다투어 재물을 갖다가 바쳤다.

명무종은 황당한 황제였다. 그는 밤에 황궁을 빠져나와 기방에 가서 기녀들과 놀아나는가 하면 길을 가다가 아름다운 여인이 있으면 이궁으로 불리는 표방豹房으로 끌고 갔다. 군사들은 황제가 표방으로 갈 때 인근 마을의 부녀자들 중 젊고 예쁜 여자들을 잡아다가 바쳤다. 그리고 저항하면 가차 없이 죽였다. 표방으로 가는 길에는 여자들이 죽어 있는 시체가 자주 발견되었다.

"황제가 온다."

명나라 백성은 황제의 수레가 오면 비명을 지르면서 달아났다. 표방은 유근이 막대한 비용을 들여 건설한 일종의 동물원이었다. 남해자를 수리하는 데 막대한 비용이 들어가고 표정까지 건설하게 되자 비용을 감당할 수 없어서 명나라 조정은 관직을 팔 것을 제안했고, 명무종이 윤허했다. 황제가 관직을 파는 황당한 일이 벌어진 것이다. 돈으로 벼슬을 산 관리들은 백성을 착취했다.

유근은 표방을 건설하면서 환관직을 팔았다. 환관들은 뇌물을 바쳤기 때문에 자신들도 뇌물을 받았다. 그래도 돈이 부족하자 지방으로 내려보내야 할 돈을 보내지 않았다. 그 바람에 지방 관리들은 백성을 수탈하여 농민들의 반란을 부추겼다. 황제의 기괴한 행동, 환관 유근의 전횡으로 명나라는 큰 혼란에 빠졌다.

주치번朱寘鐇은 황족으로 안화왕이었다.

"환관 유근을 비롯하여 환관 여덟 명은 황상의 총명을 가리고 매관매직을 하여 나라를 도탄에 빠뜨렸다. 나는 환관 유근을 토벌하여 이 나라를 바로 세우기 위해 군사를 일으킨다. 나와 뜻을 같이하는 자는 의로운 깃발 아래로 모이라."

주치번은 영하에서 격문을 돌리고 반란을 일으켰다. 이에 조정이 양일청楊一淸을 반란군 토벌장군에 임명하고 팔호 환관인 장영을 감군에 임명했다. 양일청이 반란군을 토벌하기 위해 감숙성의 영하로 달려갔을 때 반란은 이미 토벌되어 있었다. 양일청은 전쟁을 하지 않고도 개선장군이 되어 북경으로 가게 되었다.

"장공공, 유근에 대한 소문을 들었습니까?"

양일청은 유근을 제거하기로 결심했다.

"무슨 소문 말입니까?"

"좌황제, 입황제라는 소문 말입니다. 이번에 주치번이 반란을 일으킨 것도 유근 때문이 아닙니까?"

"그렇기는 합니다만 황상께서 가장 총애하는 태감입니다. 우리가 무엇을 할 수 있겠습니까?"

"이번에 북경에 돌아가면 유근을 탄핵하십시오."

"잘못하면 제 목숨이 위태롭습니다."

양일청의 제안을 받은 장영은 깊은 생각에 잠겼다.

인과응보의 책형磔刑

금의위의 지휘사인 장채張采는 유근의 심복이었다.

"나는 황제를 위하여 충성을 바치는데 역적들이 나를 비난한다."

유근은 주치번이 반란을 일으키자 심복인 장채에게 불만을 털어놓았다.

"황상께서 공공을 가장 신임하는데 무슨 걱정을 하십니까?"

장채가 비굴하게 머리를 조아렸다.

"황상께서 귀가 얇아 언제 나를 버릴지 모른다."

"그러시다면 황제를 폐위하고 어리석은 황실을 황제로 즉위시키십시오. 황궁이 공공의 손에 있지 않습니까?"

장채가 아부하기 위해 유근에게 말했다.

"그런가? 그렇다면 알아보게. 대명을 우리 손에 넣어보세."

유근이 유쾌하게 웃으면서 말했다.

"알겠습니다."

장채가 허리를 숙이고 물러갔다. 그는 유근의 지시대로 황실 종친을 조사해 유근에게 보고했다.

"장채, 황실의 어리석은 후손을 알아볼 필요가 없다. 내가 황제가 되어야 하겠다."

유근이 장채에게 거만하게 말했다.

"공공, 그것은 불가한 일입니다."

장채의 얼굴이 하얗게 변해 만류했다.

"이놈아, 왕후장상의 씨가 따로 있다는 말이냐?"

유근이 버럭 역정을 냈다. 장채는 유근에게 모욕을 당하고 금의위로 돌아오자 불쾌했다. 비록 그의 천거로 금의위 지휘사가 되었으나 뇌물을 바친 것도 적지 않았다.

"대인, 유공공께 무슨 말씀을 들으셨습니까?"

금의위의 휘하 장수가 물었다.

"유공공이 변했다. 황제가 되려고 한다."

장채는 유공공의 집에서 있었던 일을 털어놓았다.

"환관이 어찌 황제가 됩니까?"

"모른 체하라. 제 발등을 찍을 것이다."

장채가 귀찮다는 듯이 손을 내저었다. 그러나 그의 부하는 이와 같은 사실을 장영에게 은밀하게 알렸다.

'이제 유근을 잡았구나.'

장영은 황제가 전승 축하연을 열어주자 그 자리에서 유근의 역모죄를 고발했다. 유근은 파직되어 체포되었다. 금의위가 그의 집을 수색하자 금괴 33톤과 은 8,050톤이 쏟아져 나왔다. 진주와 같은 보석을 비롯하여 황제가 입는 용포까지 나왔다.

"유근이 미쳤구나."

황제는 유근을 참하라는 명을 내렸고 그에게도 천참만참의 형이 떨어졌다. 유근은 산 채로 끌려나와 북경 주민들 앞에서 처형당했다.

유근은 3,350여 회 책형을 당했는데 기록마다 조금씩 달라 어떤 기록은 사흘 만에 6천 번 칼질을 당했다고 한다. 유근은 칼질을 한 지이틀 만에 죽었다.

열흘 붉은 꽃은 없다

유근이 화려한 권세를 누린 것은 명무종이 황제가 되면서부터다. 그는 명무종이 황제가 된 지 5년 만에 전설적인 부를 축적했는데 명나라가 망할 때 국가의 재정 수입이 은 2백 톤이었다는 말이 있다. 그러므로 유근이 은을 8천여 톤 가지고 있었다는 것은 국가 1년 재정의

40배를 가지고 있었다는 것이므로 불가능한 일이다. 위정자들이 왜곡해서 기록한 것이다.

유근은 뇌물을 받고 벼슬을 팔아 치부했는데 그의 집에 있었다는 황금과 재물은 사실상 내행창의 자금이었다. 그는 남해자, 표방 건설 등으로 막대한 자금을 끌어모을 수밖에 없었다. 그리고 자금관리를 자신이 했기 때문에 자금을 집에 쌓아두었다고 볼 수 있다.

유근은 입황제, 좌황제라는 말을 들을 정도로 막강한 권력을 휘둘렀으나 말로는 비참했다. 그는 진사 정만에게 천참만참의 형벌을 내렸으나 자신도 그와 같은 벌을 받았다.

진실하지 않은 부는 오히려 자신을 해친다는 사실을 알 수 있는 것이다.

14

살아 있는 재물의 신

호설암(胡雪巖)

대부호나 거상이 되면 국가의 이익과 개인의 이익이 부딪치는 경우가 종종 있다. 개인의 이익을 위해 외국에 이권을 넘겨주면 국부가 유출된다. 특히 근대화 물결이 도도하게 밀려올 때 유럽 여러 나라는 동양에서 막대한 부를 가져갔다.

일본은 조선에서 부를 약탈했고 영국과 프랑스는 중국에서 부를 약탈했다. 특히 영국의 상인들은 중국에 아편을 팔아 비인도적인 치부 수단으로 삼았다. 부자가 되는 치부 과정이나 상거래도 도덕적이어야 한다.

호설암胡雪巖은 19세기 중국을 대표하는 거상이자 부호다. 맨주먹으로 성공신화를 이뤄 지금도 그의 치부 이야기가 화제에 오르고, 많은 중국인이 장사의 신이라고 일컫는 데 주저하지 않는다. 활재신活財神, 즉 살아 있는 재물의 신으로 칭송받기도 한다.

그가 중국인의 칭송을 받은 또 하나의 이유는 가난한 농민 출신으로 거부가 되었기 때문이다. 중국인이 호설암을 상성商聖으로까지 부르는 것은 그의 인간적 면모 때문이다. 그러나 그의 부는 권력과 밀착해 이룬 것이기 때문에 치부 과정이 떳떳하다고 할 수는 없다. 그럼에도 그는 10년 만에 중국 최고 부자가 되었고 권력자의 눈에서 벗어나 순식간에 몰락해 비운의 거상으로 여겨지기도 한다.

호설암(胡雪巖)은 가난한 농가에서 태어났지만 살아 있는 '재물의 신'으로 불릴 만큼 중국을 대표하는 부호가 된 인물이다.

산 너머 남촌에는

호설암은 안휘성 출신으로 이름은 호광용胡光墉이고 설암은 그의 자다. 그는 찢어지게 가난한 농가에서 태어나 글은 겨우 읽고 쓸 정도로만 배웠다. 그가 열두 살이 되었을 때 아버지가 병으로 죽자 집안 형편은 더욱 어려워졌다. 그는 글을 배우는 서당에도 자주 빠졌으나 책이 생기면 닥치는 대로 읽었다.

'아아, 어떻게 해야 굶주리지 않고 살 수 있을까?'

호설암은 끼니조차 제대로 이을 수 없는 자기 신세가 우울했다. 그러나 손바닥만 한 땅에서 농사를 지어도 소용이 없었다.

'돈을 벌려면 대처로 나가야 해.'

호설암은 농사를 짓다가도 남쪽 하늘을 우두커니 쳐다보고는 했다. 산 너머 남촌에는 대도회가 있을 것이라고 생각했다. 그는 언제부터인지 도회에 나가 돈을 벌겠다고 생각했다. 그러나 시골을 떠날 여비조차 한 푼 없었다.

호설암이 집을 떠나려는 것을 알게 된 어머니는 언제나 우울한 표정으로 지냈다. 그러나 어머니도 돈을 마련할 수 없었다. 호설암은 늘 우울하게 집안일을 거들었다.

"꼭 성공해서 돌아오너라."

몇 달이 지났을 때 어머니가 시집올 때 받은 반지를 팔아서 여비를 마련해주었다.

"어머니…"

호설암은 목이 메었다. 어머니는 삶은 달걀까지 보자기에 싸주었다.

"항주에 가면 먼 친척인 호씨 아저씨를 찾아가거라."

어머니가 소맷자락으로 눈물을 닦으면서 말했다.

"꼭 돈을 벌어서 돌아올게요."

호설암은 어머니에게 손을 흔들고 산길을 달리기 시작했다. 한참을 달리다가 뒤를 돌아보니 어머니가 그때까지 집 앞에 서 있었다. 호설암은 산을 몇 개나 넘어 열흘이 지나서야 절강성 항주에 도착했다. 호설암은 간신히 호씨 아저씨를 찾아갔다.

"일을 하고 싶다고? 몇 살이냐?"

친척인 호씨가 그를 아래위로 살피면서 물었다.

"열두 살입니다."

호설암은 공손하게 대답했다.

"열두 살이 무슨 돈을 벌어?"

"열심히 하겠습니다. 도와주십시오."

"열심히 한다고 돈을 버는 것이 아니야. 넌 기껏해야 사환밖에 될 수 없어."

"사환이라도 하게 해주십시오."

호설암은 몇 번이나 사정했다. 호씨는 호설암을 탐탁지 않아 했다. 친척이라고 찾아온 호설암이 거지나 다름없었기 때문이다. 그러나 그는 호설암을 신호전장에 소개해주었다. 중국의 전장은 거의 근대 은행의 형태를 갖추고 있었다. 전장에서는 돈만 빌려주는 것이 아니라 예금까지 이루어졌고 어음 교환도 했다.

호설암이 허드렛일을 하게 된 신호전장은 항주에서도 규모가 컸다. 그는 신호전장에서 청소를 하고 심부름을 하면서 일을 배우기 시작했다. 고향을 떠날 때 눈물짓던 어머니 모습을 떠올리면서 점원들의 학대를 견디었다. 점원들은 걸핏하면 그에게 욕을 하고 힘든 일을 시켰다. 조금만 실수해도 그를 때리는 점원도 있었다.

호설암은 성실하고 예의바르게 일하여 신호전장의 주인에게서 칭찬을 받고 불과 15세 때 정식 점원이 되었다.

'세상에서 돈을 버는 방법은 많지만 전장이 비교적 쉽게 돈을 버는 구나.'

호설암은 전장에서 즐겁게 일했다. 많은 사람이 돈을 빌려가고 또 갚았다. 돈을 갚지 못하는 사람들도 많아 집을 빼앗기고 심지어 딸까지 파는 사람들도 있었다.

'돈을 거래하는 것은 결국 인간이다.'

호설암은 전장을 드나드는 사람들이 신뢰와 관계를 중요하게 생각한다는 사실을 깨달았다. 그러나 15세밖에 되지 않은 그가 거래를 할 수는 없었다. 그는 성실하고 열심히 일했기 때문에 청년이 되자 돈을 관리하는 점원이 되었다. 그는 사람들에게 많은 돈을 빌려주면서 사람들을 관찰했다.

기회를 잡는 방법

하루는 호설암이 찻집에 갔을 때 왕유령王有齡이라는 사람을 보았다. 그는 복건 출신으로 시국에 대해 불만을 갖고 있었다.

'저렇게 불만만 갖고 있다고 뭐가 되겠어? 차라리 일을 하지.'

호설암은 왕유령을 유심히 살폈다. 왕유령은 유학자였으나 때를 만나지 못해 울분에 차 있었다. 호설암은 왕유령에게 어쩐지 호감이 갔다. 어느 날 그는 왕유령에게 다가가서 인사를 나누었다. 왕유령은 북경에 가면 관직에 나아갈 수 있는데 여비가 없어서 못 간다고 우울하게 말했다. 호설암은 왕유령과 많은 이야기를 나누었다. 왕유령은 상당히 뛰어난 유학자로 아버지에게 읽고 쓰는 것만 배운 호설암과는 전혀 달랐다.

"자네는 전장에서 일한다고 했지? 그럼 나에게 5백 냥을 빌려줄 수 없겠나?"

왕유령이 호설암을 쏘아보면서 물었다.

"예?"

호설암은 깜짝 놀랐다.

"나는 북경에 가면 관리가 되어 돌아올 것이네."

호설암은 그의 말에 할 말이 없었다. 어쩐지 그가 거짓말을 하는 것 같지는 않았다.

"그러면 5백 냥을 갚는 것은 아무것도 아니야. 자네가 힘 좀 써주지 않겠나? 자네에게 기회가 될 수도 있네."

"전장의 돈은 제 돈이 아닙니다."

"나를 믿고 모험을 해보게."

왕유령이 빙긋이 웃었다. 호설암은 잠시 생각에 잠겼다. 왕유령이 요구하는 돈을 전장에 이야기하면 담보나 보증인이 없기 때문에 거절 당할 것이다. 그러나 기회가 될 수도 있다는 왕유령의 말이 자꾸 귓전을 맴돌았다.

"내가 5백 냥을 빌려주면 나에게 무엇을 해주시겠습니까?"

"은인으로 알겠네."

"북경에 갔다가 돌아오는 데 얼마나 걸릴 것 같습니까?"

"3개월이야."

"그렇다면 5백 냥을 빌려드리겠습니다."

"나는 담보도 없고 보증을 설 사람도 없네."

"3개월 안에 돈을 갚지 않으면 나는 전장에서 쫓겨납니다."

호설암은 왕유령을 전장으로 데리고 가서 5백 냥을 빌려주었다. 왕유령은 그의 신세를 잊지 않겠다고 말하고 북경으로 떠났다. 그러나 왕유령은 3개월이 지나도 돌아오지 않았다. 호설암은 왕유령에게 돈을 빌려준 것이 문제가 되어 신호전장에서 해고되었다.

'내가 사람을 잘못 본 것일까?'

호설암은 왕유령이 돌아오지 않자 실망했다. 그러나 그를 원망만 하고 있을 수 없었다. 호설암은 항주의 번화가를 돌아다니면서 일자리를 찾았다. 그러나 마땅한 일자리가 없어서 막노동을 하면서 지냈다. 수많은 사람이 돈을 벌기 위해 시장에서 물건을 팔고 허드렛일을 했다.

'노동일을 해서는 돈을 벌 수 없다.'

호설암은 전장에 대해 미련을 버릴 수 없었다.

"미안하네. 내가 늦었네."

왕유령이 절강성으로 돌아온 것은 6개월이 지났을 때였다. 그는 뜻밖에 절강염대사浙江鹽大使라는 관직에 임명되어 있었다. 호설암은 왕유령이 돌아온 것만 해도 다행이라고 생각했다.

"괜찮습니다."

"전장에서 빌린 돈은 내가 갚았네. 자네는 해고되었다고 하더군. 내 밑에 와서 절강성의 돈을 관리하게."

왕유령은 호설암에게 빌린 돈을 갚고 그를 자기 밑에서 일하게 했다. 호설암은 왕유령 밑에서 일하면서 창고에 은이나 금이 오랫동안 쌓여 있는 것을 보았다.

"이 돈을 몇 달만 빌릴 수 있으면 돈을 벌 거야."

호설암은 창고에 쌓여 있는 돈을 보자 활용하고 싶어 안달이 났다. 그는 몇 달 동안 고민하다가 왕유령과 상의했다.

"형님, 제가 절강성의 돈을 빌려 전장을 열어도 되겠습니까?"

"전장을 한다고?"

왕유령이 고개를 갸우뚱했다.

"예. 자신이 있습니다. 이번에는 형님이 저를 믿어주십시오."

"자네가 나를 믿어주었으니 나도 자네를 믿어야지. 실패하면 우리 둘이 모두 죽어야 하네."

"형님과 함께 기꺼이 죽겠습니다."

호설암은 왕유령과 굳게 약속했다.

장사는 전쟁이다

호설암은 절강성의 돈으로 부강전장阜康錢莊을 열었다. 전장은 돈을 빌려주고 이자를 받아서 이익을 취하는 곳이다. 호설암은 신호전장에서 일하면서 충분히 경험했다.

'상관이 필요하다.'

호설암은 전장에 이어 상관을 열었다. 자금이 충분했기 때문에 상관을 운영하는 것은 어려운 일이 아니었다. 무엇보다 절강성의 모든 관청에서 필요한 물자를 호설암이 독점적으로 공급할 수 있었다.

- 전장을 하면서 법을 어기지 마라.
- 내 이익을 위해 남의 이익을 빼앗지 마라.
- 돈을 빌릴 때 신용을 지키라.
- 장사할 때 양심에 어긋난 일을 하지 마라.
- 주위에서 인색하다는 말을 듣지 마라.
- 장사하여 이익을 많이 남겼으면 가난한 자들과 재물을 나누라.

호설암은 자신에게도 부의 기준을 만들고 상인들에게도 그와 같이 가르쳤다. 전장과 상관이 성공하자 호설암은 포목점, 음식점, 찻집 등 많은 상점을 열었다.

왕유령은 점점 관직이 높아졌고 절강성의 돈과 재산을 호설암에게 관리하게 했다. 절강성에서 필요한 군량과 관청에서 소용되는 물자를 모두 호설암을 통해 사들였다. 호설암의 부강전장은 여러 성에 지점을 냈고 막대한 이익을 냈다. 그러나 호설암은 전장에서 버는 돈으로만 만족하지 않았다. 그는 전장의 막대한 자금으로 곡물을 사들였다가 팔고 유럽 상인들에게 생사生絲를 팔기도 했다. 생사를 팔고 사는 것은 전쟁과 같았다. 호설암은 불과 몇 년 만에 절강성의 대부호 반열에 올랐다.

하지만 청나라는 점점 혼탁해졌다. 관리들이 부패하고 흉년과 질병으로 농민들은 살기가 어려워졌다. 서양 여러 나라가 물밀 듯이 밀려와 개항을 요구하고 중국에서 이권을 탈취해갔다.

'곳곳에 굶주린 사람들이 넘치는구나.'

1850년 명청전쟁 이후 중국 역사상 가장 큰 전쟁인 태평천국의 난이 일어났다. 교주(教主) 홍수전(洪秀全)이 이끄는 반란군과의 14년에 걸친 전쟁으로 대륙에서 죽은 사람이 수백만 명에 이르렀다.

중국은 개화의 물결이 휘몰아치는 가운데 굶주린 사람들이 넘치고 있었다. 사람들의 옷차림은 남루하고 얼굴은 굶주려 누렇게 되어 있었다. 걸인들이 떼를 지어 거리를 몰려다니면서 동냥을 했다. 흉년에 이어 전염병도 중국을 휩쓸었다. 이에 중국은 홍수전洪秀全이 난을 일으켜 태평천국太平天國의 난이 일어났다. 이들은 처음에 광동성과 광서성 일대에서 활약했으나 급속하게 세력을 확장하여 절강성까지 진출했다. 그들은 관청과 부자들을 공격했다.

"부자와 관리들은 악마다."

홍수전은 자기가 신이라면서 부자와 부패한 관리를 죽이고 태평천국을 건설해야 한다고 주장했다. 교도들에게 누구나 평등하다고 주장했으나 자신은 첩을 1백여 명 거느리고 사치스러운 생활을 했다.

'결국 백성을 생각하는 사람은 없는 것인가?'

호설암은 홍수전에게 실망했다. 그러나 그들은 민중의 열렬한 지지를 받아 세력을 확장해갔다. 왕유령은 토벌군을 이끌고 전쟁터로 갔다. 태평천국군과 관군은 치열하게 전투를 벌였다. 왕유령은 태평군에게 포위되자 자살했다.

'형님이 이렇게 생을 마치다니…'

호설암은 왕유령의 죽음에 큰 충격을 받았다. 홍수전의 태평천국군은 군사가 20만 명으로 불어났다.

사람이 재산이다

청나라 조정에서는 증국번曾國藩에게 군사를 지휘하여 토벌하도록 맡겼다. 증국번은 뛰어난 학자로 청나라 대신이었다. 그는 이홍장李鴻章과 좌종당左宗棠 등을 거느린 채 호남성에 근거지를 두고 태평천국군과 싸웠으나 일진일퇴를 거듭했다. 증국번은 의용군까지 모집해 상군湘軍이라고 명명했다. 이때 상군 지휘관이 좌종당과 이홍장이었다.

좌종당은 조정에서 나오는 군자금으로 홍수전을 공격하는 데 애로를 겪고 있었다. 그들은 태평천국군과 대치해 장기전에 돌입하자 비상한 대책을 세우지 않을 수 없었다.

"조정에서 군량이 내려오는 것을 기다릴 수 없습니다. 또한 군사들이 모두 가족을 거느리고 있습니다. 이들이 흩어지지 않게 하려면 급료도 주어야 합니다."

장수들이 토벌군의 어려운 처지를 호소했다.

"돈을 마련하는 일이 중요하군."

좌종당은 자금 때문에 고민했다.

"강남의 부자 가운데 호설암이라는 자가 있다고 합니다. 그의 도움을 받으면 이 문제를 해결할 수 있습니다."

좌종당 밑에 있는 수하 장수가 의견을 내놓았다.

이홍장(李鴻章)은 증국번(曾國藩)의 제자로 태평천국의 난을 진압하는 데 큰 공을 세워 전국적인 인물로 부상하게 된다.

"호설암이라는 자는 상인이라고 하는데 우리를 돕겠나?"

좌종당이 무겁게 한숨을 내쉬었다.

"그래도 한 번 만나보시지요. 소인의 수하 중 막개라는 자가 있습니다. 그를 보내 호설암을 부르겠습니다."

"그렇게 하게."

좌종당이 영을 내리자 수하 장수는 막개를 호설암에게 보냈다.

'좌종당이 나에게 사람을 보냈다. 이는 군량이 필요하기 때문이다.'

호설암은 장사를 했기 때문에 태평군을 토벌하는 군사들에 대해 상

항주(杭州)에 있는 호설암의 고택. 청나라를 대표하는 대부호였던 명성에 걸맞게 궁궐 못지않은 크고 호화로운 대저택으로, 관광객의 발길이 끊이지 않는 명소이다.

세하게 파악하고 있었다. 좌종당은 청렴하고 유능한 관리였다.

"좌종당을 만나러 가야겠네."

호설암은 형제처럼 지내는 상단의 총관 채태인에게 말했다.

"대인, 이홍장은 어찌할 것입니까?"

총관 채태인이 깜짝 놀라서 물었다. 이홍장도 호설암에게 자금을 요구하고 있었다.

"이홍장은 야심이 많은 자네. 그러한 자를 가까이하면 위태로울 수 있어."

"야심이 많을 뿐 아니라 흉계도 가지고 있습니다. 멀리하는 것이 오히려 위태로울 수 있습니다."

채태인이 얼굴을 찡그리면서 반대했다.

"야심이 많기 때문에 그자는 은혜를 원수로 갚을 거야."

호설암은 이홍장이 권모술수에 능하여 싫었다.

"그럼 좌종당을 만나러 가실 겁니까?"

"좌종당은 군량이 필요할 거야. 곡식 20만 석을 준비하게."

"알겠습니다."

호설암은 군량을 준비하여 남경으로 좌종당을 만나러 갔다. 좌종당은 호설암이 오자 반갑게 맞이했다.

"대인이 남경에 직접 오시니 깊이 감사드립니다."

"대인을 뵈러 오면서 빈손으로 올 수 없어서 군량 20만 석을 가져왔습니다."

"군사들이 굶주리고 있었는데 모두 감격해 마지않을 것입니다."

좌종당은 호설암이 군량까지 가지고 오자 감탄했다.

"태평군이 난을 일으켜 남경의 백성도 굶주리고 있다고 들었습니다. 2만 석은 백성을 구휼하는 데 써주십시오."

"대인은 이익을 위하여 무슨 일이든 하는 상인이라고 들었는데 제가 잘못 들은 것 같습니다. 대인은 백성까지 구제하시는군요."

"백성이 굶주리면 물건을 누구에게 팔아 이익을 남기겠습니까?"

호설암이 유쾌하게 웃음을 터뜨렸다. 좌종당은 호설암과 술을 마시면서 많은 이야기를 나누었다.

"태평군을 하루빨리 토벌해야 할 텐데 걱정입니다."

좌종당이 검은 수염을 가만히 쓰다듬었다.

"이제 전쟁은 창과 칼로 하는 시대가 아닙니다. 서양의 대포와 총의 위력이 막강합니다. 상군은 서양의 총과 대포를 갖추어야 승리할 수 있을 것입니다."

"서양의 무기를 구할 수 없지 않습니까?"

"아주 없는 것은 아닙니다."

"호대인, 호대인께서 서양의 무기를 구입해주시면 평생 은인으로 알겠습니다."

호설암은 잠시 생각에 잠겼다. 서양에서 무기를 구입하는 일이 결코 쉽지는 않을 것이다. 그러나 무기를 거래하는 일은 많은 이익을 남겼다.

"알겠습니다."

호설암은 좌종당과 밀담을 나누고 오래간만에 남경성을 걸었다. 그 옛날 심만삼이 건설했다는 남경성을 보자 기분이 착잡했다.

'자기 돈을 들여서 성을 건설했는데 죽이다니…'

호설암은 심만삼이 억울하게 죽었다고 생각했다. 그는 항주로 돌아와 포르투갈 상인들을 만났다. 그들은 중국에서의 자유로운 장사를 조건으로 총과 대포를 제공하기로 결정했다. 호설암은 탄약과 총을 구입하여 좌종당에게 보냈다. 호설암의 지원을 받은 좌종당과 이홍장은 새로운 무기로 태평군을 공격하여 대승을 거두었다.

좌종당은 태평군 토벌에 공을 세워 절강순무가 되었다. 호설암이 좌종당에게 제공한 군량은 몇 배로 이익이 되어서 돌아왔다.

좌종당은 조정에 호설암의 공로를 보고하여 홍정상인紅頂商人이라는 칭호를 받게 했다. 호설암은 부와 명예를 함께 갖게 되었다.

유럽 상인들과의 전쟁

호설암은 돈을 벌자 가족을 데리고 항주에 와서 살았다. 그는 어머니에게 효성이 남달랐다. 그가 막대한 돈을 벌어들이는 동안 어머니는 병이 들어 시름시름 앓았다.

'어머니를 위하여 약방을 열어야 하겠구나.'

호설암은 항주에 호경여당약포胡慶餘堂藥鋪를 열고 약재를 팔았다. 그는 약재가 인명과 관계가 있었기 때문에 좋은 약을 싸게 팔았다. 그러자 그의 약방으로 많은 사람이 몰려들었다.

'이익을 남기려고 연 약방이 아닌데….'

호설암은 호경여당의 지점을 여러 도시에 냈다.

서양인들은 중국의 생사를 대량으로 수입해갔다. 그들은 농가를 돌면서 생사를 헐값으로 사갔다. 돈이 없는 농사꾼들은 생사를 생산하기 이전에 헐값으로 팔았다.

'이렇게 하면 안 되는데….'

호설암은 서양인들이 생사를 헐값으로 매집하는 것을 보고 씁쓸했다.

좌종당은 양무운동洋務運動의 선두주자가 되었다. 양무운동은 서양 문물을 받아들여 중국을 근대화해야 한다는 운동으로 증국번, 이홍장,

좌종당이 중심이 되었다. 호설암은 좌종당을 지원하여 복주에 근대조
선소를 설립했다. 기술 지원은 프랑스가 했다. 여기서 건조한 배들이
훗날 이홍장의 북양함대가 된다.

좌종당의 신임을 얻게 된 호설암은 중국 하남 일대 대부분의 관청
돈을 자기 전장에서 관리하게 되었다. 그의 전장이 마침내 중국 최고
의 전장이 된 것이다. 태평천국의 난이 진압되자 청나라에서는 이홍장
과 증국번, 이홍장과 좌종당의 군벌싸움이 벌어졌다.

이때 유럽의 상인들이 중국에 본격적으로 진출했다. 그들은 중국의
생사를 헐값으로 사들여 유럽의 방직공장에 공급했다. 호설암은 프랑
스를 비롯해 유럽과의 무역도 활발하게 전개했다.

'유럽의 상인들이 중국의 생사를 너무 헐값에 사들이고 있어.'

호설암은 총관 채태인과 상의했다.

"어쩔 수 없지 않습니까? 농민들에게 생사를 팔지 말라고 할 수도
없고…."

"우리가 농민들을 대신해 서양인들과 거래하면 어떻겠나?"

"어떻게 말입니까?"

"농민들의 생사를 우리가 대대적으로 매입하면 되지 않겠나?"

"중국의 모든 생사를 말입니까? 엄청 많은 돈이 들어갈 것입니다."

"우리에게는 전장이 있어. 전장에서 얼마든지 돈을 꺼낼 수 있어."

"전장의 돈은 우리 돈이 아닙니다. 전주들이 돈을 빼가기 시작하
면…."

"관청의 돈이 있지 않나? 농민들이 생사를 헐값으로 팔게 그냥 둘

양무운동(洋務運動)은 서구 열강에 비해 근대화 움직임이 늦었던 청나라가 서양의 발전된 문물을 수용해 부국
강병(富國强兵)을 이루고자 벌인 일종의 근대화 운동이었다.

수 없어."

　호설암은 생사를 대대적으로 매입하기 시작했다. 그는 휘하에 있는
상인들을 동원해 수많은 생사를 사들였다. 유럽 상인들은 호설암이 생
사를 대량으로 사들이자 당황했다.

　"생사 값은 작년의 두 배다."

　호설암이 유럽 상인들에게 말했다.

　"왜 두 배인가?"

　"작년 가격으로는 농민들이 살 수 없다."

　"우리는 두 배 가격으로 살 수 없다."

좌종당(左宗棠)의 초상. 이홍장과 좌종당이 대립하면
서 좌종당의 편에 섰던 호설암은 공격을 받게 된다.

"우리는 이 가격이 아니면 절대로 팔지 않을 것이다."

호설암과 유럽 상인들은 팽팽하게 대치했다.

"1.5배에 팔아라."

"우리는 농민들에게 1.5배를 주고 샀다. 우리가 남는 것이 없다."

호설암과 유럽 상인들의 흥정은 깨졌다. 그때 이탈리아의 생사가 대풍년이라는 소식이 유럽 상인들에게 전해졌다.

"호설암은 무덤을 판 것이다. 우리는 호설암의 생사를 사지 않는다."

유럽 상인들이 동맹을 맺었다.

"이탈리아에서 사는 생사로는 부족하지 않습니까?"

"중국은 내년에도 생사를 생산할 것이다. 1년만 지나면 호설암은 파산한다."

유럽 상인들과의 흥정이 결렬되면서 호설암에게 위기가 닥쳐왔다. 수십 개 전장의 자금을 동원하여 생사를 사들인 호설암은 불길한 예감을 느꼈다.

이홍장과 좌종당은 치열하게 대립하고 있었다. 이홍장은 좌종당을 제거하기 위해 호설암부터 쓰러뜨려야 한다고 생각했다.

"호설암을 쓰러뜨릴 방법이 없는가?"

"호설암이 생사 때문에 유럽 상인들과 대치하고 있다고 합니다."

"생사를 얼마나 사들였나?"

"전장의 돈을 동원하여 엄청난 양을 사들였다고 합니다."

"그렇다면 전장에 돈이 없을 게 아닌가?"

"그래도 관청의 돈을 전장에 맡기기 때문에 큰 위기는 없을 것입니다."

"관청의 돈이 들어가지 않으면?"

"호설암은 파산하게 될 것입니다."

수하의 말에 이홍장이 웃었다.

'좌종당을 쓰러뜨리려면 호설암부터 잡아야 한다.'

이홍장은 호설암을 쓰러뜨리기 위한 작전에 돌입했다. 그는 호설암의 부강전장에 맡긴 돈을 모두 빼내고 부강전장이 파산할 것이라는 소문을 퍼뜨렸다.

"부강전장이 망한다고?"

"생사를 너무 많이 사들여 망한대."

좌종당을 제거하기 위해 자금줄을 차단하는 작전에 돌입한 이홍장 때문에 호설암은 위기에 빠졌다. 관행적으로 전장에 맡기는 관청의 돈도 들어오지 않았다. 호설암의 전장이 파산한다는 소문이 나돌면서 돈을 맡긴 전주들이 몰려와 아우성을 쳤다.

호설암의 전장은 이홍장에게서 집중적인 공격을 받았다. 유럽 상인들은 호설암의 생사를 사지 않았다. 그들은 호설암이 1년 이상 버티지 못할 것이라고 생각했다. 그의 전장에서는 하루가 다르게 돈이 빠져나갔다.

'아아, 내가 이렇게 끝나야 하는가? 농가를 도우려고 생사를 사들였는데….'

이홍장의 방해로 생사를 팔지 못하고 전장에서 자금이 빠져나가자 호설암은 실망했다.

'내 시대는 끝났어. 조용히 물러가자.'

호설암의 부강전장은 결국 파산하고 말았다. 부강전장의 파산은 중국에 큰 회오리바람을 몰고 왔다. 수많은 사람이 돈을 받지 못해 아우성치자 조정에서 그를 체포하여 조사했다. 가산은 몰수되고 그는 감옥에 갇혔다.

호설암은 좌종당의 군비를 조달할 때 외국은행에서 대출받으면서 실제 이자보다 높게 보고하고 그 차액을 챙긴 일이 있었다. 그 죄까지 드러나 사형이 선고될 무렵 그는 울분 속에서 운명했다.

시대의 기린아

호설암은 빈농 출신으로 관리들의 힘을 빌려 돈을 벌었다. 고리대금에 관청과 결탁해 돈을 벌기는 했으나 항상 수재민과 이재민에게 쌀과 돈을 보내 구휼했다.

호설암은 성공한 뒤 어머니를 모셔 와서 항주에서 살았고 어머니의 병을 고치기 위해 호경여당이라는 약방을 열었다. 이 약방에서는 가장 좋은 약만 취급했고 가난한 사람들에게는 무료로 약을 나누어주어 중국 전국에 지점을 냈다. 호설암이 파산한 뒤에도 호경여당은 여전히 성업을 했다.

　호설암은 중국의 부자들 중에서도 가장 독특한 부자였다. 그는 정
경유착을 해서 돈을 벌었으나 당대에 일어났다가 당대에 몰락했다. 그
는 또 부를 축적한 뒤에는 부를 환원하려고 노력했다. 생사를 매점하
여 유럽 상인들과 건곤일척의 승부를 벌이다 실패했으나 중국 농민들
을 보호하려고 한 일이었다.

15

차(茶)와 투자의 신

오병감(伍秉鑑)

얼마나 많은 부를 소유하고 있느냐도 중요하지만 어떻게 부를 축적했느냐는 점도 중요하다. 중국은 광대한 대륙, 막대한 인구로 세계적 부자가 탄생할 수 있는 여건이 갖추어져 있다. 2001년 미국의 〈포브스〉는 지난 1천 년 동안 전 세계에서 가장 부유했던 50인을 선정했는데 이 중 중국인이 다섯 명이나 선정되었다. 칭기즈칸, 쿠빌라이, 유근劉瑾, 화신和珅, 오병감伍秉鑑, 송자문宋子文이 그들이다. 칭기즈칸이나 쿠빌라이는 제국의 황제들이고 유근과 화신은 탐관오리다.

송자문은 장개석 총통의 부인 송경령의 오빠이자 중국 근대화의 아버지인 손문의 처남이기도 하다. 그의 부는 장개석에게 지원되는 미국의 차관을 이용한 것이어서 사실상 부패한 자금이라고 볼 수 있다.

오병감은 전통적인 상인의 후손으로 미국을 비롯해 서양에 막대한 자금을 투자하여 1800년대 세계 최고의 부자라는 이름을 얻었다.

오병감이 태어난 중국 복건성(福建省)의 무이산 차밭 풍경. 오병감의 부친 오국옥(伍國瑩)은 무이산에서 차를 재배하여 국제 무역을 통해 큰 재산을 모은 인물이다.

무이산의 찻잎 따는 소년

1880년대 천하제일부자로 불린 오병감은 그의 선대가 복건성에 있는 무이산武夷山에서 차를 재배하여 부를 이룬 가문에서 태어났다. 무이산은 복건성 서북부에서 강서성과 경계를 이루는 삼령산맥에 있고 37개 봉우리와 99개 기암 사이로 맑은 물이 흐르는 구곡계가 있어서 중국인이 절경의 하나로 여겨왔다. 이곳에서 중국인이 좋아하는 용설차가 재배되어 광동 일대에서 널리 판매되었다.

오병감은 차밭을 소유한 농장주의 손자였다. 그가 태어났을 때 할아버지 오조풍은 늙었고 아버지 오국옥이 농장을 경영하고 있었다.

'차는 중국인이 물처럼 마신다. 차밭을 잘 경영하면 큰 부자가 되

지는 않아도 먹고살 수는 있다.'

오병감은 할아버지 손에 이끌려 다니면서 차밭을 뛰어다니고는 했다.

"차밭을 잘 경영하려면 두 가지 조건이 있어야 한다."

"할아버지, 그게 뭔데요?"

"첫 번째는 하늘의 도움이다. 하늘에서 적당한 때에 비를 내려주고, 이러한 기운을 놓치지 않고 씨를 뿌리고 차밭을 가꾸는 것이다. 다른 말로 하면 시운時運을 놓치지 않는 것이다."

"할아버지, 때를 잘 이용해야 한다는 말씀이죠?"

"그렇다. 우리 손자가 아주 영리하구나."

"그럼 두 번째는 뭐예요?"

"네가 한 번 말해보라."

"저 같으면 차를 잘 가꾸겠어요."

"어떻게 하면 차를 잘 가꾸겠느냐?"

"차가 잘 자라려면 좋은 햇빛에 있고 적당하게 비가 와야 해요. 무이산은 항상 좋은 햇빛이 있고 비가 적당하게 와서 좋은 차를 수확할 수 있어요. 그렇지만 찻잎을 솎아주고 김을 매어 잡초를 뽑는 것은 인간이 하는 일입니다. 찻잎을 볕에 말리는 일 또한 중요하지 않을 수 없습니다. 적당하게 말리고 잘 보관해야 차향을 유지할 수 있습니다."

"옳다. 네가 차에 대해 훤히 알고 있구나."

할아버지는 오병감에게 감탄했다.

오병감은 차 농장에서 자랐다. 공부하는 틈틈이 찻잎을 따고 찻잎

말리는 일을 하면서 여러 해가 지났다.

"아버님, 해관 감독이 소자에게 행상을 맡으라는 명을 내렸습니다."

하루는 오국옥이 오조풍에게 말했다. 해관 감독은 광동성 광주에서 해외무역을 담당하고 있었다. 중국은 강희제와 옹정제가 즉위하여 중국을 비약적으로 발전시키고 인구도 폭발적으로 증가했다. 서양 여러 나라가 개항을 요구하자 광동성 광주에서만 무역을 할 수 있도록 허가했다. 이때부터 해외무역으로 부를 축적하는 인물들이 속출했다. 외국인들과 무역을 하는 사람들을 행상이라고 불렀는데 이로부터 광주 13행상이 중국 천하에 이름을 떨치게 되었다. 행상行商은 외국과 무역을 하는 것이었다.

"해관 감독이 나를 행상으로 명한다고 하는데 너는 어떻게 생각하느냐?"

오국옥이 오병감을 데리고 광주로 가면서 물었다. 오병감은 어느 사이에 훤칠한 청년이 되어 있었다.

"행상이 되면 광주로 이사를 해야 합니다."

"그렇지. 무이산은 형제들에게 맡기고 우리는 행상 일에 전념해야 할 것이다. 산자수명한 무이산을 떠나는 것이 아쉽지 않느냐?"

"아버지, 한 1년 더 계십시오."

"무슨 말이냐? 1년을 늦추라는 말이냐?"

"예."

"어째서?"

"우리는 행상이나 외국에 대해 전혀 알지 못합니다. 준비할 기간이 필요합니다."

"무슨 준비 기간이 1년씩이나 필요하냐?"

"행상은 외국인들과 장사를 합니다. 그런데 외국 말도 모르고 외국 나라도 모릅니다. 그에 대하여 먼저 배워야 할 것입니다."

"네 말이 옳다."

오국옥이 크게 고개를 끄덕거렸다. 그는 해관에 들어가자 감독에게 행상을 사양했다.

"행상은 서로 하려고 하는데 못하겠다고?"

해관 감독이 눈을 부릅떴다.

"아닙니다. 저희는 무이산에서 대를 이어 차를 재배하는 농사꾼입니다. 저희가 행상의 일을 어찌 알겠습니까?"

"모르면 배워서 하면 되는 거지. 굳이 싫다면 강권하지 않겠네."

해관 감독이 손을 휘휘 내저었다. 오국옥은 아들 오병감을 데리고 해관에서 나왔다. 해관에는 뜻밖에 많은 외국인이 양복을 입고 드나들고 있었다. 오병감은 오국옥과 함께 광주에 머물면서 외국인의 동정을 살폈다.

오병감은 외국 여러 나라에 대해 조사했다. 중국인들은 외국인들에 대해 좋은 감정을 갖고 있지 않았다. 미국과 영국, 프랑스 등은 강대한 나라였고 총과 대포, 선박이 크게 발전해 있었다. 특히 세계 여러 나라에서 중국의 차와 자기가 크게 인기가 있다는 것을 알 수 있었다.

오병감은 여러 나라에 대한 책을 사가지고 무이산으로 돌아왔다.

'미국은 중국처럼 큰 나라구나.'

오병감은 책에서 미국에 대해 읽고 감탄했다.

'미국은 대통령이 다스리는 나라라고?'

미국에 황제나 왕이 없다는 사실도 신기했다. 책에서 본 영국이 인도를 지배하고 자유로운 상거래로 상업과 공업이 발달한 것도 놀라운 일이었다.

'다음에 광주에 가면 외국인을 만나보자.'

오병감은 외국에 대한 책을 읽으면서 새로운 세상에 눈을 뜬 기분이었다.

'이제는 이 아름다운 무이산을 떠날 때가 되었어.'

오병감은 차농사를 지으면서 중국의 부자가 되겠다고 결심했다. 행상이 되는 것은 장사를 하는 일이었다.

장사의 밑천은 신용

오국옥이 행상을 하는 일은 쉽게 결정되지 않았다. 해관 감독은 광주의 여러 상인에게 행상을 할 것을 권했으나 많은 사람이 말이 통하지 않는 외국인과의 장사를 탐탁하게 여기지 않았다. 게다가 외국인들에 대한 세금까지 행상이 대신 징수해야 했고 그들이 잘못해도 행상이 책임을 져야 했다.

1783년 해가 바뀌자 해관 감독은 오국옥을 불러 행상을 맡으라고 다시 권했다.

"대인께서 아시다시피 우리는 농사를 짓는 사람이라 장사할 자금이 넉넉지 않습니다."

청나라 말기 중국 최고 갑부였던 오병감의 초상

"그것은 공사에서 융통해주겠소."

공사의 대반은 자금을 거액 융통해주었다. 오국옥은 둘째아들 오병균과 함께 호관浩官이라는 이름의 상관을 열었다. 중국인들은 그를 이화행怡和行이라고 불렀다. 그는 상관의 행주가 되어 본격적으로 장사를 시작했다.

"우선 무이차 3,600상자를 가지고 오시오."

대반이 오국옥에게 말했다. 오국옥은 무이산 일대를 돌아다니면서 차를 매입했다. 광주의 행상은 모두 20가家가 되었고 오국옥은 성실하게 장사했다. 그는 20가 중에서 6위에 오를 정도로 열심히 일했으나 오히려 매출이 오를수록 손해를 보게 되어 5년 만에 파산의 위기에 처했다. 행상은 외국인들과 장사하는 것뿐 아니라 세금도 징수해야 했고 관리들이 뇌물을 징수하기도 했다. 그러니 이익을 내기가 쉽지 않았다.

"아버님, 공사 대반에게 도움을 청하십시오."

자금 때문에 고통스러워하자 오병감이 오국옥에게 권했다.

"내가 차농사나 지으면서 살아야 할 것을 공연히 행상을 시작했다."

"아버님, 장사를 시작하여 이대로 주저앉을 수는 없습니다."

"그럼 어떻게 하란 말이냐?"

"형님하고 제가 공사 대반을 만나 협상하겠습니다."

"네 뜻이 그렇다면 해봐라."

오국옥이 허락하자 오병감은 오병균과 함께 공사 대반을 찾아갔다. 그는 공사 대반을 집요하게 설득하여 그에게서 영국 상인을 소개받았다. 영국 상인은 그에게 중국 자기 5백 상자를 구해올 것을 요구하고 선금을 내주었다.

"영국 상인이 원한 것이 자기라고?"

오국옥이 이해할 수 없다는 표정으로 물었다.

"그렇습니다. 접시, 찻잔 같은 것들입니다."

"5백 상자라면 엄청 많은 양이 아니냐?"

"실제로는 그렇게 많지 않습니다."

오병감은 공사 대반의 도움으로 파산 위기에서 벗어날 수 있었다. 그는 광동성 일대를 돌아다니면서 자기를 매입해 영국 상인에게 납품했다. 영국 상인은 다시 1천 상자를 요구했다. 오병감이 자기 1천 상자를 영국 상인에게 가지고 가기로 약속한 날 광주 일대에는 폭우가 쏟아졌다.

"폭우 때문에 오늘은 길을 가는 것이 불가능합니다."

수레를 운반하는 장정들이 난처한 표정으로 말했다.

"영국 상인에게 약속한 날이 오늘이오. 어떤 일이 있어도 오늘까지는 납품해야 합니다."

"나리, 수레가 움직이지 못합니다. 영국 상인들도 비 때문에 납품하지 못한다는 사실을 알고 있습니다."

"우리는 중국인입니다. 중국인은 신용을 철저하게 지킨다는 사실을 알려주어야 합니다. 힘들더라도 여러분이 애써주십시오."

오병감은 빗속에서도 수레를 이끌고 강행군을 하여 약속한 날 철저하게 납품했다. 영국인들은 그가 신용을 지킨다는 사실을 알고 그에게 더 많은 거래를 요구했다.

오국옥은 늙었고 행상을 이끌던 오병균이 병으로 죽자 행상은 이제 오병감을 비롯해 그의 두 동생이 관리하게 되었다.

13행은 광주에 있는 13개 중국 상점을 의미했다. 광주 북쪽에 있었으며, 남쪽에는 포르투갈관, 스페인관, 프랑스관, 영국관, 네덜란드관, 미국관 등 서양의 여러 상관이 있었다. 중국 정부에서 유일하게 광주

17세기 후반 중국 광주 월해관 항구에 세워졌던 13행 국제무역 상관. 대외무역을 담당하던 13개의 양행(洋行)은 무역 규모가 늘어날 때는 36곳으로 확대되기도 했다.

에만 외국인들과 무역을 허락했기 때문에 13행을 통해 물건을 수입하고 팔 수밖에 없었다. 중국인 대부분이 무역이나 서양에 대해 잘 알지 못했기 때문에 이것이 막대한 부를 축적할 기회라는 사실을 알지 못했다. 서양은 중국보다 과학문명이 발달했으나 중국에는 서양인이 좋아하는 자기와 차가 있었다.

부를 증식하는 방식

오병감은 차에 대해 누구보다도 잘 알았다. 유럽을 비롯하여 미국에는 차를 마시는 풍속이 생겼다. 유럽에서도 여러 가지 차가 재배되기는 했으나 수천 년 동안 차를 마시고 재배해온 중국과는 달랐다. 중국의 차는 전 세계에서 최고 인기를 끌었다. 전 세계가 중국차를 수입했다. 그렇다면 차를 사서 파는 것이 아니라 차농장을 사들여야 했다.

오병감은 과감하게 차농장을 사들였다. 중국의 상인들은 전통적으로 농장에서 차를 사다가 팔았다. 그러나 오병감은 차농장을 사들이면서 증식 방법을 달리했다.

"오병감이 차농장을 독점하려고 한다."

13행의 상인들이 불만을 터뜨렸다. 그러나 광동성은 거대했고 광주 일대에는 차 생산 농가가 많았다. 오병감은 차를 외국 상관에 팔아 돈을 벌었다.

행상들은 관상으로 관리로 임명되었기에 행상 중 관세를 내지 못하면 연대 책임을 져야 했다. 고위 관리들의 뇌물 요구도 공공연하게 있었다. 행상은 여러 가지 면에서 착취 대상이 되었다. 그래서 행상은 자주 파산을 했다. 그러나 그러한 어려움 속에서 부를 축적한 행상도 적지 않았다. 오병감도 세월이 흐르면서 많은 부를 축적했고 13행을 이끄는 총상이 되었다.

"아버님, 청하관의 행주가 고향에 큰 집을 지었다고 합니다."

오병감의 아들 오소영이 말했다.

"월하관 행주도 돈을 벌어 집을 크게 짓더니 청하관도 지었어?"

"우리도 집을 짓는 것이 어떻겠습니까? 이제 가족도 많이 늘어나지 않았습니까?"

"집을 호화롭게 지어서 무얼 하겠느냐? 집을 크게 짓고 재물을 창고에 가득 쌓아놓은 자들은 훗날 말로가 좋지 않았다."

오병감은 비교적 검소한 생활을 했다. 그는 벼슬이 올라 3품 고위 관리가 되었으나 권력을 휘두르지도 않았고 위세를 부리지도 않았다. 그는 장사를 하면서 많은 외국인 상인을 사귀었다. 외국에 직접 가보지는 않았으나 그들에게서 외국 이야기를 듣는 것을 좋아했다. 특히 존 포브스와 많은 이야기를 나누었다. 그는 미국 상관을 출입하는 젊은 상인으로 오병감을 아버지라고 부를 정도였다. 오병감은 성품이 조용하고 신중했다. 그는 평생 허튼소리를 하지 않았다.

'오병감은 절대로 농담을 하지 않는다.'

사람들은 오병감을 그렇게 평가했다.

13행의 총상이 되는 것은 괴로운 일이었다. 반정형은 13행 중 동문행이라는 상관을 운영하는 사람이었다. 그는 외국인들과 무역하여 막대한 돈을 벌었는데도 총상만은 하지 않으려고 했다.

"나보고 총상을 하라고 하면 길거리에 나가 개가 되겠다."

반정형은 총상이 되는 것을 한사코 거절했다.

"고통이 없이 어찌 부자가 되겠느냐?"

오병감은 총상에게 쏟아지는 비난을 감내했다.

그는 오씨화원이라는 작은 화원을 지어 꽃을 심고 연못을 만들었다. 고향 무이산의 차농장에도 자주 들렀다. 차농장에서는 수많은 사람이 차를 가꾸고 찻잎을 땄다.

투자의 신, 시대가 만든 부자

외국인들은 중국의 차를 수입하면서 자기 나라에서 만든 물건을 팔려고 했다. 그러나 중국인들은 외국의 물건을 사려고 하지 않았다.

"미국은 철로를 건설하고 기차를 만들어 사람을 실어 나르고 화물을 운반합니다."

존 포브스가 오병감에게 말했다.

"기차가 무엇인가?"

"중국말로 하면 화륜거가 될 것입니다."

"왜 그런 것을 만드는가?"

"미국은 땅이 아주 넓습니다. 말이나 수레를 타고 달리면 한 달도 걸리고 두 달도 걸릴 수 있습니다. 화륜거를 타면 천 리를 하루에 달릴 수 있습니다."

"그렇게 빠른가?"

"기차는 쇠바퀴가 두 철로를 달리는데, 철로를 건설하는 데는 막대한 비용이 들어갑니다. 아버님께서 미국 기차에 투자하시지요."

존 포브스가 진지하게 권했다.

"내가 미국 기차에 투자할 수 있는가?"

"그럼요. 제가 미국 철도를 건설하려고 합니다. 투자하시면 많은 돈을 벌 수 있습니다."

"얼마를 투자해야 하는가?"

"많을수록 좋습니다."

오병감은 포브스가 돌아가자 화원을 거닐면서 많은 생각을 했다.

확실히 서양의 과학문명은 중국보다 훨씬 앞서 있었다.

'돈을 쌓아두면 언젠가는 사라진다.'

오병감은 아들 오소영과 상의했다.

"포브스는 저희와 의형제를 맺었습니다. 의형제는 배신하지 않는다는 것을 포브스는 잘 알고 있습니다."

오소영은 포브스와 절친하게 지내 의형제가 되었다. 오소영은 포브스에게 중국어를 가르쳐주고 그에게서는 영어를 배웠다.

오병감은 미국인 존 머리 포브스(John Murray Forbes)를 통해 미국 철도회사에 거금을 투자해 막대한 수익을 거둔다.

오병감은 오소영이 찬성하자 포브스에게 50만 냥을 투자하여 철도회사를 설립하게 했다. 포브스는 철도회사를 설립해 막대한 돈을 벌었고 미국 철도왕의 한 사람이 되었다.

"오병감은 미국의 철도에 투자하여 많은 돈을 벌었다. 그는 천하제일의 갑부다."

오병감에 대한 소문이 서양인들에게 널리 퍼졌다. 서양인들이 다투어 그에게 투자를 요구했다. 포브스를 통해 미국 철도에 투자한 것이

성공하자 오병감은 외국 상인들에게 투자하기 시작했다. 영국의 동인
도회사는 물론 싱가포르, 암스테르담, 파리, 런던 등 많은 도시에 그의
광범위한 투자가 이루어졌다.

"외국 상인들을 믿는 것은 어리석은 짓이다."

중국인들은 그를 비웃었다. 오병감의 투자가 실패한 적도 있었다.
미국의 한 상인은 오병감이 투자한 돈을 모두 날렸다.

"사람은 투자에 실패할 수 있다. 그러나 관계를 훼손해서는 안 된다."

오병감은 오히려 그에게 더 많은 돈을 투자하여 재기할 수 있도록
도와주었다.

외국의 상인들은 중국에서 차와 자기 등을 수입했으나 자기네 나라
물건을 팔 수 없었다. 영국을 비롯하여 많은 나라가 중국의 폐쇄적인
무역에 불만을 드러냈다. 외국인들은 중국이 더 많은 항구를 개방하기
를 원했고, 물건을 수입하기를 원했다. 차와 자기 등 중국 물건을 수입
하는 자금도 부족했다. 이에 서양의 상인들이 중국인들에게 아편을 몰
래 팔기 시작했다.

"13행은 어떤 일이 있어도 아편을 거래하지 말라."

오병감은 아편 거래는 절대로 해서는 안 된다고 선언했다. 13행의
행상은 나라에서 금지한 아편 거래를 하지 않았다. 그러나 아편 거래
는 서양 상인들에 의해 비밀리에 진행되어 급속하게 중국 전체로 퍼
져 나갔다. 중국은 아편 때문에 몸살을 앓기 시작했다.

"나는 이제 총상 자리에서 물러나겠다."

오병감은 50만 냥을 내놓고 총상 자리를 자기 아들에게 물려주었

다. 그러나 관리들은 여전히 오병감을 총상으로 이용했다.

"내 재산의 팔할을 내놓겠습니다. 이제 제발 13행에서 물러나게 해주십시오."

오병감은 더는 외국과 무역을 하지 않겠다고 요청했으나 받아들여지지 않았다. 마침내 조정에서 서양인들이 아편을 판매하는 것을 금지해야 한다는 여론이 일어났고 임칙서林則徐를 흠차대신에 임명하여 광주로 내려보냈다.

'아편 때문에 일이 크게 벌어지겠구나.'

오병감은 아편 거래를 일절 하지 않았으나 불안했다. 임칙서는 광주에 도착하자 포고령을 발표했다.

- 아편을 소지하고 있는 자는 지체 없이 관에 신고하라.
- 외국인들은 아편을 자진 신고하라.
- 아편을 피우지 마라. 아편을 피우는 자는 엄벌에 처한다.
- 아편을 거래하지 마라.

임칙서가 포고령을 내렸으나 아편 상인들은 지켜보기만 했다. 임칙서는 서양 아편 상인들을 감시하는 한편 오소영과 13행 행주들을 감옥에 가두었다.

"대인, 우리는 절대로 아편을 거래하지 않았습니다."

오소영과 행주들은 억울하다고 호소했다.

"닥쳐라. 행상은 서양 상인들을 감찰하고 아편 거래를 중지시킬 책

임칙서(林則徐)는 영국 상인들이 소유한 아편을 몰수하고 아편 상인들을 추방해 아편밀수를 근절하고자 했다.

임이 있다. 그런데도 묵인했으니 어찌 죄가 없다고 하겠느냐?"

임칙서의 말에 오소영은 할 말이 없었다. 13행과 거래하는 서양 상인들은 막대한 돈을 벌어들일 수 있는 아편 거래의 유혹에 빠져들었다. 영국 상인 던트는 오병감 일가와 무역하면서 막대한 아편을 몰래 팔았다. 심지어 그의 수양아들 포브스도 아편 거래를 했다. 13행상과 거래를 하는 대신 불법업자들과 거래를 한 것이다.

임칙서는 외국 상인들이 갖고 있는 아편을 내놓고 이후 다시는 아편을 거래하지 않는다는 각서를 쓰게 설득하라고 오소영을 협박했다. 오소영은 감옥에서 풀려나오자 서양 상인들을 설득하기 시작했다. 그러나 서양 상인들은 아편에 막대한 구입 자금을 들였기 때문에 임칙서의 요구를 받아들이지 않았다.

"아버님, 이제 어떻게 하면 됩니까?"

"서양 상인들의 손실을 우리가 보상해줘라."

오병감은 아편값을 서양 상인들에게 지불했다. 서양 상인들은 비로소 아편 1,050상자를 내놓았다.

"이것은 내가 파악하고 있는 것의 10분의 1도 안 된다."

임칙서는 크게 노하여 오병감을 감옥에 가두었다.

"대인, 서양 상인들이 말을 듣지 않습니다."

"저희 재산으로 대신하겠습니다."

오병감은 재산을 내놓겠다고 했으나 임칙서는 거절했다.

"아편을 근절하지 않으면 중국인 수백만 명이 죽을 것이다. 나는 중국인 수백만 명을 구하기 위해 당신을 죽일 것이다."

임칙서는 던트의 상관인 보순양행을 습격해 아편 2만 상자를 압수하고 그를 재판에 나오라고 소환했다. 던트는 재판에 응하지 않고 마카오의 영사관으로 달려갔다. 영국은 중국 시장을 개방하기 위해 전쟁을 원했다.

'기어이 전쟁을 해야 한다는 말인가?'

오병감은 눈앞이 캄캄해지는 기분이었다. 오병감은 결국 석방되었으나 비참했다. 그는 전쟁을 막기 위해 아들 오소영을 내세워 협상을 벌이려고 했으나 소용이 없었다. 청나라는 영국의 막강한 화력 앞에 굴욕적인 광주화약廣州和約을 체결했다. 중국의 여러 항구를 개방하고 전쟁배상금 6백만 냥을 지불한다는 조약이었다. 오병감을 비롯하여 13행은 약 2백만 냥을 내놓았고 오병감은 그중 110만 냥을 지불했다. 국가에서는 4백만 냥을 지불했다.

아편전쟁은 끝났으나 오병감은 오히려 매국노라는 비난을 받았다. 그는 관리들에게 수탈을 당하고 매국노라는 비난을 받은 것이 억울했다. 영국과 전쟁을 벌일 때는 막대한 전쟁 비용까지 부담했고 실질적

임칙서가 영국 상인들의 아편을 몰수하자 영국이 이를 빌미 삼아 청나라를 공격하면서 아편전쟁이 발발했다. 청나라 함대는 막강한 영국군에 패배하고 결국 광주화약(廣州和約)을 체결하게 된다.

으로 아편을 거래하지 않았으나 아편을 팔아 부자가 된 것처럼 낙인이 찍힌 것이다.

깨끗한 말년

오병감은 아편전쟁으로 삶의 의욕을 잃었다. 미국에 가서 살고 싶어 했으나 늙고 병들어 한 달 이상 여행은 무리라는 의원의 말에 따라 포기했다. 1843년 9월 오병감은 자신이 가꾼 화원에서 눈을 감았다. 그의 재산은 2,600만 원, 약 9천억 원이라는 천문학적 숫자여서 천하제일의 부자라는 말을 듣게 되었다. 이는 무역을 통해서 얻은 부가 아니라 미국의 철도, 영국의 동인도회사 등 세계 각국에 과감하게 투자해서 얻은 것이었다.

　오병감은 영어를 할 줄도 몰랐고 외국에 한 번도 나간 일이 없는데 사람을 믿고 투자하여 성공을 거둔 것이다.

　오병감은 평생 검소하게 살았다. 그는 사치와 향락을 누리지도 않았고 돈을 벌어 고향에 호화로운 집을 짓지도 않았다.

　영국과 전쟁이 일어났을 때는 전쟁 비용을 부담하고 심지어 배상금까지 내놓았으나 위정자들은 그의 공로를 인정하지 않고 오히려 매국노라고 비난했다.

16

돈을 사랑한 여자

송애령(宋藹齡)

중국 근현대사에서 송씨 세 자매처럼 다채로운 삶을 산 여자들도 없을 것이다. 첫째인 송애령宋藹齡은 중국의 부호 공상희孔祥熙, 둘째인 송경령宋慶齡은 중국인이 가장 존경하는 혁명가 손문孫文, 셋째인 송미령宋美齡은 국민당 지도자 장개석蔣介石과 결혼하면서 그들은 당대 최고의 로열패밀리가 되었다.

중국은 도도하게 밀려오는 근대화의 물결을 감당하지 못하고 어지러워지면서 군벌의 지배를 받게 되었다. 아편전쟁 이후 서양세력도 물밀듯이 밀려 들어왔다. 손문 등 젊은 청년들은 양무운동을 전개하여 중국의 근대화를 이끌었고 이홍장, 원세개袁世凱 등은 권력투쟁을 벌였다. 지도자들이 혼란에 빠지고 부정부패가 만연하자 백성은 도탄에 빠졌다. 수많은 사람이 굶어 죽고 도적들이 활개를 쳤다. 중국은 새로운 용트림을 위하여 파국으로 치닫고 있었다.

송애령을 비롯한 송씨 세 자매는 그야말로 로열패밀리에 해당한다. 세 자매 모두 중국 근대사의 중심에 섰던 주요 인물들과 결혼했기 때문이다. 사진은 왼쪽부터 송미령, 송애령, 송경령이다.

재물을 보는 소녀의 눈

송애령의 아버지는 송가수(宋嘉樹)로 해남도 문창 출신이다. 집안이 가난했기 때문에 보스턴에 살고 있던 외삼촌의 양자가 되어 미국으로 떠났다. 외삼촌은 보스턴에서 장사를 했다. 송가수는 외삼촌에게 학대를 받았다. 외삼촌이 송가수를 양자로 받아들인 것은 일을 시키기 위한 것이었다. 송가수는 외삼촌의 집을 탈출해 미국을 떠돌다가 감리교 선교사의 눈에 띄어 신학교에 들어가 공부한 뒤 선교사가 되어 중국으로 돌아왔다.

상해에는 미국 감리교 선교단에서 파견한 영 알렌이라는 인물이 있었다. 그는 중국어 신문인 〈만국공보(萬國公報)〉를 상해에서 발행하여 중

송애령의 아버지 송가수(宋嘉樹). 해남 문창 출신인 송가수는 본명이 한교손(韓喬孫)이었으나 외종숙인 송씨 가문의 양자로 들어가 개명하였다. 둘째 딸 송경령과 결혼한 사위 손문(孫文)이 신해혁명(辛亥革命)을 추진할 때 뒤에서 혁명자금을 지원했다.

국 계몽운동에 참여했다. 이때 미국에서 돌아온 송가수는 〈만국공보〉 발행인 영 알렌에게 월급 15원을 받으면서 선교사로 활동했다.

'중국은 근대화되어야 한다.'

송가수는 중국 민중을 계몽하는 일에 적극적으로 나섰다. 이때 송가수는 예계진倪桂珍이라는 개화파 여성을 만나서 결혼했다. 예계진은 중국의 지사들이 설립한 여학교를 졸업하여 중학교 졸업 정도의 실력을 갖고 있었다.

송가수는 알렌 밑에서 계몽운동과 선교사 일을 했으나 알렌은 권위적이고 중국인들을 업신여겼다. 송가수는 알렌과 결별하고 독자적인 활동을 하기 시작했다. 그는 상해에 있는 미국 상인의 대리인 일을 하면서 선교에 열중했다. 미국 상인은 중국에 기계를 파는 사람이었다.

송가수는 1889년 송애령을 낳고 잇달아 두 딸과 아들 셋을 낳았다. 교회 목사라 해도 송가수는 가난하게 살았다.

송애령은 어릴 때부터 유난히 총명했고 장녀로서 책임감이 강했다.

'선교사의 삶은 가난을 면할 수 없구나.'

송가수는 자식들을 낳자 그들을 키울 방법이 없어서 걱정했다. 중국은 근대화 물결이 도도하게 밀려오고 있었다. 교회에도 사람들이 몰려왔으나 교회를 유지하는 일도 버거웠다.

1895년 청일전쟁이 일어났다. 무적이라고 믿고 있던 이홍장의 북양함대가 일본함대에 격침되고 여순이 점령당했다.

일본군은 여순에서 약 2만 명에 이르는 중국인을 학살하여 세계를 분노하게 했다. 중국은 막대한 전쟁보상금을 배상하지 않으면 안 되었다. 나라가 누란의 위기에 빠졌는데도 중국의 지도층은 대책을 세우지 못했다.

러시아는 청나라를 위협해 하얼빈을 할양받았다. 홍콩은 영국에 넘어갔다. 이에 대하여 격렬한 반발이 일어났으나 총칼에 진압되었다.

송애령은 5세가 되었을 때 중서여숙中西女塾이라는 학교에 들어갔다. 이 무렵 중국에서는 여성들의 교육운동이 일어났다. 여성들의 전족에 대해 찬반 논쟁이 뜨겁게 일어나고 계몽운동도 열화처럼 번졌다. 한편으로는 중국에서 이권을 빼앗아가는 서양을 몰아내자는 애국운동도 일어났다.

손문은 중국을 개혁하자는 혁명의 깃발을 들었다. 그러나 그는 많은 탄압을 받아야 했고 쫓겨다녔다. 송가수는 손문을 적극적으로 후원했다. 송가수와 손문은 미국에 있을 때부터 교분을 나누었다. 송가수가 운영하는 교회에도 신도들이 많아졌다. 송가수는 작은 인쇄소를 경영했다.

"아버지, 성경책을 인쇄해서 팔아요."

하루는 송애령이 송가수에게 말했다.

"성경책? 성경책을 팔아서 뭘 하게?"

"신도들이 성경책을 사고 싶어 해요. 앞으로 점점 많이 필요할 거예요."

"어째서 성경책을 살 사람이 많아진다고 생각하느냐?"

"신도들이 늘어나고 있잖아요? 우리 교회 사람들뿐 아니라 다른 교회 사람들도 살 거예요."

"생각해보자."

송가수는 성경책을 판다는 생각을 할 수 없었다. 그러나 많은 신자가 성경에 대해서 더 알고 싶어 하고 성경을 갖고 싶어 한다는 사실을 알 수 있었다.

송가수는 성경을 인쇄하여 팔기 시작했다. 그의 성경책은 의외로 인기가 좋아 불타나게 팔렸다. 송가수는 목사 일을 그만두고 본격적으로 사업을 하기 시작했다. 성경을 비롯하여 찬송가를 인쇄하고 다른 출판물에도 손을 댔다. 송가수의 출판 사업은 크게 성공을 거두었다.

"우리 애령이가 재물을 보는 눈이 있나보구나."

중국의 국부(國父)로 존경받는 손문. 손문은 광동성에서 빈민의 아들로 태어나 변혁기에 혁명을 꿈꾸는 사상가로 성장했다. 신해혁명 시기에 미국에서 귀국, 송가수의 재정 지원을 받으면서 사회개혁을 주도했다. 1912년 중화민국의 대총통에 추대되기도 했다.

　송가수는 딸의 머리를 쓰다듬으면서 기뻐했다. 송애령은 어린 나이였으나 아버지가 돈 때문에 걱정하는 모습을 자주 보았다. 그녀는 돈이 인생에서 중요하다는 사실을 절실하게 깨달았다.

　송애령은 어른들이 용돈을 줄 때마다 착실하게 저축했다.

　"언니는 왜 돈을 쓰지 않는 거야?"

　동생인 송경령이 물었다.

　"돈을 써버리면 금방 빈털터리가 되잖아? 나는 세상에서 빈털터리가 제일 싫어."

　송애령이 야무지게 말했다. 송가수는 가족적이고 딸들을 사랑했다. 그는 집에서 딸들에게 손수 영어를 가르쳤다. 그는 인쇄소를 경영하면서 손문과 더욱 가깝게 지냈다. 송가수는 손문이 혁명하는 데 필요한 유인물을 인쇄해주고 자금까지 후원해주었다. 송애령을 비롯하여 경령과 미령까지도 손문을 손 아저씨라고 부르면서 따랐다.

"나는 열세 살이 될 때까지 신발을 신지 않고 자랐다. 내 꿈은 중국의 모든 어린이가 신발을 신게 하는 것이란다."

손문이 웃으면서 송애령에게 말했다.

선진문화를 익히기 위해

송가수는 미국에 유학을 갔다왔기 때문에 개화주의자였다. 송가수는 사업을 하면서 중국을 발전시키기 위해 미국과 같은 중화인민공화국이 필요하다고 생각했고 청년운동가인 손문을 도왔다.

"이제 세상이 바뀐다. 나는 너희가 새로운 중국 건설에 중요한 몫을 했으면 한다. 그래서 너희를 미국에 유학 보내려고 한다."

송가수가 딸들을 불러놓고 말했다. 1904년 4월 어느 날이었다.

"우리 셋이 모두 유학을 가요?"

송애령이 놀라서 물었다.

"나는 애령이가 먼저 갔으면 한다. 애령이가 자리를 잡으면 둘째와 셋째가 가기를 바란다."

"미국에 가면 영어로 말해야 하잖아요?"

"그래서 너희에게 영어를 가르친 것 아니냐? 너희 영어가 아직 서투르기는 하지만 미국에 가면 자연스럽게 익히게 될 것이다. 어떻게 할 테냐?"

"가겠어요."

"두렵지 않냐?"

"두려워도 갈래요. 미국에서 많은 것을 배우겠어요."

송애령은 미국이 미지의 나라였으나 과감하게 결단을 내렸다. 1904
년 6월 송애령은 미국으로 향하는 여객선에 올랐다. 한 달이 넘게 걸
리는 기나긴 여행이었으나 미국에 도착한 뒤에도 한동안 배에서 지내
야 했다. 미국이 중국인 노동자의 입국을 금지하여 입국 심사가 까다
로워졌기 때문이었다.

오랜 시간이 걸려서 미국 땅에 발을 들여놓은 송애령은 감리교 학
교인 코네티컷 주의 웨슬리언대학교에 입학하여 6년 동안 공부했다.

1905년 송애령은 시어도어 루스벨트Theodore Roosevelt 대통령을 만났
다. 루스벨트는 1901년부터 1908년까지 제26대 미국 대통령을 지냈
다. 송애령은 미국 대통령에게 입국할 때 기분 나빴던 일을 당당하게
이야기했다.

"숙녀 분에게 정중하게 사과합니다."

루스벨트 대통령은 송애령에게 사과했다. 송애령의 성품이 얼마나
강렬한지 알 수 있는 대목이었다. 1910년 송경령이 미국으로 오고 다
음 해에는 송미령이 미국으로 왔다.

송애령은 1912년 상해로 돌아왔다. 7년 만의 귀국이었으나 중국에
는 많은 변화가 일어나고 있었다. 송가수는 출판, 제분 등 사업을 확장
하여 상해의 부호 반열에 올라 있었고 손문도 혁명가로 명성을 떨치
고 있었다.

송애령은 귀국하자 아버지의 친구인 손문의 사무실에서 비서로 일하게 되었다. 손문은 민족주의, 민권주의, 민생주의를 제창하여 중국인들의 열렬한 환영을 받았다.

혁명가인 손문에게는 송애령의 아버지 송가수를 비롯해 공씨, 장씨 등 명문가가 후원을 했다. 공씨 일가는 전장을 비롯하여 은행을 경영하는 부호였고 그의 아들 공상희는 미국의 오벌린대학교와 예일대학교를 졸업하고 돌아온 수재였다.

부와 부의 결합

부자와 권력가, 부자와 부자가 사랑 없이 배경만으로 결혼할 때 이를 정략결혼이라고 한다. 송가수는 출판과 제분 등으로 많은 돈을 벌고 손문과 뜻을 같이하여 계몽운동을 했기 때문에 중국의 명문가가되었다. 그는 사업가이면서 선교사였고 민족운동과 계몽운동을 했다. 그는 변발을 폐지하고 단발을 하자고 적극적으로 주장했다.

"변발을 자르는 사람에게 국수를 줍니다."

송가수는 사람들에게 단발을 적극적으로 권장했다. 길에서 국수를 삶아놓고 머리를 자르는 사람에게 무료로 제공하기도 했다.

송애령과 공상희는 손문의 소개로 자연스럽게 교제를 하게 되었다. 그 무렵 송경령이 공부를 마치고 미국에서 돌아왔다.

"언니는 공상희를 진심으로 사랑하는 거야?"

송경령은 송애령이 의심스러웠다.

"이제부터 진심으로 사랑하려고 해."

송애령과 결혼한 공상희(孔祥熙)는 중국의 4대 명문 집안에서 태어난 부유한 사람이었다. 미국 예일대학교를 졸업한 후 귀국하여 동서간인 손문과 장개석을 재정적으로 후원하였다. 1944년에는 중국은행 총재를 지내기도 했다.

"언니는 공씨 일가의 돈 때문에 결혼하는 거 아니야? 공상희가 가난했어도 결혼할 거야?"

"그건 모르지. 그러나 부자라는 사실은 매우 중요해."

"언니는 돈을 너무 좋아하는 것 같아."

"그럼 넌 뭘 좋아하니?"

"난 사람을 좋아해야 한다고 생각해."

"너는 돈이 왜 중요한지 나중에야 알게 될 거야."

송애령은 가만히 웃기만 했다. 송애령과 공상희의 결혼은 빠르게 추진되었다. 두 사람의 결혼은 가문과 가문의 결합이었다. 두 가문 모두 근대화의 물결을 타고 부호가 되었다. 가문이 결합하면서 그들은 상해에서 최고 명문가가 되었다.

"전장은 이제 구식이에요. 중국에는 새로운 은행이 필요해요."

송애령은 결혼하자 공상희를 설득했다. 공상희는 예일대학교에서 박사학위를 받은 인재로 집안에 하인이 4백 명이나 되었다.

"나도 그렇게 생각하고 있소."

"우리 은행을 중국 최고의 은행으로 만들어요."

"물론이오. 당신과 내가 손을 잡고 대기업을 만들 것이오."

공씨 일가와 송씨 일가는 서로 연합하여 더욱 큰 부호가 되어갔다.

송애령은 송가수와 함께 상해에 커다란 교회를 건축하고 아동복지회를 창설하여 불우한 아동들을 위한 기금을 모으기도 했다. 그들은 일본과의 항일투쟁을 적극적으로 후원한 애국자이기도 했다.

중국의 첫 번째 퍼스트레이디

손문은 1911년 신해혁명이 일어나자 중화인민공화국 임시대총통에 선출되었다. 그러나 청나라가 아직도 존재했기 때문에 이를 토벌하기 위해 북벌군이 조직되었다. 북벌군은 사병화되고 있었고 군벌들이 원세개에게 총통직을 양보하라고 압박했다. 손문에 대한 암살 위협은 더욱 커졌다.

"중국을 공화국으로 건설하겠다고 약속하면 물러나겠소."

"좋소. 약속하겠소."

손문은 원세개와 약속하고 일본으로 망명했다. 송경령은 손문의 비서로 일하다가 그가 망명하자 충격을 받았다. 중국의 앞날은 한 치 앞을 내다볼 수 없을 정도로 혼란했다. 송경령은 손문을 따라 일본으로 갔다. 그들은 일본에서 사랑에 빠져 결혼하겠다고 선언했다. 송씨 일가는 발칵 뒤집혔고 송가수는 크게 노했다.

"손문이 미친 거야. 어떻게 친구 딸과 결혼한다는 말이야?"

송가수는 분노해서 펄펄 뛰었고 어머니 예계진은 눈물을 흘렸다. 손문은 이미 결혼하여 부인이 있었고 아이도 셋이나 되었다. 나이도 송가수와 같은 49세였다.

"우리는 진심으로 사랑하고 있어요. 나는 그분의 애국심과 사상을 존경해요."

"존경과 사랑은 다르다."

"저는 어떤 일이 있어도 손 선생님과 결혼할 거예요."

송경령이 예계진에게 말했다. 그러나 송가수와 예계진은 그들의 결혼을 허락하지 않으려고 했다.

"아버지, 손 선생은 이제 중국 지도자예요. 두 사람의 결혼을 반대할 이유가 없어요."

송애령이 송가수를 설득하기 시작했다.

"내 딸을 어떻게 친구와 결혼시킨다는 말이냐?"

"나이는 중요하지 않아요."

"그는 나와의 신의를 버렸다. 중국 지도자로 성공하게 두지 않겠다."

"경령이가 손 선생과 결혼하는 것은 우리 송씨 일가가 중국 최고 기업이 되는 거예요."

"결혼이 기업이라고?"

송애령은 많은 나이 차이에도 동생 송경령을 손문과 결혼시켜
중국 최고의 지도자를 가족으로 맞이했다.

송가수는 경악하여 큰딸을 쳐다보았다.

"맞아요. 송씨 일가를 중국 최고 기업으로 만들어야죠. 나는 사실 경령이가 손 선생님과 결혼하기를 바랐어요."

송가수가 반대했으나 송애령은 계속 설득했다. 손문과 송경령은 마침내 결혼했고 송경령은 중국의 첫 번째 퍼스트레이디가 되었다. 손문과 결혼하면서 송씨가의 딸 송경령은 중국의 여성 지도자가 되었다.

중국의 정세는 급변했다. 원세개는 손문을 추방하고 정권을 장악하자 손문과의 약속을 버리고 중화제국을 건설하여 황제로 등극해 역사를 퇴보시켰다. 그리고 중국인의 거센 저항에 부딪혔다. 중국 전역에서 시위가 일어나자 그는 총칼로 진압했다. 원세개는 83일 만에 황제 자리에서 사퇴한 뒤 화병으로 죽었다.

손문은 중국으로 돌아왔고 송애령은 공상희를 통해 적극적으로 후원했다.

"손 선생이 중국 지도자이기는 하나 실패하는 것 아니오?"

공상희가 불안한 표정으로 물었다.

"손 선생은 실패하지 않아요."

손문은 혁명군이 필요하다는 사실을 알게 되었다. 송애령은 손문이 혁명군을 양성할 수 있도록 막대한 자금을 지원했다. 그가 양성한 군인 가운데 일본에서 군사교육을 받고 돌아온 장개석이 있었다. 그는 송애령의 막내 여동생 송미령에게 관심을 갖기 시작했다. 그러나 그에게는 부인이 세 명이나 있었다.

장개석은 부인과 이혼한 뒤 독실한 감리교 신자인 송씨 일가의 눈에 들기 위해 성경을 읽고 교회에 나갔다. 손문은 국민당을 조직했으나 국민당 내에서 공산당이 맹위를 떨치기 시작했다. 공산당은 중국 전역에 광범위하게 퍼져 파업을 선동하고 노동자·농민의 정권을 요구했다. 그러나 손문은 북경으로 향하는 열차에서 쓰러졌고 1925년 3월 12일 세상을 떠났다.

세계의 부자 송자문

손문은 중국의 위대한 지도자였으나 역사의 뒤안길로 사라졌고 그 뒤를 장개석이 이었다. 장개석은 전형적인 군인이었기 때문에 송씨 일가의 절대적인 지원을 받았고 송미령과 결혼하면서 공씨 일가의 지원까지 받게 되었다.

송씨 일가의 장남은 송경령의 바로 밑 남동생으로 이름은 송자문이다. 송자문은 상해에서 대학을 졸업한 뒤 미국으로 가서 콜롬비아대학교와 하버드대학교 경제학과를 졸업하고 박사학위를 취득했다. 그는 콜롬비아대학교에 다닐 때 은행에서 근무하기도 했다. 송씨 일가의 성공은 송가수가 자식들을 모두 유학을 보낸 것이 바탕이 되었다.

"너는 송씨 일가의 장남이다."

송자문이 중국으로 돌아오자 송애령이 불러서 말했다.

"누나, 내가 무얼 해야 해?"

"너는 하버드를 졸업한 수재야."

"우리 송씨 일가는 누나가 이끌었어. 누나 말대로 할게."

"국민당 정부의 재정을 맡아."

"알았어."

송자문은 화의은행의 총경리가 되었다. 얼마 후 그는 국민당 정부에서 세금을 담당했다. 이때 국민당 정부는 그에게 세금 업무와 광주 중앙은행장을 맡겼다. 그는 당시 8백만 원밖에 되지 않았던 국가 재정을 3년 만에 1억 8백만 원으로 끌어올리는 수완을 발휘하기도 했다.

송경령은 공산당 지도자가 되었다. 그녀는 파업을 선동하고 기업가들과의 투쟁을 이끌면서 국민당 정부를 비난했다.

"처제 때문에 사업을 하기가 어려워."

공상희가 불만을 터뜨렸다. 그도 장개석의 권력을 이용해 막대한 부를 축적했다.

"처형이 계속 공산당을 하면 암살될 수도 있어."

장개석은 송경령을 죽이려고까지 했다. 국민당 정부는 공산당과 치열하게 대립했다.

송애령의 막내 여동생 송미령과 결혼한 장개석은 일본 육군사관학교 출신의 전형적인 군인이었다. 정치가로서 야망을 키워가던 장개석에게는 부유하고 명망 높은 송씨 집안의 지원이 절실했다.

일본과 전쟁이 임박했다. 장개석 정권은 막대한 군사비가 필요하게 되었고 공산당과의 전투도 치열해졌다. 송애령은 비행기를 비롯한 대포, 총 등을 구입할 때 업자들에게서 막대한 자금을 리베이트로 받아 부를 축적했다. 장개석과 일가가 된 공상희도 더욱 많은 부를 축적하게 되었다.

송자문은 국민당 재정부장을 맡으면서 국고를 제너럴모터스, 독일의 대기업 도이터 등에 투자해 막대한 수익을 올렸다. 그가 해외 대기업에 투자할 때 중국은 일본과 전쟁 중이었기 때문에 그러한 자금 여력이 있었다는 것은 불가사의한 일이다.

1939년 일본 첩보부는 송자문이 상해 외국은행에 5천만 원, 미국 뉴욕은행에 7천만 달러의 예금이 있다고 주장했다. 당시로는 엄청난 금액이었으나 제너럴모터스나 외국에 투자한 금액은 발표되지 않았다. 〈인민일보〉는 그를 중국 역대부자 6위로 발표했으나 그의 재산은 한 번도 공개되지 않았다. 손문의 부인 송경령은 공산당의 중요한 인물이 되었다. 자본가인 송씨 일가와는 전혀 다른 길이었다.

장개석은 국민당 총통이 되어 공산당과 격렬히 내전을 벌였다. 일본이 상해와 남경을 점령하자 일시적인 국공합작을 선언했고 미국의 막대한 지원을 받았다.

일본첩보부는 중국 침공을 앞두고 국민당 정부 요원들의 예금상황을 조사하여 보고했다. 장개석 8백만 달러, 송미령 370만 달러, 송자문 630만 달러, 공상희 630만 달러, 송애령 130만 달러 등이었는데, 당시로는 막대한 금액이었다. 공산당 활동을 한 송경령의 재산은 밝혀지지 않았으나 손문의 아들 재산이 340만 달러에 이른 것은 흥미로운 일이다.

제2차 세계대전이 끝나고 국민당과 공산당은 다시 전투를 벌였다. 1949년 중국 내전에서 패배한 장개석이 대만으로 쫓겨가자 송애령과 공상희는 미국으로 떠나 부유하게 생활하다가 삶을 마쳤다.

송씨 일가의 지주

송애령은 송가 자매의 맏언니로 드라마틱한 삶을 살았다. 아버지 송가수 덕분에 열다섯 어린 나이에 미국 대학에 유학했다. 대학을 마치고 돌아온 뒤에는 하인이 4백 명이나 되는 공상희와 결혼하여 부귀한 삶을 살았다.

돈이나 부자에 대한 관념이 남달랐던 그녀는 송미령을 부인이 셋이나 있던 장개석과 결혼하게 하여 그야말로 로열패밀리가 되었다. 장개석이 국민당 정권을 장악하자 자기 가문을 기업화했다.

송애령이 아니었으면 남편 공상희나 동생 송자문 등이 중국의 4대 재벌로 불리지는 않았을 것이다. 송애령은 겉으로 보면 부자가 아니다. 그러나 남편이 공상희고 동생이 송자문이다. 송씨 일가의 뒤에는 돈을 사랑한 여자 송애령이 있었던 것이다.

역사 속의 부자는
우리의 거울이다

중국에는 수많은 부자가 있고, 부를 얻기 위해 각고의 노력을 하고 피땀을 흘린 그들의 이야기가 있다. 중국에는 2천여 년 전부터 관상제도가 있어서 관리들과 상인들이 결탁해왔다. 부자들이 관과 결탁하지 않고 돈을 번 예는 범려, 의돈, 백규, 과부 청, 복식, 심만삼 등 얼마 되지 않는다.

권력 덕분에 부자가 된 여불위, 석숭, 소굉, 유근, 송자문을 역대 부자로 이 책에서 다룬 것은 부의 속성을 알기 위해서다. 권력을 따라 부침을 거듭한 그들에게서 부의 속성과 이면을 살피면 우리에게 교훈이 된다. 중국 역사를 가만히 살필 때 어떤 사람은 부로 인해 죽고 어떤 사람은 부로 인해 살았다. 지나친 부는 화를 부르고, 부를 흐르게 하지 않고 쌓아두면 썩게 된다.

부자가 되는 것은 누구나 바라는 일이지만 누구나 부자가 되지는 않는다. 이 책의 부자들을 통해서 부자가 된 사람들의 특성, 즉 부지런하고 성실하고 신용을 지키고 강인한 추진력을 살필 수 있을 것이다.

부자가 되려면 첫 번째로 뜻을 세워야 하고 두 번째는 백규가 말한 것처럼 목숨을 걸어야 한다. 남들보다 더 열심히 일해야 한다. 이는 단순한 부자의 원리인데도 많은 사람이 실천하지 않는다.

부는 정당한 방법으로 취할 수도 있고 부당한 방법으로 취할 수도 있다. 정당한 방법으로 부를 취하는 것은 착한 일이고 부당한 방법으로 부를 취하는 것은 악한 일이다. 석숭, 소굉, 유근 등은 더러운 이름이 만세에 남을 것이고 범려, 복식 등은 아름다운 이름이 만세에 남을 것이다.

중국의 부자와 한국의 부자는 다르다. 중국 인터넷 쇼핑몰 알리바바의 광곤절 하루 매출이 16조 원에 이르지만 한국의 어떤 기업도 하루 매출이 1조 원에 이르지는 않는다. 중국과 한국은 부의 크기가 다른 것이다. 그렇다고 중국을 부러워할 필요는 없다.

룩셈부르크는 아주 작은 나라지만 국민소득이 1인당 10만 달러가 넘는다. 스위스는 국민 1인당 매달 3백만 원을 지급한다고 해도 국민이 거부했다.

"돈은 더러운 것이지만 필요한 것이더라."

1970년대 한 운동권 소녀가 나에게 들려준 말이다. 돈과 재물, 부에 대해 가장 정확한 표현이 아닌지 모르겠다.

다다익선이라는 말이 있다. 돈은 많으면 많을수록 좋고 분배도 많으면 많을수록 좋다.